PARIS. — TYPOGRAPHIE DE FIRMIN DIDOT FRÈRES,
IMPRIMEURS DE L'INSTITUT, RUE JACOB, 56.

NOTIONS

D'UNE

PHYSIOGNOMIQUE DES VÉGÉTAUX.

TABLEAUX
DE
LA NATURE,

PAR

ALEXANDRE DE HUMBOLDT,

DERNIÈRE ÉDITION, PUBLIÉE A BERLIN EN 1849,

TRADUITS

PAR FERD. HOEFER.

TOME SECOND.

AVEC DES CARTES ET DES PLANCHES.

PARIS,

LIBRAIRIE DE FIRMIN DIDOT FRÈRES,

IMPRIMEURS DE L'INSTITUT,

RUE JACOB, 56.

1851.

TABLEAUX

DE

LA NATURE.

NOTIONS

D'UNE

PHYSIOGNOMIQUE DES VÉGÉTAUX.

Parmi les sensations multipliées que l'homme éprouve en scrutant les mystères de la nature, ou en mesurant avec son imagination les vastes espaces de la création organique, il n'y en a pas de plus profonde ni de plus puissante que celle que fait naître en lui le spectacle de l'abondance de la vie universellement répandue. Partout, même dans le voisinage des pôles glacés, l'air retentit du chant des oiseaux et du bourdonnement des insectes. Les couches inférieures de l'atmosphère, où flottent les vapeurs condensées, ainsi que les couches supérieures, pures, éthérées, sont la demeure d'êtres animés. En effet, les voyageurs qui ont gravi le col des Cordillères du Pérou, ou la cime du mont Blanc au sud du lac Léman, ont découvert des animaux jusque dans ces solitudes. Au Chimborazo, près de huit mille pieds plus élevé que l'Etna, nous vîmes des papillons et d'autres insectes ailés (1). Emportés par des courants d'air verticaux, ces insectes sont à la vérité étrangers à ces régions où la curiosité inquiète conduit les pas cauteleux de l'homme ; mais leur présence même ne prouve-t-elle pas que l'organisation plus souple des animaux se maintient encore là où celle des végétaux a depuis longtemps atteint ses limites? Plus haut que le pic de Ténériffe entassé sur le col neigeux des Pyrénées, plus haut que tous les sommets de la chaîne des Andes, le condor (2), ce géant des vautours, planait au-dessus de nous. La rapacité y attire ce puissant oiseau à la poursuite des vigognes au doux lainage, qui, pareilles à des chamois, errent en troupeau dans les prairies couvertes de neige.

Si déjà l'œil nu nous montre ces merveilles de la vie dans l'atmosphère ; armé du microscope, il nous en dévoilera de plus grandes encore. Des rotifères, des brachionés, et une légion d'animalcules microscopiques, sont enlevés par les vents aux eaux qui s'évaporent. Immobiles et plongés dans une mort apparente, ils restent suspendus dans l'air, jusqu'à ce que la rosée les ramène sur la terre qui les nourrit, dissolve la carapace qui enveloppe leurs corps translucides, tournoyants (3), et, probablement par l'oxygène que toute eau renferme, rende aux organes leur irritabilité. Les météores de poussières jaunâtres (brouillards de poussière) qui viennent de l'Atlantique, et pénètrent, de temps à autre, depuis l'archipel du cap Vert jusque dans l'orient lointain de l'Afrique septentrionale, jusqu'en Italie et dans l'Europe moyenne, sont, d'après la brillante découverte d'Ehrenberg, des amas d'êtres organisés microscopiques, à enveloppe siliceuse. Beaucoup d'entre eux flottent, peut-être durant de longues années, dans les couches les plus élevées de l'atmosphère, d'où ils sont quelquefois précipités, susceptibles de vie et prêts à se multiplier de division spontanée, par les vents étésiens supérieurs, ou par les courants d'air verticaux.

Indépendamment des êtres déjà développés, l'atmosphère porte d'innombrables germes de productions à naître, des œufs d'insectes, et des graines appropriées, par des aigrettes soyeuses ou plumeuses, à de longues pérégrinations automnales. La poussière fécondante elle-même que renferment les fleurs mâles, séparées de l'autre sexe, est portée, par les vents et sur les ailes des insectes (4), au delà des terres et des mers, auprès des fleurs femelles. De quelque côté que le naturaliste jette ses regards, il rencontre la vie ou les germes qui la recèlent.

Le mobile océan gazeux dans lequel nous sommes plongés, et dont il nous est impossible, en nous élevant, de franchir la surface, offre sans doute les aliments les plus indispensables à une multitude d'êtres organisés ; mais il faut à ces êtres une nourriture encore plus substantielle, qui n'existe qu'au fond de l'océan aérien. Ce fond est de deux sortes : la terre ferme en compose la partie la plus petite, immédiatement entourée de l'air ; l'eau en est la partie la plus grande, peut-être la combinaison de gaz déterminée, il y a des milliers d'années, par le feu électrique, et aujourd'hui sans cesse décomposée dans l'atelier des nuages comme dans le laboratoire des animaux et des plantes. — Il existe des êtres organisés jusque dans les entrailles de la terre, partout enfin où l'eau de pluie peut s'infiltrer dans les cavernes naturelles ou les galeries de mine. Le domaine de la *Flore souterraine* des cryptogames fut de bonne heure un objet de mes travaux scientifiques. Les sources thermales nourrissent, malgré leur température la plus élevée, de petits hydropores, des conferves et des oscillatoires. Près du cercle polaire, sur les bords du lac aux Ours, dans le nouveau continent, Richardson vit le sol, qui pendant l'été reste gelé jusqu'à vingt pouces de profondeur, orné d'herbes fleuries.

On ne saurait dire où la vie est semée avec le

plus de profusion : si c'est sur le continent ou dans la mer inexplorée. L'excellent travail d'Ehrenberg *Sur l'état des organisations microscopiques* dans l'Océan tropical, ainsi que dans la glace flottante et compacte du pôle sud, a élargi visiblement la sphère organique, et reculé, pour ainsi dire, l'horizon de la vie. On a rencontré, à 12 degrés du pôle, des polygastres à enveloppe siliceuse, des coscinodisques mêmes, avec leurs ovaires verts, vivants, emprisonnés dans des glaçons. La petite puce noire des glaciers, *desoria glacialis*, et les podurelles habitent les tubes de glace étroits des glaciers de la Suisse, explorés par Agassiz. Ehrenberg a fait voir que de petits infusoires (*synedra, cocconeis*) vivent en parasites sur d'autres animalcules microscopiques, et que, dans les gallionelles, grâce à une prodigieuse force de division et de développement de la matière, un animalcule invisible peut, en quatre jours, former deux pieds cubes de schiste poli de Bilin. Dans l'Océan se montrent des vers gélatineux qui, vivants ou morts, brillent comme des astres (5). Leur éclat phosphorescent fait paraître comme enflammée la surface de l'immense Océan. Ces nuits calmes, tropicales, de la mer Pacifique resteront pour moi un souvenir ineffaçable : de la voûte azurée du ciel, la constellation zénithale du Navire, et la Croix du Sud inclinée à son coucher, faisaient jaillir une douce lumière planétaire, pendant que les dauphins traçaient leurs sillons luisants dans les flots écumeux de la mer.

Ce n'est pas seulement l'Océan, mais encore les eaux des marais, qui recèlent des myriades de vers de forme étrange. Les uns sont à peu près inaccessibles à notre vue, tels que les cyclidies, les euglènes, et une légion de naïdes, divisibles par branches comme les lemnées dont elles cherchent l'ombrage. Les autres, enveloppés de divers mélanges d'air et étrangers à la lumière, vivent en parasites : l'ascaris tacheté, sur la peau du lombric terrestre ; le leucophra argenté, dans l'intérieur de la naïde des rivages; et une pentastome, dans les larges cellules des poumons du serpent à sonnettes tropical (6). Il y a des animalcules à sang dans les grenouilles et les saumons; et, d'après Nordmann, il y en a même dans les humeurs des yeux des poissons et dans les branchies de plusieurs cyprins. Ainsi, la vie occupe les espaces les plus cachés de la création.

Nous nous arrêterons ici aux espèces végétales ; car c'est sur leur existence que repose celle des animaux. Les plantes travaillent sans cesse à s'approprier la matière brute du sol, à la coordonner organiquement, et à préparer, par la force vitale, ce mélange qui, après mille transformations, s'épure au point de devenir l'irritable fibre nerveuse. Le regard que nous fixons sur l'étendue de la nappe végétale nous dévoile aussi l'abondance de cette vie animale qui est par là entretenue et conservée.

Le tapis de la riche Flore qui couvre la nudité de notre planète n'est pas uniformément tissé : plus serré là où le soleil décrit de plus grands arcs sur un ciel sans nuage ; plus lâche vers les pôles engourdis où le prompt retour de la gelée frappe tantôt le bourgeon développé, tantôt le fruit mûrissant. Partout cependant il est permis à l'homme de se réjouir des plantes qui le nourrissent. Le rocher scorieux qu'un volcan soulève brusquement du fond de la mer au-dessus des flots bouillonnants (comme cela s'est vu dans les îles de la Grèce), ou, pour rappeler un phénomène moins violent, l'île plate de corail, résultat de l'industrie sociale des lithophytes (7) qui depuis des siècles entassent leurs demeures cellulaires sur le col d'une montagne sous-marine jusqu'à ce qu'ils meurent, après avoir dépassé le niveau de l'eau ; tous ces rochers nus, à peine soulevés, reçoivent aussitôt le souffle toujours prêt de la vie organique. Qui donc y sème si soudain des semences ? Sont-ce les oiseaux migrateurs, les vents, ou les vagues de la mer ? C'est ce qu'il est difficile de décider, lorsque les côtes sont à une grande distance. La pierre pelée, dès qu'elle subit le contact de l'air, se recouvre d'un tissu de filaments veloutés qui, à l'œil nu, paraissent des taches colorées. Quelques-unes sont bordées par des lignes saillantes, tantôt simples, tantôt doubles ; d'autres sont traversées par des sillons et divisées en compartiments. En vieillissant, leur couleur claire devient plus foncée. Le jaune, qui brille au loin, brunit; et le gris bleuâtre des *lepraria* se change peu à peu en un noir pulvérulent. Les bords des plaques vieillissantes se rapprochent et se confondent insensiblement, et sur le fond obscur se forment de nouveaux lichens circulaires, d'une blancheur éclatante. C'est ainsi qu'un tissu organique se dépose couche sur couche; et de même que l'espèce humaine est appelée à parcourir certains degrés de civilisation, ainsi l'établissement successif des végétaux est lié à des lois physiques déterminées. Là où les arbres de la forêt élèvent aujourd'hui leurs cimes aériennes, il n'y eut jadis que de minces lichens couvrant la roche dénuée de terre. Dans le long intervalle, non mesuré, qui s'écoule entre ces deux végétations, la place est successivement occupée par des mousses, par des graminées, par des plantes herbacées et des arbustes. Les lichens et les mousses sont dans le Nord ce que les *portulaca*, les *gomphrena* et d'autres plantes grasses des rivages sont sous les tropiques. L'histoire de la nappe végétale, couvrant insensiblement la surface pelée de la terre, a ses époques comme l'histoire du monde animal qui se meut dans l'espace.

Mais cette abondance de la vie organique, toujours occupée à grouper, sous des formes nouvelles, les éléments dégagés par la mort, se renouvelle et varie suivant les climats. La nature s'engourdit périodiquement dans la zone froide; car la fluidité est une condition essentielle de la vie. Des animaux et des plantes (abstraction faite des mousses et d'autres cryptogames) y restent plongés, pendant plusieurs mois, dans le sommeil d'hiver. Sur une grande partie du globe il n'a donc pu se développer parmi les êtres que ceux qui résistent à une soustraction considérable de calorique, et qui, dépourvus d'organes foliacés, peuvent supporter une longue suspension des fonctions vitales. Plus on approche des tropiques, plus on voit se développer dans le monde organique la variété et la grâce des formes, le mélange des couleurs, une jeunesse et une vigueur éternelles.

Ces faits peuvent être facilement révoqués en doute par ceux qui n'ont jamais quitté notre partie du monde, ou qui ont négligé l'étude de la géographie générale. Quand on sort de nos forêts de chênes touffus, et qu'on franchit la chaîne des Alpes ou des Pyrénées pour descendre dans l'Italie ou dans l'Espagne, surtout quand on dirige la vue sur quelques contrées du littoral africain de la Méditerranée, on est facilement porté à s'imaginer que les climats chauds sont caractérisés par le défaut d'arbres. Mais on oublie que l'Europe méridionale offrait un tout autre aspect, lorsque des colonies pélasges ou carthaginoises vinrent d'abord s'y établir; on oublie que la disparition des forêts est l'indice d'une civilisation ancienne de la race humaine, et que le génie modificateur des nations dépouille insensiblement la terre de cet ornement qui nous réjouit encore dans le Nord, et qui, mieux que tout récit historique, atteste la jeunesse de notre civilisation. La grande catastrophe qui, par la rupture des digues des Dardanelles et des colonnes d'Hercule, digues d'un lac intérieur débordant, entraîna la formation de la mer Méditerranée, paraît avoir privé les pays circonvoisins d'une grande partie de leur humus. Ce que les auteurs grecs rapportent des légendes de Samothrace (8) indique la date récente de ce bouleversement de la nature. Aussi, dans toutes les régions que baigne la Méditerranée et que caractérisent le calcaire tertiaire et le calcaire inférieur (nummulites et néocomies), la surface du sol est en grande partie nue et rocailleuse. Ce qui rend les contrées italiques si pittoresques, c'est principalement ce contraste agréable qui existe entre l'aridité de la roche inerte et l'exubérance de la végétation, qui s'élève par bouquets comme des îles. Là où la roche, moins fissurée, retient l'eau à la surface, et que le sol se couvre de terre végétale (comme sur les bords ravissants du lac d'Albano), on trouve, même en Italie, des forêts de chêne aussi ombragées et aussi vertes que l'habitant du Nord puisse les désirer.

Les déserts au delà de l'Atlas, et les immenses

plaines ou steppes de l'Amérique australe, doivent aussi être considérés comme de simples phénomènes locaux. Les steppes se couvrent, au moins pendant la saison des pluies, de graminées et de petits *mimosa* presque herbacés; les déserts, dans l'intérieur de l'ancien continent, sont des mers de sable, de vastes espaces dénués de végétation, bordés de bois éternellement verdoyants. Quelques palmiers à éventail, épars çà et là, rappellent au voyageur que ces solitudes font partie d'une création animée. Par une illusion d'optique, effet de la chaleur rayonnante, on voit ces palmiers tantôt comme détachés du sol et suspendus dans l'air, tantôt leur image renversée se refléter dans les couches onduleuses, tremblantes, de l'atmosphère. A l'ouest de la chaîne du Pérou, sur les bords de l'océan Pacifique, nous avons mis des semaines à parcourir des déserts dépourvus d'eau.

L'origine de ces vastes déserts, cette absence de plantes dans des pays où règne la végétation la plus vigoureuse, c'est là un phénomène géologique, peu étudié encore, qui repose sans contredit sur d'anciennes révolutions de la nature (inondations ou révolutions volcaniques de la croûte terrestre). Dès qu'une contrée a une fois perdu son tapis de verdure, si le sable qui la recouvre est mobile et sans sources, si des courants d'air chaud ascendants s'opposent à la précipitation des nuages (9), il se passera des siècles avant que la vie organique s'avance de la lisière verdoyante dans l'intérieur du désert.

Quand on sait embrasser la nature d'un seul regard et faire abstraction des phénomènes locaux, on voit comment la puissance de la vie organique s'accroît du pôle à l'équateur en proportion de la chaleur vivifiante. Mais, dans cette multitude de productions, à chaque zone sont réservées des beautés spéciales : aux tropiques, la multiplicité et la grandeur des formes végétales ; au nord, l'aspect des prairies et le réveil périodique de la nature au premier souffle du printemps. Outre les avantages qui lui sont propres, chaque zone a une physionomie distinctive particulière.

Ce que le peintre exprime par *ciel d'Italie, nature suisse*, etc., repose sur le sentiment vague d'un phénomène local. L'azur du ciel, la lumière, le lointain nébuleux, la forme des animaux, l'exubérance des végétaux, l'éclat du feuillage, le contour des montagnes, tous ces éléments déterminent l'impression générale d'un pays. Sous toutes les zones, les mêmes roches (trachyte, basalte, schiste porphyroïde, dolomite) produisent, il est vrai, des groupes de même physionomie. Les rocs de malachite de l'Amérique australe et du Mexique ressemblent à ceux du Fichtelgebirge allemand, de même que, parmi les animaux, la forme de l'allco ou race canine primordiale du nouveau continent s'accorde avec celle de la race européenne. Car l'écorce minérale de la terre est en quelque sorte indépendante des influences climatériques, soit que la différence de climat fondée sur la différence de latitude géographique soit moins ancienne que la roche, soit que la masse solidifiée du globe, conduisant et dégageant de la chaleur, se donne elle-même sa température (10), au lieu de la recevoir du dehors. Toutes les formations minérales sont donc les mêmes dans toutes les régions, et toujours identiques avec elles-mêmes. Partout le basalte forme des montagnes géminées et des cônes tronqués; partout le trapp porphyroïde se manifeste en masses rocheuses de forme bizarre, le granit en cimes légèrement arrondies. Il est vrai aussi que des espèces végétales analogues, des pins et des sapins, décorent les versants des montagnes en Suède comme dans la partie la plus méridionale du Mexique (11). Mais, malgré cette similitude de formes et de contours isolés, le groupement particulier de ces derniers offre le caractère le plus tranché par rapport à l'ensemble.

L'oryctognosie des roches diffère de la géologie, comme l'histoire naturelle spéciale diffère de l'histoire naturelle générale ou de la physionomie de la nature. Georges Forster dans ses *Voyages* et ses *Opuscules*, Gœthe dans ses tableaux de la nature épars dans ses œuvres immortelles, Buffon et Bernardin de Saint-Pierre, ont décrit avec une exactitude inimitable le caractère de quelques zones isolées. Ces descriptions sont susceptibles de procurer à l'âme les plus nobles jouissances; bien plus, elles font ressortir comment l'histoire de l'homme et de la civilisation se rattache de la manière la plus intime aux sciences naturelles : car si le commencement de cette civilisation n'est pas exclusivement déterminé par des conditions physiques, au moins sa direction, ainsi que le caractère d'un peuple, l'humeur sombre ou enjouée de l'homme, dépendent-ils principalement des rapports climatériques. Quelle puissante influence le ciel de la Grèce n'a-t-il pas exercée sur ses habitants! Comment les nations établies dans la belle et heureuse région comprise entre l'Euphrate, le Halys et la mer Égée, n'auraient-elles pas été accessibles de bonne heure à l'aménité morale et à la délicatesse des sentiments? Et nos pères n'ont-ils pas rapporté de ces délicieuses vallées des mœurs plus douces, lorsque l'Europe, replongée dans la barbarie, se précipita, dans son enthousiasme religieux, vers l'Orient sacré? La poésie des Grecs et les chants rudes des peuples primitifs du Nord doivent principalement leur caractère à la physionomie des plantes, des animaux, des vallons qui environnaient le poëte, et à l'air dont le souffle le caressait. Et pour ne rappeler qu'un exemple emprunté à ce qui nous touche, qui ne se sent pas autrement disposé à l'ombre épaisse des hêtres, sur des collines couronnées de sapins épars, que dans la prairie, où le vent fait bruire le feuillage tremblant du peuplier? Ces vues du pays natal provoquent en nous un mélancolique recueillement ou des images riantes. L'influence du monde physique sur le moral, cette corrélation mystérieuse entre le sensible et le surnaturel, donnent à l'étude de la nature, contemplée de haut, un attrait tout particulier, encore trop peu apprécié.

Si le caractère des différentes régions tient à la réunion de toutes les apparences extérieures; s'il est vrai que le contour des montagnes, la physionomie des plantes et des animaux, l'azur du ciel, la forme des nuages et la transparence de l'air, déterminent l'impression de l'ensemble, on ne saurait nier que la plus large part en revient à l'aspect du monde végétal. Le monde animal n'est point aussi massé; la mobilité et souvent la petitesse des individus le dérobent à nos regards. Les végétaux, au contraire, parlent à notre imagination par leur fixité et leur grandeur. Leur masse indique leur âge; et là seulement l'âge est en même temps l'expression d'une force qui se renouvelle sans cesse. Le dragonnier gigantesque (12) (il a seize pieds de diamètre), que j'ai vu dans les îles Canaries, est doué en quelque sorte d'une jeunesse éternelle : il porte encore des fleurs et des fruits. Quand, au commencement du quinzième siècle, les Béthencourt connurent les îles Fortunées, le dragonnier d'Orotava, aussi sacré pour les indigènes que l'était, pour les Grecs, l'olivier de la citadelle d'Athènes ou l'orme d'Éphèse, avait les mêmes dimensions colossales qu'aujourd'hui. Sous les tropiques, une forêt d'*hymenœa* et de *cœsalpinia* est comme un monument qui compte peut-être plus d'un millier d'années.

En jetant un coup d'œil sur les différentes espèces de plantes phanérogames, conservées actuellement dans les herbiers (13), et dont le nombre s'évalue déjà à plus de quatre-vingt mille, on reconnaît, dans cette quantité prodigieuse, quelques types principaux auxquels on peut ramener beaucoup d'autres. Pour déterminer ces types, dont la beauté individuelle, la distribution et le groupement forment la physionomie végétale d'une contrée, il faut, non pas (comme on le fait, par d'autres motifs, dans les systèmes de botanique) s'arrêter aux petits organes de la reproduction, aux enveloppes florales et aux fruits, mais envisager seulement ce tableau massé qui caractérise un paysage. Sans doute des familles entières, du système dit naturel, forment aussi des groupes de végétaux; tels sont les bananiers, les palmiers, les casuarinées et les conifères. Mais le botaniste systématique divise une multitude de groupes que le paysagiste est obligé de réunir. Les massifs de plantes se présentent comme un ensemble confus de feuilles, de tiges et de branches. Le peintre, qui sait allier à son art un sentiment délicat de la nature, distinguera, dans le fond de son paysage, les bois de pins et les bois de palmiers de ceux des hêtres, mais il ne saura pas différencier ces derniers des autres bois analogues.

Seize types végétaux déterminent principalement la physionomie de la nature. Je n'énumère que ceux que j'ai appris à connaître pendant mes voyages dans les deux continents, et en examinant, durant de nombreuses années, la végétation des zones comprises entre 60° de latitude nord et 12° de latitude sud. Certainement le nombre de ces types augmentera considérablement, lorsqu'on aura pénétré plus avant dans l'intérieur des continents, et que l'on y aura découvert de nouvelles espèces végétales. La Flore du sud-est de l'Asie, de l'intérieur de l'Afrique et de la Nouvelle-Hollande, ainsi que la Flore des régions qui, dans l'Amérique méridionale, s'étendent du fleuve des Amazones à la province de Chiquitos, nous sont encore presque entièrement inconnues. Que dirait-on si l'on venait à découvrir un pays où des champignons ligneux, le *cœnomyce rangiferina*, ou des mousses, formeraient des arbres élevés? Ne rencontre-t-on pas déjà en Allemagne une mousse arborescente, le *neckera dendroïdes?* Celui qui découvrirait une forêt de mousses en arbres ne serait probablement pas moins surpris que l'Européen qui voit pour la première fois des bambusacées, ces graminées arborescentes, et des fougères tropicales, souvent plus élevées que nos tilleuls et nos aunes. La grandeur absolue et le degré de développement des végétaux et des animaux, qui appartiennent à une même famille, sont réglés par des lois encore inconnues. Dans chacune des grandes divisions du règne animal (insectes, crustacés, reptiles, poissons, oiseaux, mammifères), les dimensions du corps oscillent entre certaines limites extrêmes. L'amplitude de ces oscillations, fixée jusqu'à présent par l'observation, peut être rectifiée par la découverte de nouvelles espèces animales.

Pour les animaux terrestres, les conditions de température, dépendant des degrés de latitude, paraissent principalement avoir favorisé le développement primordial des organes. La forme mince et svelte de notre lézard atteint, dans le sud, les proportions colossales du terrible crocodile à corps lourd et cuirassé. La forme d'un de nos plus petits animaux domestiques se trouve reproduite, sur une grande échelle, dans le tigre, dans le lion et le jaguar, chats monstrueux de l'Afrique et de l'Amérique. Si nous pénétrons dans l'intérieur de la terre, si nous fouillons les catacombes des plantes et des animaux, les fossiles ne témoigneront pas seulement d'une répartition de formes en contradiction avec nos climats actuels, ils nous montreront aussi des corps gigantesques qui contrastent avec ceux qui nous entourent aujourd'hui, comme la simplicité des héros de la Grèce antique contraste avec ce que nous désignons maintenant sous le nom de grandeur de caractère. S'il est vrai que la température du globe a subi des changements considérables, peut-être périodiques, et que le rapport entre la mer et le continent, ou que la hauteur et la pression (14) de l'océan aérien, n'ont pas toujours été les mêmes, la physionomie de la nature, ainsi que la grandeur et la forme des êtres organisés auront dû également éprouver de nombreuses modifications. De puissants pachydermes, les mastodontes éléphantoïdes, le *mylodon robustus* d'Owen et le *colossochelys*, tortue terrestre de six pieds de haut, peuplaient jadis des forêts de lépidodendrons gigantesques, de *stigmaria* cactiformes et d'innombrables cycadées. Ne pouvant embrasser dans un seul tableau les traits physionomiques actuels de notre planète vieillissante, je n'ose mettre en relief que les caractères qui conviennent principalement à chaque groupe de plantes. Quelque riche et flexible que soit notre langue, c'est néanmoins une entreprise difficile de rendre par des mots ce qui ne doit être représenté que par l'art imitatif du peintre. Puissé-je prévenir l'ennui que doit inévitablement causer au lecteur toute énumération de types isolés !

Nous commencerons par les *palmiers* (15), la plus élevée et la plus noble de toutes les formes végétales. De tout temps les peuples leur ont adjugé le prix de la beauté ; et c'est dans la zone asiatique des palmiers et dans les régions avoisinantes que régnait la première civilisation humaine. Leurs stipes hauts, élancés, annelés, et quelquefois garnis de piquants, sont surmontés d'un feuillage dressé, luisant, tantôt flabelliforme, tantôt penné. Les feuilles sont souvent frisées comme celles de certaines graminées. D'après nos observations, exécutées avec soin, la tige lisse atteint une hauteur de cent quatre-vingts pieds. Les palmiers diminuent de grandeur et de magnificence de l'équateur à la zone tempérée. L'Europe, parmi ses plantes indigènes, n'a qu'un seul représentant de cette famille : c'est le palmier nain du littoral méditerranéen, le *chamœrops humilis*, qui, en Espagne et en Italie, s'avance jusqu'à 44° de latitude nord. Le véritable climat des palmiers a une température annuelle moyenne de 20 ½ à 22° Réaumur. Cependant le dattier, qui nous vient de l'Afrique, palmier beaucoup moins beau que les autres espèces de ce groupe, croît encore dans des contrées de l'Europe méridionale où la température moyenne n'est que de 12° à 13° ½. Des tiges de palmiers et des squelettes d'éléphants gisent ensevelis, au nord de l'Europe, dans les entrailles de la terre ; leur position tend à prouver qu'ils n'ont pas été entraînés par l'eau depuis les tropiques vers les pôles, mais que, dans les grandes révolutions du globe, les climats, ainsi que la physionomie de la nature qui est sous leur dépendance, ont été diversement modifiés.

Aux palmiers s'associent, dans toutes les parties du monde, les *bananiers*, les scitaminées et les musacées (*heliconia*, *amomum*, *strelitzia*) des botanistes. Leur tige plus basse, mais plus succulente, presque herbacée, est couronnée de feuilles d'un tissu mince et lâche, à nervures tendres, d'un éclat soyeux. Les bois de bananiers font la parure des contrées chaudes et humides. Leur fruit est la base de l'alimentation de presque tous les habitants de la zone torride. Comme les céréales farineuses du Nord, les bananiers accompagnent l'homme dès la première enfance de la civilisation (16). Des traditions sémitiques placent la demeure primitive de cette plante alimentaire sur les bords de l'Euphrate; d'autres la transportent, avec plus de probabilité, au pied des monts Himalaya dans l'Inde. Selon les légendes grecques, les champs d'Enna, en Sicile, étaient la patrie fortunée des céréales. Les fruits de Cérès, répandus par la culture dans la terre boréale, embellissent peu l'aspect de la nature par leurs champs vastes et uniformes, tandis que le bananier, que le colon des tropiques multiplie par des plantations, forme un des types les plus beaux et les plus nobles du règne végétal.

Le groupe des *malvacées* (17) et des *bombacées* est représenté par les *ceiba*, les *cavanillesia* et les *cheirostemon* du Mexique, plantes à tiges courtes d'une grosseur énorme, à feuilles cotonneuses, grandes, cordiformes ou découpées, et à fleurs superbes, souvent rouge pourpre. A ce groupe appartient l'*adansonia digitata* ou arbre à pain de singe, dont le tronc, bien que d'une hauteur médiocre, a quelquefois trente pieds de diamètre, et qui est probablement le plus grand et le plus ancien monument de la vie organique sur notre planète. C'est en Italie que les malvacées commencent déjà à revêtir la forme caractéristique de la végétation méridionale.

Dans l'ancien continent, notre zone tempérée est malheureusement tout à fait privée de la parure de ces feuilles si délicatement pennées, auxquelles on reconnaît les *mimosées* (18), dont la forme est représentée par les *acacia*, *desmathus*, *gleditschia*, *porleria*, *tamarindus*. Ce beau groupe ne manque pas aux États-Unis d'Amérique, où, à latitude égale, la végétation est plus variée et plus luxuriante qu'en Europe. Les mimosées offrent, à peu près comme les pins d'Italie, ordinairement une disposition ombelliforme des branches. Le bleu foncé du ciel tropical, qui perce entre les feuilles délicatement pennées, est d'un effet extrêmement pittoresque.

Les *éricacées* (19) appartiennent la plupart à l'Afrique. A ce groupe se rattachent, par leur aspect ou physionomie générale, les épacridées, les diosmées, beaucoup de protéacées, et les acacias australiens à pétioles foliacés (phyllodes). Ces plantes ont par leur feuillage quelque ressemblance avec le groupe des conifères, tandis que par l'abondance de leurs fleurs urcéolées elles forment avec ce groupe un contraste charmant. Les bruyères arborescentes, comme plusieurs autres végétaux de l'Afrique, atteignent la rive septentrionale de la Méditerranée. Elles parent l'Italie, comme les *cistées* frutescentes le midi de l'Espagne. C'est sur le penchant du pic de Teyde, dans l'île de Ténériffe, que je les ai vues croître avec le plus de vigueur. Dans les contrées de la Baltique et plus au nord, on redoute les bruyères, comme un signe de l'aridité et de la stérilité du sol. Nos *erica (calluna) vulgaris, e. tetralix, e. carnea, e. cinerea, e. ciliaris*, sont des plantes sociales dont l'envahissement est depuis des siècles combattu avec assez peu de succès par les peuples agriculteurs. N'est-il pas singulier que le genre type de la famille des éricacées ne soit propre qu'à l'un des côtés de notre planète? Des trois cents espèces d'*erica* actuellement connues, une seule se trouve dans le nouveau monde : on la rencontre depuis la Pensylvanie et le Labrador jusqu'à Noutka et Alaschka.

Les *cactées* (20) sont, au contraire, exclusivement propres au nouveau continent; les unes ont une forme globuleuse, les autres sont articulées, d'autres enfin, semblables à des colonnes à arêtes, s'élèvent comme des tuyaux d'orgue. Ce groupe forme le contraste le plus frappant avec l'aspect des liliacées et des bananiers. Il comprend ces plantes que Bernardin de Saint-Pierre a si heureusement appelées les *sources végétales du désert*. Dans les plaines privées d'eau de l'Amérique méridionale, les animaux, tourmentés de la soif, cherchent le *melocactus*, plante globuleuse, à moitié ensevelie dans le sable aride, et qui cache son intérieur juteux sous des piquants formidables. Les cactus cierges atteignent jusqu'à trente pieds de hauteur; disposés en branches de candélabre et souvent couverts de lichens, ils rappellent, par leur physionomie, certaines euphorbes d'Afrique.

Tandis que les cactées forment des oasis verdoyantes au milieu des déserts dénués de plantes, les *orchidées* (21) animent les fentes des rochers nus et les troncs d'arbres carbonisés par le soleil des tropiques. Les vanilles se distinguent par leurs feuilles succulentes, d'un vert clair, et par leurs fleurs aux couleurs variées, d'une structure singulière. Les fleurs des orchidées ressemblent les unes à des insectes ailés, les autres aux oiseaux mouches qu'attire le parfum des nectaires. La vie d'un homme ne suffirait pas pour peindre les orchidées superbes qui, dans un espace même restreint, décorent les vallons étroits et profonds de la chaîne du Pérou.

Comme la plupart des cactées, les *casuarinées* (22) sont sans feuilles. Ce groupe de plantes appartient exclusivement aux îles de la mer du Sud et aux Indes orientales. Il comprend des arbres dont les branches sont articulées comme nos prêles. Cependant on trouve aussi, dans d'autres parties du monde, des traces de ce type plus bizarre que beau. L'*equisetum altissimum* de Plumier, l'*ephedra aphylla* de Forskål, espèce de l'Afrique septentrionale, les *colletia* du Pérou et le *calligonum Pallasia* de la Sibéries se rapprochent beaucoup de la forme des casuarinées.

Dans les bananiers, les organes foliacés sont parvenus au maximum d'expansion; c'est dans les casuarinées et les conifères (23) que ces organes offrent, au contraire, le plus grand rétrécissement. Cependant dans quelques conifères (*dammara, salisburia*) les feuilles sont larges, au lieu d'être aciculaires. Les sapins, les thuya et les cyprès représentent une forme végétale commune dans le Nord, rare sous les tropiques. Leur verdure éternellement fraîche égaye le morne paysage d'hiver. Elle annonce en quelque sorte aux peuples polaires que la neige et la glace qui couvrent le sol n'atteignent pas, sur notre planète, la vie végétale, inextinguible comme le feu de Prométhée.

Comme chez nous les mousses et les lichens, les orchidées et les *pothoïnées* (aroïdées) (24) sont des plantes parasites qui, sous les tropiques, couvrent les troncs d'arbres vieillissants. Les pothoïnées portent, sur des tiges herbacées, charnues, de grandes feuilles sagittées, ou digitées, ou oblongues, mais toujours à nervures épaisses. Les fleurs des aroïdées, développant de la chaleur vitale, sont renfermées dans des spathes. Les genres qui représentent cette famille sont les *pothos*, *dracontium*, *caladium*, *arum*. Ce dernier genre s'avance jusqu'aux bords de la Méditerranée; en Espagne et en Italie, il caractérise, avec le tussilage charnu, avec les chardons élevés et les acanthes, l'exubérance de la végétation méridionale.

Au groupe des aroïdées s'associent les lianes (25), si vigoureuses dans la zone torride de l'Amérique méridionale; telles sont les *paullinia*, les *banisteria*, les *bignonia* et les passiflores. Notre houblon grimpant et nos vignes donnent une faible idée de cette végétation tropicale. Sur les bords de l'Orénoque, les branches aphylles des *bauhinia* ont souvent quarante pieds de long; les unes retombent perpendiculairement de la cime élevée des *swietenia*, les autres sont tendues obliquement comme le cordage des mâts de navire. Le chat-tigre y grimpe et en descend avec une merveilleuse adresse.

La forme roide des *aloès* (26) bleuâtres contraste avec les lianes sarmenteuses, flexibles. Leurs tiges, quand il y en a, sont presque indivises, à anneaux très-rapprochés, et contournées comme des serpents; elles sont couronnées de feuilles succulentes, charnues, longues, acuminées, disposées en rayons compactes. Les aloès à tige élevée ne composent pas des bois comme d'autres plantes sociales; ils croissent solitaires dans des plaines arides, et donnent aux régions tropicales un caractère de mélancolie particulier, pour ainsi dire africain. De cette forme végétale se rapprochent, par la physionomie qu'elles impriment au paysage, parmi les broméliacées, les *pitcaïrnées* qui s'élèvent des fentes de rochers dans la chaîne des Andes, le grand *pournetia pyramidata* (l'*atschupalla* des hauts plateaux de la Nouvelle-Grenade), l'aloès d'Amérique (agave), le *bromelia ananas* et le *b. karatas*; parmi les euphorbiacées, les espèces rares, à tige courte, épaisse, divisée comme les branches d'un candélabre; parmi les asphodélées, l'aloès d'Afrique et le dragonnier (*dracæna draco*); enfin, parmi les liliacées, l'yucca à fleurs disposées en longues grappes.

Si les aloïdées sont caractérisées par leur roideur et leur fixité, les *graminées* (27), particulièrement les graminées arborescentes, le sont par leur gracieuse légèreté, et leur taille svelte et mobile. Les bois de bambous forment des avenues ombragées dans les deux Indes. La tige lisse, souvent inclinée et flottante des graminées tropicales, surpasse en hauteur nos aunes et nos chênes. Déjà en Italie cette forme arborescente des graminées commence, dans le roseau à quenouille (*arundo donax*), à se dessiner, et à caractériser le paysage par ses dimensions et sa masse.

Comme la forme des graminées, celle des *fougères* (28) s'ennoblit aussi dans les régions chaudes. Les fougères en arbre, ayant jusqu'à quarante pieds de haut, présentent l'aspect des palmiers; seulement leur tige est moins élancée, plus courte et plus raboteuse; leur feuillage est plus délicat, à parenchyme plus lâche, transparent, et finement découpé sur les bords. Les fougères gigantesques habitent presque exclusivement les contrées équinoxiales, tout en préférant à une chaleur extrême une température modérée. Or, la chaleur diminuant en raison de l'élévation du sol, on peut considérer comme le siége principal de ce groupe les montagnes tropicales à deux ou trois mille pieds au-dessus du niveau de la mer. Les fougères à hautes tiges accompagnent, dans l'Amérique méridionale, l'arbre bienfaisant qui fournit l'écorce fébrifuge. Ces végétaux associés annoncent l'heureuse région de la terre où règne la douceur d'un printemps éternel.

Aux groupes qui précèdent, j'ajouterai encore d'abord les *liliacées* (29) (*amaryllis, ixia, gladio-*

lus, pancratium), remarquables par leurs fleurs magnifiques et par leurs feuilles, semblables à celles des roseaux : l'Afrique australe est leur patrie principale; puis les *salicinées* (30), indigènes dans toutes les parties du monde, et qui, non pour la forme de leurs feuilles, mais pour leur ramification, sont représentées, dans les hauts plateaux de Quito, par le *schinus molle;* enfin, les *myrtacées* (31) (*metrosideros, eucalyptus, escallonia myrtilloides*), les *mélastomées* (32) et les *laurinées* (33).

Ce serait une entreprise digne d'un grand artiste, d'étudier tous ces groupes de plantes, non pas dans les serres ou dans les livres de botanique, mais dans le monde tropical même. Qu'il serait intéressant et instructif pour le paysagiste (34) l'ouvrage qui représenterait ces seize types principaux, d'abord isolés, puis réunis, pour en mieux faire sortir les contrastes! Quoi de plus pittoresque que les fougères en arbre, étendant leur tendre feuillage au-dessus des lauriers-chênes du Mexique? Quoi de plus charmant qu'un massif de bananiers, ombragés par des bambous et des guadas? C'est à l'artiste qu'il est permis de démembrer les groupes; sous sa main le grand œuvre de la nature, pour me servir de cette expression, se réduit, comme les ouvrages écrits des hommes, à un petit nombre de traits simples.

C'est sous les rayons ardents du soleil tropical

que se développent les plus belles formes végétales. Dans les frimas du nord, les lichens et les mousses couvrent l'écorce des arbres; sous les tropiques, ce sont les *cymbidium* et la vanille odoriférante qui animent le tronc des anacardiées et des figuiers gigantesques. La fraîche verdure des feuilles des *pothos* et des *dracontium* contraste avec les fleurs des orchidées aux couleurs variées. Les *bauhinia*, les *passiflores* grimpantes et les *banisteria* enlacent le tronc des arbres de la forêt. Des fleurs délicates sortent des racines des *theobroma*, ainsi que de l'écorce épaisse et rude des *crescentia* et des *gustavia* (35). Dans cette abondance de fleurs et de feuilles, dans cette végétation luxuriante et au milieu de ce labyrinthe de lianes, le naturaliste a souvent peine à reconnaître à quelle tige appartiennent les fleurs et les feuilles. Un seul arbre, orné de *paullinia*, de *bignonia* et de *dendrobium*, peut former un groupe de plantes qui, séparées les unes des autres, couvriraient un espace considérable.

Sous les tropiques, les végétaux sont turgescents de suc, d'une verdure plus fraîche, ornés de feuilles plus grandes et plus brillantes que dans les plages du nord. Dans les régions équatoriales, on ne voit presque point de ces plantes réunies en société qui donnent à la végétation de l'Europe un aspect si monotone. Des arbres, près de deux fois plus hauts que nos chênes, s'y parent de fleurs, grandes et superbes comme nos lis. Aux rives ombragées de la rivière de la Madeleine, dans l'Amérique méridionale, croît une aristoloche sarmenteuse, dont la fleur a quatre pieds de circonférence : les enfants indiens s'en coiffent dans leurs jeux (36). Dans l'archipel de l'Inde australe, la fleur des *aflesia* a près de trois pieds de diamètre, et pèse plus de quatorze livres.

La hauteur prodigieuse à laquelle s'élèvent, sous les tropiques, non-seulement quelques montagnes isolées, mais des contrées entières, offre à l'habitant de ces régions un coup d'œil rare. Outre les bois de palmiers et de bananiers, il s'y voit entouré de plantes qui ne semblent appartenir qu'aux pays septentrionaux. Des cyprès, des sapins, des chênes, des épines-vinettes et des aunes, analogues aux nôtres, tapissent les plateaux du Mexique austral, ainsi que la chaîne des Andes sous l'équateur. Voilà comment la nature a permis à l'habitant de la zone torride de contempler toutes les formes végétales de la terre, de même que, d'un pôle à l'autre, la voûte céleste (37) ne lui dérobe aucun de ses astres, mondes luisants.

Ces jouissances et bien d'autres encore sont interdites aux peuples du Nord. Bien des arbres et des végétaux, et parmi ceux-ci les plus beaux (palmiers, fougères à hautes tiges, bananiers, graminées arborescentes et mimosas au tendre feuillage penné), leur seront à jamais inconnus. Les plantes maladives, emprisonnées dans nos serres, ne donnent qu'une faible image de la majesté de la végétation tropicale. Mais on peut y suppléer amplement par le perfectionnement de notre langage, par la verve brûlante de la poésie, et par l'art plastique de la peinture. C'est à ces sources si riches que notre imagination puise les tableaux animés d'une nature exotique. Dans le Nord glacé, dans les déserts de bruyères, l'homme solitaire peut s'approprier ce qui s'observe dans les régions les plus lointaines, et se créer, dans son intérieur, un monde libre et impérissable comme l'esprit qui l'enfante.

ÉCLAIRCISSEMENTS ET ADDITIONS.

(1) Page 4. *Au Chimborazo, près de huit mille pieds plus élevé que l'Etna.*

Pendant les violentes brises de terre, on rencontre, au milieu de la mer et à de grandes distances des côtes, de petits oiseaux chanteurs et même des papillons, comme j'en ai moi-même fait plusieurs fois l'observation sur l'océan Pacifique. C'est par la même cause fortuite que des insectes sont entraînés, dans les régions les plus élevées de l'atmosphère, de quinze mille à dix-huit mille pieds au-dessus des plaines. La croûte terrestre, échauffée par le soleil, détermine un courant d'air vertical qui soulève des corps légers, et les pousse de bas en haut. M. Boussingault, excellent chimiste, qui, à l'époque où il était professeur de l'Académie des mines de Santa-Fé de Bogota, visita les montagnes de gneiss de Caracas, fut, pendant son ascension de la cime du Silla, témoin oculaire d'un phénomène qui confirme merveilleusement l'existence d'un courant d'air vertical. Accompagné de don Mariano de Rivero, il vit, à l'heure de midi, des corps blanchâtres, luisants, s'élever de la vallée de Caracas jusqu'à la cime du Silla, haute de cinq mille quatre cents pieds, puis retomber lentement sur la côte voisine. Ce jeu dura une heure sans intérruption; et ce qu'on avait d'abord pris pour une troupe de petits oiseaux fut bientôt reconnu pour de petits amas de chaumes de graminées. M. Boussingault m'a envoyé quelques-uns de ces chaumes, que le professeur Kunth jugea aussitôt appartenir à une espèce de *vilfa*, genre de graminées qu'on rencontre fréquemment associé à l'*agrostis* dans les provinces de Caracas et de Cumana; c'était le *vilfa tenacissima* de notre *Synopsis Plantarum æquinoctialium orbis novi*, t. I, p. 205. Saussure trouva des papillons sur le mont Blanc; Ramond en aperçut dans les solitudes qui entourent la cime du mont Perdu. Lorsque, le 23 juin 1802, je parvins, avec Bonpland et Charles Montufar, sur le revers oriental du Chimborazo, à une hauteur de trois mille seize toises (18096 pieds), hauteur à laquelle le baromètre descendit à treize pouces 11 $^{2}/_{10}$ lignes, nous vîmes des insectes ailés bourdonner autour de nous. Nous reconnûmes que c'étaient des diptères musciformes; mais sur des crêtes de rocher (*cuchilla*) qui n'avaient souvent que dix pouces de large, au milieu de champs escarpés de neige, il était impossible d'attraper ces insectes. L'élévation à laquelle nous les remarquâmes était à peu près de niveau avec les roches nues de trachyte qui, perçant les neiges éternelles, offraient à nos yeux le *lecidea geographica* comme dernier vestige de la végétation. Ces petits animaux voltigeaient à deux mille huit cent cinquante toises, hauteur qui dépasse de deux mille quatre cents pieds la cime du mont Blanc. Un peu plus bas, à environ deux mille six cents toises, mais toujours au-dessus de la limite des neiges, Bonpland avait vu des papillons jaunâtres raser le sol. — Parmi les mammifères qui vivent le plus près de la limite des neiges éternelles, on observe, sur les Alpes de la Suisse, la marmotte plongée dans le sommeil d'hiver, et un très-petit mulot (*hypudæus nivalis*), décrit par Martins. Ce petit rongeur établit, sur le Faulhorn, presque sous la neige, des magasins de racines de plantes alpestres phanérogames. (*Actes de la Société helvétique*, 1843, p. 324.) C'est une erreur, fort répandue en Europe, que le chinchilla, ce beau rongeur dont on recherche tant le pelage brillant, soyeux, se rencontre aussi sur les sommets les plus élevés des montagnes du Chili. Le *chinchilla laniger* de Gay n'habite que la zone inférieure tempérée, et ne dépasse pas, au sud, le parallèle de 35°. (Claudio Gay, *Historia fisica y politica de Chile; Zoologia*, 1844, p. 91.)

Tandis que dans nos Alpes d'Europe on voit les lécidées, les parmeliées et les umbilicariées colorer, par rares plaques, la roche non entièrement couverte de neige, nous avons trouvé, dans la chaîne des Andes, à une hauteur de treize à quatorze mille pieds, des phanérogames à belles fleurs, que nous avons les premiers décrites; telles sont les plantes cotonneuses de *culcitium nivale*, *c. rufescens*, *c. reflexum*, *espeletia grandiflora*, *e. argentea*, *sida pichinchensis*, *ranunculus nubigenus*, *r. Gusmanni* à fleurs rouges ou orangées, et les *myrrhis andicola* et *fragosa arctioïdes*, deux petites ombellifères, semblables à des mousses. Sur le versant du Chimborazo on trouve le *saxifraga Boussingaultii*, décrit par Adolphe Brongniart : cette plante croît, au delà de la limite des neiges éternelles, sur des blocs de roche détachés, à quatorze mille sept cent quatre-vingt-seize pieds (2466 toises) au-dessus du niveau de la mer, et non pas à dix-sept mille *feet* (2657 toises), comme le disent deux estimables journaux anglais. (Comp. mon *Asie centrale*, t. III, p. 262; Hooker, *Journal of Botany*, vol. I, 1834, p. 327, et *Edinburgh New philosophical Journal*, vol. XVII, 1834, p. 380.) La saxifrage, découverte par Boussingault, est probablement de toutes les phanérogames celle qui se montre à la plus grande élévation.

D'après ma triangulation, la hauteur verticale du Chimborazo est de trois mille trois cent cinquante toises (*Recueil d'observ. astron.*, vol. I, introd., p. LXXII). Ce résultat est la moyenne des données fournies par les académiciens français et espagnols. Les différences principales ne sont pas dues aux méthodes diverses employées pour apprécier la réfraction de la lumière, mais à la réduction des lignes mesurées de station au niveau de la mer. Dans les Andes, cette réduction n'a été faite que par le baromètre; et c'est ainsi que chaque triangulation implique une observation barométrique, dont le résultat varie en raison des formules employées. Dans la chaîne de montagnes d'une masse énorme on obtient de très-petits angles d'altitude, quand on veut déterminer trigonométriquement la plus grande partie de la hauteur totale, et qu'on établit l'opération dans un point bas et distant, près de la plaine ou du niveau de la mer. D'un autre côté, dans les hautes montagnes, non-seulement il est difficile de trouver une ligne de station convenable, mais la partie qui doit être déterminée barométriquement augmente à chaque pas que l'on fait pour s'approcher de la montagne. Tels sont les obstacles que doit combattre tout voyageur qui, dans les plaines élevées environnant le sommet des Andes, choisit le point où il doit entreprendre une opération géodésique. J'ai mesuré le Chimborazo dans la plaine de Tapia, couverte de pierres ponces, à l'ouest du rio Chambo, et à une hauteur de quatorze cent quatre-vingt-deux toises, déterminée barométriquement. Les llanos de Luisa, et surtout la plaine de Sisgun, à dix-neuf cents toises d'élévation, auraient donné de plus grands angles de hauteur. J'avais tout disposé dans cette plaine pour commencer l'opération, quand la cime du Chimborazo se voila d'un épais nuage.

Les philologues accueilleront peut-être avec plaisir quelques conjectures sur l'étymologie du fameux nom de *Chimborazo*. Le *corregimiento* (district) où est situé le Chimborazo s'appelle *Chimbo*. Suivant la Condamine (*Voyage à l'équateur,* 1751, p. 184), *chimbo* vient de *chimpani*, traverser un fleuve; de là *Chimbo-raço,* qui signifierait la *neige de l'autre bord*, parce que près du village de Chimbo on passe une rivière en face de cette énorme montagne neigeuse. (Dans l'idiome quichna, *chimpa* veut dire la rive au delà, de l'autre côté; *chimpani*, passer un fleuve, un pont, etc.) Plusieurs indigènes de la province de Quito m'ont assuré que *Chimborazo* signifie tout simplement la *neige de Chimbo*. On trouve la même désinence dans *Carguai-razo*. Mais *razo* paraît être une locution provinciale. Le jésuite Holguin, dont je possède l'excellent dictionnaire, imprimé à Lima en 1608, *Vocabulario de la lengua general de todo el Peru llamada lengua Qquichua, ó del Inca*, ne connaît même pas le mot *razo*. Le véritable nom de neige est *ritti*. Mais mon savant ami le professeur Buschmann fait observer que dans le dialecte chinchaysuyo (au nord de Cuzco, jusqu'à Quito et Pasto) le mot *raju* (*j*, lettre apparemment gutturale) signifie *neige*. Voyez ce mot dans le vocabulaire chinchaysuyo de Juan de Figueredo, annexé à Diego de Torres Rubio, *Arte y vocabulario de la lengua Qquichua*, reimp. en Lima, 1754, fol. 222 b. Pour la première partie du nom de *Chimborazo* et pour le nom du village de *Chimbo*, nous y trouvons (*Chimpa* et *Chimpani* n'étant guère admissibles, à cause de l'*a*) une valeur déterminée dans le mot qquichua *Chimpu*, qui signifie fil ou frange colorée (*señal de lana, hilo ó borlilla de colores*), rougeur du ciel (*arreboles*), halo du soleil et de la lune. On peut essayer de faire dériver de là le nom de la montagne, sans l'intermédiaire de celui du village ou du district. Enfin, quelle que soit l'étymologie de Chimborazo, il faudrait écrire ce mot, en péruvien, *Chimporazo*; car on sait que les Péruviens ne connaissent pas le *b*.

Mais peut-être le nom de cette montagne n'a-t-il rien de commun avec la langue des Incas, et remonte-t-il à une époque fort reculée. Il est certain, d'après la tradition jusqu'ici généralement admise, que la langue des Incas ou Qquichua avait été introduite dans le royaume de Quito peu de temps avant l'arrivée des Espagnols, et que le pourouay, aujourd'hui éteint, y était l'idiome dominant. D'autres noms de montagnes, tels que Pichincha, Ilinissa, Cotopaxi, n'ont aucune signification dans la langue des Incas; ils sont donc incontestablement d'une origine antérieure à l'introduction du culte du soleil et de la langue de cour des souverains de Cuzco. — Dans tous les pays, les noms de montagnes et de fleuves sont au nombre des monuments linguistiques les plus anciens et les plus authentiques. Mon frère Guillaume de Humboldt a fait de ces noms un usage ingénieux dans ses recherches sur la diffusion primitive des peuplades ibériques. Ce n'est pas sans surprise que l'on a entendu récemment assurer (Velasco, *Historia de Quito*, t. I, p. 185) « que les Incas Tupac Yupanqui et Huayna Capac furent étonnés, lors de leur première conquête de Quito, d'y trouver déjà un dialecte de leur langue qquichua parmi les indigènes. » Cependant Prescott regarde cette opinion comme très-hasardée (*Hist. of the conquest of Peru*, vol. I, p. 125).

En mettant le col du Saint-Gothard, le mont Athos ou le Righi sur le sommet du Chimborazo, on a la hauteur qu'on attribue actuellement au Dhawalaghiri dans les montagnes de l'Himalaya. Le géologue, qui s'élève à des vues générales sur l'intérieur du globe, regarde non pas les directions, mais les hauteurs relatives des crêtes de rochers que nous appelons chaînes de montagnes, comme un phénomène si misérable, qu'il ne sera pas surpris si un jour on découvre, entre l'Himalaya et l'Altaï, d'autres cimes qui surpasseront le Dhawalaghiri et le Djawahir autant que ceux-ci surpassent le Chimborazo. (Voy. mes *Vues des Cordillères et monuments des peuples indigènes de l'Amérique*, t. I, p. 116, et *Ueber zwei Versuche den Chimborazo zu besteigen*, dans *Schumacher's Jahrbuch* für 1837, p. 176). — Malgré la latitude nord de 29° à 30° ½, les montagnes de l'Asie sont aussi accessibles que les Andes du Pérou dans la région tropicale, grâce à la chaleur que réfléchit le plateau de l'intérieur, et qui, sur le versant septentrional de l'Himalaya, élève, durant l'été, la limite des neiges. Le capitaine Gérard s'est élevé sur le Tarhigang à une hauteur qui dépasse peut-être de cent dix pieds celle que j'ai atteinte sur le Chimborazo. (Voy. *Critical Researches on philology and geography*, 1824, p. 144.) Malheureusement ces ascensions, comme je l'ai dit ailleurs plus amplement, ne sont pas d'un très-grand intérêt scientifique, bien qu'elles occupent beaucoup la curiosité du public.

(2) Page 4. *Le condor, ce géant des vautours.*

J'ai donné ailleurs l'histoire naturelle, si défigurée avant mon voyage, du condor (*sarcoramphus condor* Duméril), nommé *cuntur* dans la langue des Incas, et *mañque* chez les Araucans du Chili. (Voy. mon *Recueil d'observations de zoologie et d'anatomie comparée*, vol. I, p. 26-45.) J'ai dessiné d'après nature la tête du condor grandeur naturelle, et je l'ai fait graver. Après le condor, le *lœmmergeier* de la Suisse et le *falco destructor* Daud. (probablement le *falco Harpyia* Lin.) sont les plus grands oiseaux *volants*.

La région que l'on peut regarder comme le séjour habituel du condor commence à une hauteur égale à celle de l'Etna. Elle embrasse des couches d'air qui sont élevées de dix à dix-huit mille pieds au-dessus du niveau de la mer. M. Tschudi (*Fauna Peruana*, Ornithol., p. 12) a vu voltiger, sur le Puna, à une hauteur de treize mille sept cents pieds, des colibris qui font des pérégrinations estivales, au nord, jusqu'au 61° de latitude sur la côte occidentale de l'Amérique du Nord, et, au sud, jusqu'à l'archipel de la Terre de Feu. On aime à comparer les petites choses aux grandes. Parmi les condors, les plus grands individus que l'on trouve aux environs de Quito, dans la chaîne des Andes, ont quatorze pieds d'envergure; les plus petits n'ont que huit pieds. D'après ces dimensions, et d'après l'angle sous lequel cet oiseau paraissait quelquefois perpendiculairement au-dessus de notre tête, on peut juger de la hauteur énorme à laquelle le condor s'élève par un ciel clair. Un angle visuel de quatre minutes donne, par exemple, une distance verticale de six mille huit cent soixante-seize pieds. Or, la caverne (Machay) d'Antisana, située vis-à-vis du mont Chussulongo, et au-dessus de laquelle nous mesurâmes l'oiseau planant sur la chaîne des Andes du Quito, est à quatorze mille neuf cent cinquante-huit pieds au-dessus du niveau de l'océan Pacifique. La hauteur absolue que le condor atteignit était donc de vingt et un mille huit cent trente-quatre pieds, hauteur à laquelle le baromètre marque à peine douze pouces, mais qui ne dépasse pas encore les cimes les plus élevées de l'Himalaya. C'est un phénomène physiologiquement remarquable que cet oiseau, qui, dans son vol giratoire, plane pendant des heures entières dans les régions d'un air si raréfié, s'abat quelquefois tout à coup, comme sur le revers occidental du volcan Pichincha, jusqu'au bord de la mer, et traverse en quelques secondes, pour ainsi dire, tous les climats. A vingt-deux mille pieds d'élévation, les sacs membraneux aériens du condor, qui se sont emplis dans les régions basses, doivent se gonfler prodigieusement.

Ulloa manifesta, il y a déjà plus d'un siècle, son étonnement de ce que le vautour des Andes pût planer à des hauteurs où la pression atmosphérique était au-dessous de quatorze pouces (*Voyage de l'Amérique méridionale*, t. II, p. 2, 1752; *Observations astronomiques et physiques*, p. 110). On croyait alors, d'après l'analogie des expériences faites avec la machine pneumatique, qu'aucun animal ne pouvait vivre sous cette faible pression. J'ai vu moi-même, comme je l'ai dit plus haut, le baromètre descendre, sur le Chimborazo, à treize pouces 11 $^{2}/_{10}$ lignes. Mon ami Gay-Lussac a respiré, pendant un quart d'heure, un air dont la pression n'était que de douze pouces $1^{7}/_{10}$ ligne. A ces hauteurs, l'homme, déjà fatigué par des efforts musculaires, se trouve dans un état asthénique très-pénible. Le condor, au contraire, paraît remplir la fonction respiratoire avec une égale facilité à vingt-huit et à douze pouces de pression atmosphérique. C'est probablement de tous les êtres vivants celui qui *volontairement* s'éloigne le plus de la surface de notre globe. Je dis *volontairement ;* car de petits insectes et des infusoires siliceux sont, pour le répéter, emportés encore plus haut par des courants d'air ascendant. Vraisemblablement le vol du condor est encore plus élevé que ne l'indique le calcul. Sur le Cotopaxi, dans la plaine de Suniguaicu, couverte de pierres ponces et élevée de treize mille cinq cent soixante-dix-huit pieds, je me rappelle avoir vu cet oiseau planer au-dessus de moi sous la forme d'un point noir. Mais quel est le minimum de l'angle sous lequel on distingue des objets *faiblement éclairés?* Leur forme (dimension de longueur) a une grande influence sur le minimum de cet angle. D'ailleurs, la transparence de l'air des montagnes sous l'équateur est si grande, que dans la province de Quito, comme je l'ai fait voir dans un autre endroit, nous distinguâmes à l'œil nu, à une distance horizontale de quatre-vingt-quatre mille cent trente-deux pieds, conséquemment sous un angle de treize secondes, le manteau blanc (*poncho*) d'une personne à cheval. Cette personne était mon ami Bonpland, que nous aperçûmes de la villa du marquis de Selvalegre : sa figure en mouvement se dessinait sur une paroi de roc noir du volcan de Pichincha. Les paratonnerres, comme en général les objets minces, étendus en longueur, se voient, comme l'a observé Arago, à de très-grandes distances et sous de très-petits angles.

Ce que j'ai dit, dans ma *Monographie du Condor* (p. 26-45), sur les mœurs de ce puissant oiseau dans les montagnes de Quito et du Pérou, est confirmé par le récit d'un voyageur récent, M. Gay, qui a exploré tout le Chili, et consigné ses observations dans son excellente *Historia fisica y politica de Chile*. Cet oiseau, qui, chose remarquable, ne pénètre pas, à l'exemple des lamas, vigognes, alpacas et guanacos, au nord (en deçà de l'équateur) jusqu'à la Nouvelle-Grenade, s'avance au sud jusqu'au détroit de Magellan. Au Chili, comme dans les plaines élevées de Quito, les condors, qui d'ordinaire vivent par couple ou même solitaires, se réunissent en troupes pour attaquer des agneaux et des veaux, ou pour ravir de jeunes guanacos (*guanacillos*). Le dommage qu'ils causent annuellement parmi les troupeaux de moutons, de chèvres et de bestiaux, ainsi que parmi les vigognes, les alpacas et les guanacos sauvages, est très-considérable. Les habitants du Chili prétendent que le condor, dans la captivité, peut supporter la faim pendant quarante jours. Mais à l'état de liberté sa voracité est extrême : comme tout vautour, il est surtout friand de chair morte.

Au Chili, comme au Pérou, on fait avec succès la chasse du condor à l'aide de palissades, parce que l'oiseau, alourdi par la chair qu'il a dévorée, est obligé de courir un certain espace avec les ailes demi-déployées, pour prendre son essor. A cet effet, on fait un enclos autour d'un bétail mort qui offre un commencement de putréfaction : les condors s'attroupent dans cet espace étroit ; et comme ils sont doublement empêchés de s'envoler et par l'excès de chair qu'ils ont dévorée et par les palissades qui rétrécissent l'espace, ils sont tués à coups de bâton par les paysans, ou pris vivants au moyen de lacs (*lazos*). Sur les monnaies du Chili frappées aussitôt après la première déclaration de l'indépendance politique du pays, on voit le condor représenté comme symbole de la force. (Claudio Gay, *Historia fisica y politica de Chile, publicada bajo los auspicios del supremo Gobierno ; Zoologia*, p. 194-198.)

Dans la grande économie de la nature, les *gallinazos*, espèce de vautour nombreuse en individus, sont beaucoup plus utiles que les condors pour détruire et enlever les substances animales en putréfaction, et purifier ainsi l'air dans le voisinage des habitations. J'ai vu, dans l'Amérique tropicale, quelquefois soixante-dix à quatre-vingts de ces oiseaux réunis autour d'un bœuf mort. Je puis, en outre, attester comme témoin oculaire un fait tout récemment révoqué en doute par des ornithologues, savoir, que l'apparition d'un seul vautour royal, bien qu'il ne soit pas plus grand que les gallinazos, met en fuite toute une troupe de ces derniers. Il n'y a jamais de lutte ; car les gallinazos, dont il y a deux espèces (*cathartes urubu* et *c. aura*), malheureusement faciles à confondre par leur nomenclature, prennent l'alarme à la vue du courageux *sarcoramphus papa* au beau plumage. De même que les anciens Égyptiens protégeaient les percnoptères purificateurs de l'air, de même aussi les Péruviens punissent d'une amende (*multa*), qui peut, suivant

Gay, s'élever jusqu'à trois cents piastres dans quelques villes, pour chaque gallinazo tué méchamment. Il est à remarquer que cet oiseau rapace, pris jeune, s'attache, comme l'avait déjà attesté don Félix de Azara, tellement à celui qui l'élève, qu'il l'accompagne pendant de longs voyages, en suivant au vol la voiture dans les pampas.

(3) Page 5. *Carapace qui enveloppe leurs corps translucides.*

Fontana rapporte, dans son excellent ouvrage *sur le venin des vipères,* t. I, p. 62, qu'il avait réussi, avec une goutte d'eau, à révivifier en deux heures un rotifère qui était desséché, et gisait immobile depuis deux ans et demi. Quant à cette action de l'eau, voy. mes *Expériences sur l'irritabilité de la fibre musculaire et nerveuse*, t. II, p. 250.

La révivification des rotifères est devenue dans ces derniers temps, depuis qu'on fait des observations plus exactes et qu'on les contrôle plus sévèrement, l'objet d'une vive discussion. Baker prétendit avoir ressuscité, en 1771, de petites anguilles d'empois, que Needham lui avait données en 1744. François Bauer a vu son *vibrio tritici*, desséché depuis quatre ans, se ranimer au contact de l'eau. Un observateur extrêmement consciencieux et habile, M. Doyère, déduit de ses belles expériences (*Mémoires sur les tardigrades et sur leur propriété de revenir à la vie*, 1842) les résultats suivants : Les rotifères reviennent à la vie, c'est-à-dire qu'ils sont susceptibles de passer de l'immobilité à l'état de mouvement, lors même qu'ils ont été auparavant refroidis jusqu'à 19° 2 Réaum. au-dessous du point de congélation, ou qu'ils ont été chauffés jusqu'à 36°. Ils conservent la propriété de ressusciter en apparence dans le *sable sec*, jusqu'à une température de 56° 4' ; mais ils perdent cette propriété, et restent inexcitables, lorsqu'on les chauffe dans le *sable humide* seulement jusqu'à 44°. (Doyère, p. 119.) Une dessiccation de vingt-huit jours dans le vide barométrique, même en employant le chlorure calcique ou l'acide sulfurique (p. 130-133), n'empêche pas la possibilité de la révivification.

Doyère a vu les rotifères, même desséchés à nu, renaître lentement à la vie; ce qu'avait nié Spallanzani (p. 117 et 129) : « Toute dessiccation, dit Doyère, faite à la température ordinaire pourrait souffrir des objections auxquelles l'emploi du vide sec n'eût peut-être pas complétement répondu; mais en voyant les tardigrades périr irrévocablement à une température de 44°, si leurs tissus sont pénétrés d'eau, tandis que desséchés ils supportent sans périr une chaleur qu'on peut évaluer à 96° Réaum., on doit être disposé à admettre que la révivification n'a dans l'animal d'autres conditions que l'intégrité de composition et de connexions organiques. » — Les *sporules* ou cellules germinatives des végétaux cryptogames, que Kunth compare aux *bulbilles* de certaines plantes phanérogames, conservent aussi la faculté de germer à une température très-élevée. D'après les expériences très-récentes de Payen, les sporules d'un petit champignon (*oïdium aurantiacum*) qui tapisse la croûte du pain sous forme d'une moisissure plumeuse, rougeâtre, ne perd pas sa force végétative, si, avant de le répandre sur de la pâte de pain non corrompue, on l'expose dans des tubes fermés, pendant une demi-heure, à une température de 67 à 78°. La monade merveilleuse (*monas prodigiosa*), nouvellement découverte, qui produit des taches sanguines dans les substances farineuses, ne pourrait-elle pas se trouver mêlée à ces petits champignons ?

Ehrenberg, dans son grand ouvrage sur les infusoires (p. 492-496), a donné l'histoire la plus complète des travaux qu'on a publiés sur la révivification des rotifères. Il pense que, malgré tous les moyens de dessiccation employés, l'animalcule, dans sa mort apparente, conserve encore du liquide organique. Il conteste l'hypothèse de la *vie latente* : « la mort n'est pas une suspension, mais un manque de vie. »

Le sommeil d'hiver dans les animaux à sang chaud et à sang froid, tels que les *myoxus*, les marmottes, les hirondelles de rivage (*hirundo riparia*, d'après le témoignage de Cuvier, *Règne animal*, 1829, t. I, p. 396), les grenouilles et les crapauds, témoigne d'une diminution, sinon d'une suspension complète, des fonctions organiques. Les grenouilles que la chaleur réveille du sommeil d'hiver peuvent séjourner sous l'eau, sans s'asphyxier, huit fois plus longtemps que les grenouilles à l'époque de la reproduction. Le poumon qui vient de reprendre sa fonction paraît, après un long engourdissement, n'avoir pas besoin, pendant quelque temps, d'une grande activité. L'ensevelissement hibernal, non douteux, de l'hirondelle de rivage dans des marais, est un phénomène d'autant plus étrange, que la fonction respiratoire est extrêmement énergique dans la classe des oiseaux; car, d'après les expériences de Lavoisier, deux petits moineaux, à l'état ordinaire, décomposent, dans un même laps de temps, autant d'air atmosphérique qu'un cochon d'Inde. (*Mémoires de Chimie,* t. I, p. 119.) Il faut ajouter que le sommeil d'hiver de l'hirondelle de rivage a été observé, non pas dans toute l'espèce, mais chez quelques individus seulement. (Milne Edwards, *Éléments de zoologie*, 1834, p. 543.)

Si dans la zone froide la soustraction de chaleur détermine chez quelques animaux le *sommeil hibernal,* les pays tropicaux offrent un phénomène analogue, insuffisamment étudié, dans ce que j'ai nommé le *sommeil estival* (*Relation historique*, t. II, p. 192 et 626). La sécheresse et une température élevée constante diminuent, comme le froid de l'hiver, l'irritabilité vitale. Toute l'île de Madagascar, sauf une très-petite partie de la pointe méridionale, est située dans la zone tropicale; et, comme l'avait déjà observé Bruguière, les tenrecs (*centenes,* Illiger), semblables aux porcs-épics, dont une espèce (*c. ecaudatus*) a été introduite à l'île de France (à 20° 9′ de latitude), s'y engourdit pendant les grandes chaleurs. La raison objectée par Desjardins, que l'époque de ce sommeil coïncide avec l'hiver de l'hémisphère austral, ne saurait, dans un pays où la température moyenne du mois le plus froid dépasse encore de 3 degrés la moyenne du mois le plus chaud à Paris, changer le sommeil estival trimensuel du tenrec, à Madagascar et à Port-Louis sur l'île de France, en un sommeil hibernal.

C'est ainsi que, dans la saison chaude et sèche, on voit enfoncés immobiles, dans la terre durcie, le crocodile des llanos de Vénézuéla, les tortues terrestres et fluviatiles de l'Orénoque, le boa gigantesque, et plusieurs autres petites espèces de serpents. Le missionnaire Gilij raconte que les indigènes, en cherchant les *terekais* engourdis (tortues terrestres enfoncées à plus de quinze ou seize pouces dans la vase desséchée), sont souvent piqués par les serpents qui se réveillent soudain, et qui s'étaient enterrés avec les tortues. Un excellent observateur, le docteur Peters, qui vient d'arriver de la côte orientale de l'Afrique, m'écrit ce qui suit : « Dans mon court séjour à Madagascar, je n'ai pu prendre des renseignements exacts sur le tenrec ; mais je sais très-bien que dans la partie de l'Afrique orientale, où j'ai passé plusieurs années, il y a diverses espèces de tortues (*pentonyx* et *trionyx*) qui, pendant la saison sèche de cette région tropicale, restent des mois entiers ensevelies dans la terre durcie, aride, sans prendre de nourriture. Dans les endroits desséchés des marais, la lépidosirène reste aussi, de mai en décembre, déroulée et immobile dans le sol, dur comme de la pierre. »

Nous trouvons ainsi chez plusieurs classes d'animaux très-différents un affaiblissement de certaines fonctions vitales, et, chose surprenante, sans que des êtres voisins, appartenant à une seule et même famille, n'offrent rien de semblable. Le glouton septentrional (*gulo*), qui a de la parenté avec le blaireau (*meles*), ne dort pas, comme celui-ci, pendant l'hiver; tandis que, d'après l'observation de Cuvier, « un *myoxus* du Sénégal (*myoxus Coupeii*), qui, dans sa patrie tropicale, n'était peut-être jamais tombé dans le sommeil hibernal, s'endormit à l'entrée de l'hiver, dès la première année de son arrivée en Europe. » L'affaiblissement des fonctions vitales est gradué suivant qu'il porte sur la nutrition, sur la respiration, sur la myotilité, ou sur le système cérébral et nerveux. Le sommeil hibernal de l'ours solitaire, comme celui du blaireau, n'est accompagné d'aucun engourdissement; c'est pourquoi le réveil de ces animaux est si facile, et, ainsi qu'on me l'a souvent raconté en Sibérie, si dangereux pour le chasseur et le paysan. En tenant compte de la gradation et de l'enchaînement des phénomènes, on arrive au *minimum* de la vie dans les êtres microscopiques, qui, en partie avec des ovaires verts et au moment de la division spontanée, se précipitent des brouillards météoriques de l'Atlantique. La révivification apparente des rotifères et des infusoires siliceux n'est que le renouvellement de fonctions organiques longtemps affaiblies; c'est l'état d'une vie, jamais complétement éteinte, qui se ranime par quelque moyen irritant. Les phénomènes physiologiques ne sont saisissables que lorsqu'on les poursuit dans toute la série de leurs analogues.

(4) Page 5. *Sur les ailes des insectes.*

Autrefois on attribuait presque exclusivement au vent le transport du pollen destiné à féconder les fleurs de sexe séparé. Kœlreuter et Sprengel ont montré avec une grande sagacité que les abeilles, les guêpes et une multitude de petits insectes ailés jouaient en cela le rôle principal. Je dis le rôle principal; car prétendre que la fécondation du pistil est impossible sans l'intervention de ces petits animaux, c'est une opinion qui ne paraît pas s'accorder avec les procédés de la nature, comme Willdenow l'a prouvé d'une manière précise (*Grundriss der Kräuterkunde*, 4e édition; Berl., 1805, p. 405-412). D'un autre côté, il est à remarquer que la dichogamie, les macules, les taches colorées, indices de la présence des nectaires (vaisseaux de miel), et la fécondation par l'intermédiaire des insectes, sont des circonstances en général presque inséparablement liées entre elles. (Comp. Auguste de Saint-Hilaire, *Leçons de botanique*, 1840, p. 565-571.)

L'opinion souvent reproduite depuis Spallazani, que le chanvre commun (*cannabis sativa*), dioïque, introduit de la Perse en Europe, donne des graines mûres sans le voisinage des vaisseaux polliniques, a été suffisamment réfutée par des expériences récentes. En effet, on a constaté que lorsqu'on obtenait de ces graines, il y avait, à côté de l'ovaire, des anthères à l'état rudimentaire, susceptibles de fournir quelques granules de pollen. Un tel hermaphrodisme est fréquent dans toute la famille des urticées; mais un phénomène singulier, jusqu'à présent inexpliqué, est offert, dans les serres de Kew, par un petit arbuste de la Nouvelle-Hollande, le *cœlebogyne* de Smith. Cette plante phanérogame produit, en Angleterre, des semences mûres, sans qu'on y remarque aucune trace d'organes mâles, et sans que le pollen soit apporté d'ailleurs par des espèces voisines. « Un genre d'euphorbiacées (?), assez nouvellement décrit, mais cultivé depuis plusieurs années dans les serres d'Angleterre, le cœlebogyne, y a plusieurs fois fructifié; et ses graines étaient évidemment parfaites, puisque non-seulement on y a observé un embryon bien constitué, mais qu'en le semant, cet embryon s'est développé en une plante semblable. Or les fleurs sont dioïques. On ne connaît et ne possède pas (en Angleterre) de pieds mâles; et les recherches les plus minutieuses, faites par les meilleurs observateurs, n'ont pu jusqu'ici faire découvrir la moindre trace d'anthères ou seulement de pollen. L'embryon ne venait donc pas de ce pollen, qui en manque entièrement : il a dû se former de toute pièce dans l'ovule. » Voilà ce que rapporte un botaniste ingénieux, Adrien de Jussieu, dans son *Cours élémentaire de botanique* (1840), p. 463.

Pour avoir quelques nouveaux détails sur ce phénomène physiologique, si important et isolé, je m'adressai naguère à mon jeune ami M. Joseph Hooker, qui, après son voyage antarctique avec sir James Ross, vient de se joindre à la grande expédition thibétaine de l'Himalaya. A son arrivée à

Alexandrie vers la fin de décembre 1847, avant de s'embarquer à Suez, M. Hooker m'écrivit : « Notre cœlebogyne continue de fleurir chez mon père, à Kew, ainsi que dans le jardin de l'*Horticultural society*; il amène régulièrement ses graines à maturité. Je l'ai examiné exactement à diverses reprises, et je n'ai pu voir ni des utricules polliniques pénétrer dans les stigmates, ni des traces de la présence de ces utricules dans le style et la chalaze. Les fleurs mâles que j'ai dans mon herbier sont sous forme de petits chatons. »

(5) Page 7. *Brillent comme des astres.*

La phosphorescence de l'Océan est un des plus beaux phénomènes qui excitent l'admiration, lors même qu'on le voit se renouveler chaque nuit durant des mois entiers. La mer est phosphorescente sous toutes les zones; mais celui qui n'a pas vu ce phénomène sous les tropiques, particulièrement dans l'océan Pacifique, ne saurait se faire qu'une idée imparfaite de la majesté d'un spectacle si grandiose. Lorsqu'un vaisseau de guerre fend, par une brise fraîche, les flots écumeux, le spectateur, debout sur une des galeries latérales, ne peut se rassasier du coup d'œil que présente le choc des vagues. Chaque fois que le vaisseau s'incline et découvre le flanc, on croirait que la quille lance comme des éclairs, des flammes d'une teinte bleue ou rouge. La mer des tropiques offre encore un aspect d'une magnificence inexprimable, quand, par une nuit obscure, elle est ondulée par une troupe de dauphins. Les flots écumeux, qu'ils parcourent en longues files giratoires, sont marqués par des sillons étincelants d'une vive lumière. J'ai joui de cette scène pendant des heures entières dans le golfe de Cariaco, entre Cumana et la presqu'île de Maniquarez.

Le Gentil et Forster aîné expliquaient ces flammes par le frottement électrique de l'eau contre le navire en mouvement. Mais cette explication est inadmissible, d'après l'état actuel de la physique. (Joh. Reinh. Forster, *Observations faites dans un voyage autour du monde*, 1783, p. 57 (en allemand); le Gentil, *Voyage dans les mers de l'Inde*, 1779, t. I, p. 685-698.)

Il y a peu de sujets d'histoire naturelle sur lesquels on ait peut-être autant discuté que sur la phosphorescence de l'eau de mer. Ce que l'on sait jusqu'à présent de plus précis se réduit aux simples faits suivants. Il existe plusieurs mollusques qui, pendant leur vie, répandent à volonté une faible lueur phosphorescente, le plus souvent d'une teinte bleuâtre; tels sont le *nereis noctiluca*, le *medusa pelagica*, var. β (Forskål, *Fauna ægyptiaco-arabica*, s. *Descriptiones animalium quæ in itinere orientali observavit*, 1775, p. 109), et le *monophora noctiluca*, ayant la forme d'une outre, découvert dans l'expédition de Baudin (Bory de Saint-Vincent, *Voyage dans les îles des mers d'Afrique*, 1804, t. I, p. 107, pl. VI). La phosphorescence de la mer est causée tantôt par des *porte-lumières vivants*, tantôt par les fibres et les membranes organiques en décomposition qui proviennent de ces porte-lumières. La première cause est incontestablement la plus commune et la plus répandue. Depuis que les voyageurs naturalistes sont devenus plus actifs et plus exercés dans l'emploi d'excellents microscopes, ils ont découvert un grand nombre de mollusques et d'infusoires qui possèdent la faculté de développer de la lumière volontairement ou par l'excitation.

Voici les êtres organisés qui contribuent particulièrement à la phosphorescence de la mer : les *acalèphes* (famille des méduses et des cyanées), dans la classe des zoophytes ; plusieurs *mollusques*, et des myriades d'*infusoires*. Parmi les petites acalèphes, le *mammaria scintillans* offre en quelque sorte le spectacle magnifique du ciel étoilé à la surface de la mer. Cet animalcule, à l'état de complet développement, atteint à peine la grosseur d'une tête d'épingle. Michaëlis, à Kiel, a le premier démontré l'existence d'*infusoires phosphorescents* à carapace siliceuse ; il observa la lumière fulgurante du *peridinium*, animalcule vibratile, du *prorocentrum micans*, monade à carapace, et d'un rotifère nommé *synchata baltica* (Michaëlis, *Sur la phosphorescence de la mer Baltique près de Kiel,* 1830, p. 17 (en allemand). Plus tard, Flocke a retrouvé ce même *synchata baltica* dans les lagunes de Venise. Mon célèbre ami et compagnon de voyage en Sibérie, Ehrenberg, est parvenu à conserver presque durant deux mois, à Berlin, des infusoires phosphorescents de la mer Baltique. Je les ai vus en 1832, chez lui, dans un espace obscur, étinceler sous le microscope dans une goutte d'eau de mer. Quand ces infusoires, dont les plus grands avaient un huitième, et les plus petits un quarante-huitième à un quatre-vingt-seizième de ligne de longueur, étaient affaiblis, ils recommençaient à jeter des étincelles, par l'addition d'un acide irritant ou d'un peu d'alool à l'eau de mer.

En filtrant à plusieurs reprises de l'eau de mer fraîchement puisée, Ehrenberg a réussi à se procurer un liquide contenant un grand nombre d'animalcules lumineux (*Mémoires de l'Acad. des scienc. de Berlin*, années 1833, p. 307; 1834, p. 537-575; 1838, p. 45 et 258). Cet observateur sagace a découvert, dans l'intérieur des organes fulgurants du *photocharis*, un tissu gélatineux à grandes cellules, qui présente de la ressemblance avec l'organe électrique des gymnotes et des torpilles. « Lorsqu'on irrite le *photocharis*, il se manifeste, dans chaque cil vibratile, une lueur et le jaillissement de quelques étincelles, qui augmentent peu à peu d'intensité et finissent par envahir tout le cil; à la fin, ce feu vivant s'étend aussi sur le dos de l'animalcule néréidiforme, de manière à paraître sous le microscope comme un fil soufré, brûlant avec une lumière jaune verdâtre. Dans l'*oceania* (*thaumanthias*) *hemisphærica*, les étincelles, chose très-digne de remarque, correspondent exactement, par leur nombre et leur situation, à la base épaissie, aux cils ou organes qui alternent avec elles. La manifestation de cette couronne de feu est un acte vital; tout ce développement de lumière est un acte organique qui se traduit, chez les infusoires, par une étincelle momentanée, et se reproduit après un court intervalle de repos. » (Ehrenberg, *Sur la phosphorescence de la mer* (en allemand), 1836, p. 110, 158, 160 et 163.)

Ces données font supposer l'existence d'un appareil électromagnétique, producteur de lumière, dans d'autres classes d'animaux que les poissons, les insectes, les mollusques et les acalèphes. La sécrétion du liquide phosphorescent répandu par quelques-uns de ces animaux, et qui *continue longtemps à luire sans le concours de l'organisme* (comme dans les lampyrides et les élatérides, les vers luisants de l'Allemagne et de l'Italie, et dans le cucuyo de la canne à sucre de l'Amérique méridionale), n'est-elle que l'effet de la première décharge électrique, ou dépend-elle seulement d'un mélange chimique? La lueur des insectes dans l'*air* a certainement d'autres causes physiologiques que la lueur des animaux (poissons, méduses, infusoires) dans l'*eau*. Entourés de couches d'eau saline, liquide fortement conducteur, les petits infusoires de la mer doivent être susceptibles d'une tension électrique énorme de leurs organes fulgurants, pour briller si vivement en tant qu'animaux aquatiques. Comme la torpille, la gymnote et le poisson électrique du Nil, leur action se propage à travers les couches d'eau; tandis que les poissons électriques, capables de décomposer l'eau et de renforcer les aiguilles aimantées, à l'aide d'une pile galvanique, ainsi que je l'ai montré, il y a un demi-siècle (*Expériences sur l'irritabilité des fibres musculaires et nerveuses* (en allemand), t. I, p. 438-441; Comp. *Obs. de Zoologie et d'Anatomie comparée,* vol. I, p. 84), et que John Davy l'a plus récemment confirmé (*Philosophical Transactions* for the year 1834, part. II, p. 515-517), n'agissent pas à travers la moindre couche d'une flamme interposée.

D'après les observations qui précèdent, on peut admettre avec probabilité que c'est le même phénomène qui se manifeste à la fois dans les êtres organisés, insaisissables à l'œil nu à cause de leur petitesse; dans le combat des gymnotes semblables à des serpents; dans les infusoires lumineux, rehaussant l'éclat de la phosphorescence de la mer; dans le nuage tonnant, et dans la lumière terrestre ou polaire (les *muets éclairs magnétiques*), résultat d'une forte tension de l'intérieur du globe, annoncée plusieurs heures auparavant par la marche subitement troublée de l'aiguille aimantée. (Comp. ma lettre à l'éditeur des *Annales de Physique et de Chimie,* t. XXXVII, 1836, p. 242-244.)

Quelquefois on ne distingue pas, même par un fort grossissement, d'animalcules dans l'eau phosphorescente; et cependant partout où la vague frappe un corps dur et se brise en écumant, partout où l'eau est fortement agitée, on voit briller une lumière fulgurante. Ce phénomène a probablement alors pour cause les fibrilles putréfiées de mollusques morts, répandus en quantité innombrable dans l'eau. Lorsqu'on filtre cette eau luisante à travers des tissus serrés, on sépare ces fibrilles et débris de membranes sous forme de points brillants. Quand nous nous baignions dans le golfe de Cariaco, près de Cumana, et qu'au sortir de l'eau, par une belle soirée, nous nous promenions nus sur le rivage solitaire, notre corps restait lumineux dans quelques points; les fibrilles et membranes luisantes s'étaient attachées à la peau, et la lumière s'éteignait au bout de peu de minutes. En raison peut-être de la quantité prodigieuse de mollusques qui animent toutes les mers tropicales, on ne doit pas s'étonner que l'eau de mer soit phosphorescente, lors même qu'on ne pourrait pas en séparer de fibrilles organiques. La divisibilité infinie des corps morts de dagyses et de méduses fait en quelque sorte de l'Océan une *liqueur gélatineuse*, luisante, qui répugne à l'homme, et nourrit une multitude de poissons. Après avoir frotté une planche avec un fragment de *medusa hysocella*, l'endroit frotté redevient lumineux dès qu'on y passe le doigt sec. Dans ma traversée pour l'Amérique méridionale, je passais quelquefois mon temps à mettre des méduses sur un plat d'étain. Quand je frappais l'assiette avec un autre métal, les moindres vibrations de l'étain suffisaient pour rendre l'animal luisant. Comment agissent ici le choc et la vibration? Est-ce par une élévation instantanée de la température? est-ce par de nouvelles surfaces mises à découvert? ou est-ce parce que le choc fait sortir quelque fluide, tel que le gaz hydrogène phosphoré qui brûle au contact de l'oxygène de l'atmosphère, ou de l'air dissous dans l'eau de mer et entretenant la respiration des mollusques? L'effet du *choc excitateur de lumière* est surtout frappant dans une mer clapoteuse, quand les vagues s'entre-choquent dans des directions contraires.

Sous les tropiques, j'ai vu la mer luire par les temps les plus variés; elle était la plus lumineuse à l'approche d'un orage, ou lorsque le temps était lourd, et le ciel nagueux et très-couvert. La chaleur et le froid paraissent avoir peu d'influence sur ce phénomène; car sur le banc de Terre-Neuve la phosphorescence est souvent très-forte pendant l'hiver le plus rigoureux. Quelquefois, toutes les circonstances étant égales en apparence, la mer luit très-fortement dans une nuit, tandis que, la nuit suivante, elle ne luit pas du tout. Ce développement de lumière est-il favorisé par l'atmosphère? ou toutes ces variations dépendent-elles du hasard qui conduit le navigateur dans une mer plus ou moins chargée de gélatine de mollusques? Peut-être les animalcules luisants, qui vivent en société, ne viennent-ils à la surface de la mer que dans certaines conditions de l'atmosphère. On a demandé pourquoi on ne voit jamais nos *eaux douces marécageuses*, remplies de polypes, jeter un éclat lumineux ? Il paraît que, pour produire ce dégagement de lumière, il faut un mélange particulier de molécules organiques dans les animaux et les végétaux. Ne trouve-t-on pas le bois de saule plus souvent luisant que le bois de chêne? En Angleterre, on a réussi à faire luire l'eau salée en y ajoutant de la saumure de hareng. Au reste, on peut se convaincre, par des expériences galvaniques, que la phosphorescence chez des animaux vivants dépend de l'*irritation nerveuse*. J'ai vu un *elater noctilocus* mourant luire vivement, chaque fois que je venais à toucher avec du zinc et de l'argent le ganglion des pattes antérieures. Quelquefois aussi les méduses répandent un éclat lumineux au moment où l'on ferme la chaîne galvanique. Humboldt, *Relat. hist.*, t. I, p. 79 et 533.)

Sur le développement prodigieux et la faculté reproductive des infusoires, dont il a été question dans le texte, voy. Ehrenberg, *Infus.*, p. XIII, 291 et 512. « La voie lactée des plus petits êtres organisés passe par les genres *monas* (souvent de un trois-millième de ligne de diamètre), *vibrio* et *bacterium* » (Ehrenberg, p. XIX et 244).

(6) Page 8. *Qui habite les poumons du serpent à sonnettes tropical.*

L'animal à qui j'avais donné autrefois le nom d'*echinorhynchus*, ou même de *porocephalus*, paraît, d'après les observations plus détaillées et plus approfondies de Rudolphi, appartenir à la division des pentastomes (Rudolphi, *Entozoorum Synopsis*, p. 124 et 434). Il habite la cavité abdominale et les poumons à larges cellules d'une espèce de *crotale* qui vit, à Cumana, quelquefois dans l'intérieur même des maisons, et fait la chasse aux souris. L'*ascaris lumbrici* (Goeze, *Eingeweidewürmer* (vers intestinaux), tab. IV, fig. 10) habite sous la peau du lombric terrestre, et est la plus petite de toutes les ascarides. Le *leucophra nodulata*, animalcule perlé de Gleichen, a été observé par Otto Frédéric Müller dans l'intérieur du *naïs littoralis* rougeâtre (Müller, *Zoologia danica*, fasc. II, tab. LXXX, a-e). Ces animaux microscopiques sont probablement à leur tour habités par d'autres. Ils sont tous environnés de couches d'air pauvres en oxygène, et mêlées avec des quantités variables d'hydrogène et d'acide carbonique. Il est très-douteux qu'un animal vive dans du gaz *azote pur;* on pouvait autrefois le croire du *cristidicola farionis* de Fischer, parce que, d'après les expériences de Fourcroy, la vessie natatoire des poissons paraît contenir un air entièrement privé d'oxygène. Mais les expériences d'Erman et les miennes prouvent que la vessie natatoire des poissons d'eau douce ne contient jamais de gaz azote pur (Humboldt et Provençal, *Sur la respiration des poissons,* dans le *Recueil d'Observ. de zoologie,* vol. II, p. 194-216). Dans celle des poissons de mer on trouve jusqu'à 0,80 d'oxygène, et, suivant Biot, la pureté de l'air paraît dépendre de la profondeur à laquelle les poissons vivent (*Mémoires de Physique et de Chimie de la Société d'Arcueil,* t. I, 1807, p. 252-281).

(7) Page 9. *L'industrie sociale des lithophytes.*

D'après Linné et Ellis, les zoophytes calcaires, particulièrement les madrépores, les méandrines, les astrées et les pocillopores, qui construisent des rescifs de coraux en forme de murs, sont habités et entourés par de petits animaux que l'on croyait longtemps avoir quelque analogie avec les *néréides,* de la classe des annélides de Cuvier.

L'anatomie de ces petits animaux gélatineux a été depuis lors éclaircie par les travaux approfondis et variés de Carolini, de Savigny et d'Ehrenberg. Il en résulte que, pour comprendre toute l'organisation des coraux dits *saxicoles,* il ne faut pas considérer la charpente qui survit à leur mort, c'est-à-dire les couches calcaires, disposées en lamelles minces, comme étrangères aux membranes molles de l'animal qui vit par intussusception.

Outre la connaissance plus étendue de la formation singulière des bancs de coraux, on a peu à peu acquis une idée plus exacte de l'influence énorme que le monde de corail a exercée sur l'élévation de groupes d'îles basses au-dessus du niveau de la mer, sur la migration des plantes terrestres, sur l'extension successive du domaine de la Flore, et, dans quelques parties des bassins marins, sur la diffusion même des langues et des races humaines. Les coraux, en tant qu'êtres organisés vivant en société, jouent un rôle important dans l'économie générale de la nature. Si, comme on se l'était imaginé depuis les voyages de Cook, ils ne font pas surgir des îles des profondeurs presque insondables de l'Océan, s'ils n'agrandissent pas des continents, ils n'en excitent pas moins un vif intérêt, soit comme objet de physiologie et de théorie de la gradation des formes animales, soit sous le rapport de la géographie des plantes et des conditions géologiques de l'écorce terrestre. Ainsi, d'après la grande et belle idée de Léopold de Buch, toute la formation du Jura consisterait « en énormes bancs de coraux antédiluviens, qui entourent, à une certaine distance, les anciennes chaînes de montagnes. »

Dans la classification (*Mémoires de l'Académie des sciences de Berlin*, année 1832, p. 393-432) qu'Ehrenberg a donnée des animalcules des coraux (improprement nommés *coral-insects* dans quelques ouvrages anglais), les *anthozoaires monostomes* sont, les uns libres et susceptibles de se détacher : ce sont les *zoocoraux;* les autres fixés comme des plantes : ce sont les *phytocoraux*. Au premier ordre (*zoocorallia*) appartiennent les hydres ou polypes à bras de Trembley, les actinies, resplendissant des plus magnifiques couleurs, et les coraux fungoïdes ; le second ordre comprend les madrépores, les astréides et les ocellies. Ce sont les polypes du second ordre qui construisent ces bâtisses en forme de murs bravant les flots ; ils font plus particulièrement l'objet de cette note. Ces murs sont une agglomération de bancs de coraux, dont les animalcules n'abandonnent pas tout de suite la vie en commun, comme le fait un arbre sec de la forêt.

Chaque souche de corail est le résultat d'une formation de gemmes suivant certaines lois ; c'est un tout dont les parties constituent une multitude d'animaux organiques distincts. Ceux-ci ne peuvent pas se détacher volontairement du groupe des phytocoraux ; ils restent unis entre eux par des lamelles de carbonate de chaux. Chaque souche de corail n'a donc pas de point central d'où rayonne la vie commune (Ehrenberg, l. c., p. 419). Suivant l'ordre auquel ils appartiennent, les animalcules de corail se propagent par des œufs, par la division spontanée, ou par la formation de gemmes. Ce dernier mode de propagation donne naissance au plus grand nombre d'individus.

Les rescifs de coraux (Dioscoride les appelle plantes marines, forêt d'arbres pierreux, *lithodendra*) sont de trois sortes : 1° les *rescifs côtiers* (*shore reefs, fringing reefs*), en connexion immédiate avec les rivages des continents ou des îles ; tels sont les rescifs de la côte nord-est de la Nouvelle-Hollande, entre le cap de Sables et le détroit si redouté de Torres, et presque tous les bancs de corail de la mer Rouge, explorée pendant dix-huit mois par Ehrenberg et Hemprich ; 2° les *rescifs entourant des îles* (*barrier reefs*, *encircling reefs;* tels sont Vanikoro, dans le petit archipel de Santa-Cruz, au nord des Nouvelles Hébrides, et Puynipeté, l'une des Carolines ; 3° les *bancs de corail entourant des lagunes*, *îles de lagunes* (*atolls* ou *lagoon islands*). Cette division et cette nomenclature, tout à fait conformes à la nature des choses, ont été établies par Charles Darwin : elles se rattachent intimement à l'explication judicieuse que cet ingénieux naturaliste a donnée de la production successive de ces formes étranges. Si, d'un côté, l'anatomie scientifique de l'organisation des *animalcules du corail* a été perfectionnée par Ehrenberg et Savigny, d'un autre côté, les conditions géographiques et géologiques des *îles de corail* ont été exposées d'abord par Reinhold et Georges Forster dans le second *Voyage de Cook*, puis, après une longue interruption, par Chamisso, Péron, Quoy et Gaimard, Flinders, Lütke, Beechey, Darwin, d'Urville et Lottin.

Les animalcules du corail et leur charpente pierreuse, cellulaire, appartiennent principalement aux mers chaudes tropicales. Ces rescifs sont surtout fréquents dans l'hémisphère austral. Ainsi, on trouve des *atolls* ou *îles de lagunes* agglomérés dans ce qu'on nomme la *mer de Corail*, entre la côte nord-est de la Nouvelle-Hollande, la Nouvelle-Calédonie, les îles de Salomon, et l'archipel de la Louisiade; dans le groupe des îles basses (*Low Archipelago*), au nombre de quatre-vingts; dans les îles de Fidji, d'Ellice et de Gilbert; dans l'océan Indien, au nord-est de Madagascar, sous le nom de Groupe d'atolls de Saya de Malha.

Le grand *banc de Chagos*, dont la structure et les massifs de corail mort ont été examinés à fond par les capitaines Moresby et Powell, est d'autant plus intéressant à connaître, qu'on peut le regarder comme une continuation des Lakedives et Maledives, situées plus au nord. J'ai fait voir ailleurs (*Asie centrale*, t. I, p. 218) de quelle importance est la rangée de ces atolls, qui se trouvent exactement dans la direction du méridien jusqu'au 7° de latitude sud; pour le système général des montagnes et la configuration du sol de l'Asie centrale. Aux grandes chaînes longitudinales des Ghates et du Bolor, situé plus au nord, correspondent, dans l'Inde transgangétique, les chaînes longitudinales qui marquent l'intersection de plusieurs systèmes de montagnes dirigées de l'est à l'ouest sur la grande courbure du fleuve thibétain de Tzangbo. C'est là que se trouvent les chaînes, parallèles entre elles, de la Cochinchine, du Siam et de Malacca, celles d'Ava et d'Arracan, qui, après un parcours d'inégale longueur, viennent toutes aboutir au golfe de Siam, de Martaban et du Bengal. Le golfe du Bengal est comme un essai manqué d'une mer méditerranéenne. Les eaux ayant pénétré profondément entre le système occidental très-simple des

Ghates, et le système oriental transgangétique très-complexe, ont englouti une grande partie des régions basses de l'est; mais elles ont trouvé un obstacle difficile à vaincre dans l'antique plateau de Mysore, d'une grande étendue.

Une telle irruption océanique a produit deux presqu'îles de forme en quelque sorte pyramidale, de longueur et de largeur très-différentes; et, d'un côté, les rangées symétriques des îles sous-marines, connues sous le nom d'*îles Andaman et de Nicobar*, pauvres en corail; de l'autre côté, les trois archipels allongés des îles d'atolls : les *Lakedives*, les *Maledives* et les *Chagos*, indiquent le prolongement de deux systèmes longitudinaux opposés, des montagnes de Malacca à l'est, et des Ghates de Malabar à l'ouest. Les îles de Chagos, appelées *banc de Chagos* par les marins, forment une lagune ceinte d'un rescif étroit de corail, déjà rompu en bien des points. Leur longueur est de vingt-deux milles géographiques, et leur largeur de dix-huit. La lagune ceinte de rescifs n'a que dix-sept à quarante brasses de profondeur, tandis que, à une petite distance du bord extérieur du mur de corail qui paraît s'affaisser, il faut plus de deux cent soixante-dix brasses pour toucher le fond (Darwin, *Structure of coral reefs*, p. 39, 111 et 183). Dans la lagune de corail, *Keeling-atoll*, au sud de Sumatra, le capitaine Fitz-Roy ne trouva pas encore de fond à sept mille deux cents pieds de sonde, à deux mille yards seulement du rescif.

« Les espèces de coraux qui forment, dans la mer Rouge,

des masses compactes pareilles à des murs, sont des méandrines, des astrées, des *favia*, des madrépores (porites), le *pocillopora Hemprichii*, des millepores et des hétéropores. Ces derniers appartiennent aux bancs les plus massifs, bien que divisés en branches. Les bancs de corail qui, par un effet de réfraction, paraissent à l'œil comme une coupole, sont formés ici, autant qu'il est permis de le juger, par des méandrines et des astrées. » (Ehrenberg, Notices manuscrites.) — Il faut faire une distinction entre les polypiers isolés, en partie libres, et ceux qui, par leur entassement, forment en quelque sorte des roches.

Si l'on s'étonne de l'accumulation des polypiers dans certaines régions, on n'est pas moins surpris de voir que ces sortes de maçonneries manquent complétement dans d'autres régions, quoique très-voisines des premières. Cela tient sans doute à des conditions encore inapprofondies des courants marins, et de la température inégale des mers. On ne saurait nier que certaines espèces de corail à branches minces déposent moins de chaux du côté de la face dorsale, c'est-à-dire du côté opposé à l'ouverture buccale, et préfèrent le calme des lagunes intérieures; mais cette préférence pour les eaux tranquilles, on ne doit pas, comme on l'a souvent fait (*Annales des Sciences naturelles*, t. VI, 1825, p. 277), la considérer comme une propriété de toute la classe de ces animaux. D'après les recherches qu'Ehrenberg et de Chamisso ont faites dans la mer Rouge et, à l'est des Carolines, dans les îles de Marshall, riches en atolls, ainsi que d'après les observations que les capitaines Bird Allen et Moresby ont faites dans les Indes occidentales et dans les Maledives, les madrépores, les millepores, les astrées et les méandrines peuvent supporter les brisants les plus forts (*a tremendous surf*), et paraissent même préférer cette exposition tumultueuse (Darwin, *Coral Reefs*, p. 63-65). C'est ainsi que la force vivante de l'organisme coordonne des bâtisses cellulaires qui, en vieillissant, acquièrent la dureté du roc, et résistent d'une manière merveilleusement victorieuse à la force mécanique, au choc des vagues.

Dans la mer du Sud, malgré le voisinage de tant d'atolls et d'îles basses, l'archipel de Mendaña ou des Marquises, les Galapagos et toute la côte occidentale du nouveau continent, sont tout à fait dépourvus de rescifs de corail. Sans doute le courant marin de l'océan Pacifique, qui baigne les côtes du Chili et du Pérou, et dont j'ai constaté, en 1802, la température basse, n'a que 12° ½ Réaumur, tandis que les eaux tranquilles, au dehors de ce courant d'eau froide dirigé à l'ouest vers Punta-Parima, ont une température de 22° à 23°; — dans les Galapagos, quelques petits courants entre les îles ont aussi seulement 11° 7' Réaumur. Mais cette basse température ne règne point, plus au nord, sur le littoral de l'océan Pacifique, de Guayaquil à Guatimala et le Mexique; elle ne règne point près des îles du cap Vert, ni sur toute la côte occidentale de l'Afrique, autour des petites îles de Saint-Paul, de Sainte-Hélène, de l'Ascension et de San-Fernando-Noronha; et pourtant on ne voit point là de rescif de corail.

Cette absence de rescifs caractérise les côtes *occidentales* de l'Amérique, de l'Afrique et de la Nouvelle-Hollande. Ces rescifs sont, au contraire, fréquents sur les côtes *orientales* de l'Amérique tropicale, en Afrique, sur le littoral de Zanzibar, et, en Australie, sur les côtes de la Nouvelle-Galles du Sud. J'ai eu le plus d'occasion de visiter les bancs de corail dans l'intérieur du golfe du Mexique et au sud de l'île de Cuba, dans ce qu'on appelle les *jardins du Roi et de la Reine* (*Jardines y jardinillos del Rey y de la Reyna*). C'est le nom que Christophe Colomb, dans son second voyage en mai 1494, donna à ce petit groupe d'îles de corail, que le mélange gracieux des *tournefortia gnaphaloïdes* arborescents, à feuilles argentées, avec les *dolichos* fleuries, les *avicennia nitida* et les bois de rhizophores, a fait comparer à un archipel de jardins flottants. « *Son cayos verdes y graciosos, llenos de arboledas*, » disait l'amiral. Dans le trajet de Batabano à Trinidad de Cuba, je me suis arrêté plusieurs jours dans ces jardins, à l'est de la grande île de pins, *isla de Piños,* riche en mahagony, pour déterminer la longueur de chacun des *cayos*.

Les cayos de Flamenco, Bonito, Diego Perez et Piedras, sont des îles de corail qui ont à peine de huit à quatorze pouces de saillie au-dessus du niveau de la mer. Le bord supérieur des rescifs ne se compose pas, comme on pourrait le croire, seulement de polypiers éteints; c'est plutôt un véritable conglomérat où sont incrustés des fragments anguleux de corail, cimentés, dans diverses directions, avec des grains de quartz. Dans le cayo de Piedras j'ai vu de ces fragments de corail incrustés, qui avaient jusqu'à trois pieds cubes. Plusieurs de ces petites îles de corail des Antilles ont de l'eau douce, phénomène qui, partout où il s'offre, comme autour de Radak dans la mer du Sud (Chamisso, dans le *Voyage de découverte de Kotzebue* (en allemand), t. III, p. 108), mérite d'être examiné en détail; car on l'attribue tantôt à une pression hydrostatique venant d'un côté éloigné (comme à Venise et dans la baie de Xagua, à l'est de Batabano), tantôt à la filtration des eaux pluviales. (Voy. mon *Essai politique sur l'île de Cuba,* t. II, p. 137.)

L'enduit gélatineux organique qui recouvre la maçonnerie calcaire des coraillers attire des poissons et même des tortues à la recherche de leur nourriture. Du temps de Christophe Colomb, les parages, aujourd'hui si solitaires, des *Jardins du Roi* étaient animés par une singulière industrie des habitants du littoral. On se servait d'un *petit poisson pêcheur,* appelé *remora* (probablement l'*echeneis naucrates*), pour prendre les tortues marines. On attachait à la queue du poisson un long cordon solide de fibres de palmier. Le remora (en espagnol *reves, retourné*, parce qu'on confond à la première vue le dos avec l'abdomen) suce la tortue, en s'y fixant à l'aide des lames cartilagineuses dentées et mobiles de la face supérieure de la tête. « Il se laissait plutôt, dit Colomb, rompre en pièces que de lâcher sa proie. On retirait le petit poisson avec la tortue. » *Nostrates*, rapporte le savant secrétaire de Charles-Quint, Martin Anghiera, *piscem rever-*

sum appellant, quod versus venatur. Non aliter ac nos canibus gallicis per æquora campi lepores insectamur, illi (incolæ Cubæ insulæ) *venatorio pisce pisces alios capiebant* (Petr. Martyr, *Oceanica,* 1532, dec. I, p. 9; Gomara, *Hist. de las Indias,* 1553, fol. XIV). Suivant Dampier et Commerson, cette pêche au moyen d'un *poisson suceur* est très en usage sur la côte orientale de l'Afrique, près du cap Natal et de Mozambique, ainsi que sur l'île de Madagascar (Lacépède, *Hist. nat. des poissons*, t. I, p. 55). C'est ainsi que la connaissance des mœurs des animaux produit chez tous les peuples chasseurs les mêmes artifices.

Quoique le véritable siége des lithophytes, constructeurs de murs calcaires, soit, comme je l'ai déjà dit, la zone comprise entre 22° et 24° au nord et au sud de l'équateur, on trouve cependant autour des Bermudes (32° 23′ de latitude) des rescifs de corail favorisés, à ce que l'on croit, par le *gulfstream* chaud, et que le lieutenant Nelson a parfaitement décrits (*Transactions of the geological Soc.*, 2ᵉ sér., vol. V, p. I, 1837, p. 103). Dans l'hémisphère austral on a trouvé des bancs de coraux isolés (millepores et cellepores), jusqu'à Chiloe, jusqu'à l'archipel de Chonos et la Terre de Feu, à 53°; on a même trouvé des rétépores jusqu'à 72° ½ de latitude.

Depuis le second voyage du capitaine Cook, l'hypothèse établie par celui-ci, ainsi que par Reinhold et Georges Forster, savoir, que les îles plates de corail auraient, grâce à des forces organiques, surgi des profondeurs de la mer, a trouvé beaucoup de défenseurs. Quoy et Gaimard, naturalistes distingués, qui accompagnèrent le capitaine Freycinet dans sa circumnavigation sur la frégate *Uranie*, se sont les premiers ouvertement prononcés, en 1823, contre les opinions des deux Forster père et fils, de Flinders et de Péron (*Annales des sciences naturelles*, t. VI, 1825, p. 273). « En appelant, disent-ils, l'attention des naturalistes sur les animalcules des coraux, nous espérons démontrer que tout ce qu'on a dit ou cru observer jusqu'à ce jour, relativement aux immenses travaux qu'ils sont susceptibles d'exécuter, est le plus souvent inexact et toujours excessivement exagéré. Nous pensons que les coraux, loin d'élever, des profondeurs de l'Océan, des murs perpendiculaires, ne forment que des couches ou des encroûtements de quelques toises d'épaisseur. » Quoy et Gaimard ont émis (p. 289) la conjecture que les atolls (murs de coraux ceignant une lagune) doivent leur origine à des cratères volcaniques sous-marins. Quant à la profondeur à laquelle les animalcules des coraux, tels que les astrées, peuvent vivre, elle est certainement à plus de vingt-cinq à trente pieds au-dessous du niveau de la mer, comme ils l'indiquent. Un naturaliste qui était à même d'enrichir ses propres observations par la comparaison d'observations étrangères recueillies dans plusieurs parties du monde, Charles Derwin, place, avec plus de certitude, la région de ces animalcules à vingt ou trente brasses de profondeur (Darwin, *Journal,* 1845, p. 467; le même, *Structure of coral reefs*, p. 84-87; sir Robert Schomburgk, *Hist. of Barbados*, 1848, p. 636). C'est la profondeur à laquelle le professeur Édouard Forbes a trouvé le plus de coraux dans l'archipel grec. C'est ce qu'il appelle la 4e *région* des animaux marins dans son travail ingénieux sur les *provinces of depth*, et la distribution géographique des mollusques à des distances verticales de la surface de la mer (*Report on Ægean Invertebrata*, dans le *Report of the* 13th *meeting of the British association*, held at Cork in 1843, p. 151 et 161.) Mais il paraît que la profondeur à laquelle vivent les espèces coralligènes est extrêmement variable, surtout pour les animalcules plus délicats qui forment des coralliers moins puissants.

Sir James Ross, pendant son expédition au pôle sud, tira, avec la sonde, des coraux d'une grande profondeur, et les confia à M. Stokes et au professeur Forbes pour les faire examiner de plus près. A l'ouest du pays de Victoria, dans le voisinage de l'île Coulman, à 72° 31 de latitude sud et deux cent soixante-dix nœuds de profondeur, on trouva, à l'état frais et vivant, le *retepora cellulosa*, une *hornera* et le *prymnoa Rossii*, très-analogue à une espèce de la côte norwégienne (Comp. Ross, *Voyage of discovery in the southern and antarctic regions*, vol. I, p. 334 et 337). Dans l'extrême nord, des baleiniers ont retiré l'*umbellaria groenlandica*, vivant, d'une profondeur de deux cent trente-six brasses (Ehrenberg, dans les *Mém. de l'Acad. de Berlin*, année 1832, p. 430). Le même rapport entre l'espèce animale et la profondeur qu'elle habite se retrouve dans les éponges, qui, à la vérité, sont mises au nombre des plantes plutôt que des zoophytes.

Sur la côte de l'Asie Mineure, on pêche l'éponge commune à une profondeur de cinq à trente brasses, tandis qu'une autre espèce très-petite ne se rencontre qu'à cent quatre-vingts brasses (Forbes et Sprutt, *Travels in Lycia*, 1847, vol. II, p. 124). On devinera difficilement ce qui pourrait empêcher les astrées, les madrépores, les méandrines et tout le groupe des phytocoraux des tropiques, constructeurs de grands murs de chaux cellulaires, de vivre dans des couches d'eau très-profondes. La température ne diminue que lentement, le défaut de lumière est presque le même, et la vie d'innombrables infusoires à de grandes profondeurs démontre que les polypiers n'y manqueraient pas de nourriture.

En opposition avec la croyance jusqu'ici généralement répandue que la *mer Morte* est tout à fait dénuée d'êtres vivants, je dois rappeler que mon ami et collaborateur, M. Valenciennes, a reçu du marquis Charles de l'Escalopier, ainsi que du consul français Botta, de beaux exemplaires de *porites elongata,* provenant de la mer Morte. Ce fait est d'autant plus intéressant que l'espèce nommée ne se trouve pas dans la Méditerranée, mais bien dans la mer Rouge, qui, selon Valenciennes, a peu d'êtres organisés communs avec la Méditerranée. L'animalcule de corail indiqué (*porites elongata* Lamarck), qui vit tout à la fois dans les eaux de la mer Morte saturées de sel, et dans l'Océan près des îles Séchelles (voy. mon *Asie centrale*, t. II, p. 517), offre une flexibilité organique non moins remarquable que celle d'une espèce de *pleuronectes*, poisson de mer, qui, en France, remonte les fleuves jusque dans l'intérieur du pays, et s'est habitué à la respiration branchiale des eaux douces.

D'après les analyses chimiques les plus récentes de Silliman jeune, le genre *porites*, ainsi que beaucoup d'autres coraillers (madrépores, astrées, méandrines de Ceylan et des Bermudes), renferment, outre 92 à 95 centièmes de carbonate de chaux et de magnésie, une petite quantité d'acide fluorique et phosphorique (Comp. James Dana, géologue, dans *United states exploring expedition*, sous le commandement du capitaine Wilkes, *Structure and classification of zoophytes*, 1846, p. 124-131). La présence du fluor dans la charpente des polypes rappelle le fluate de chaux que Gay-Lussac et Morechini à Rome ont trouvé dans les os des poissons. Dans les coraillers, la silice n'est mêlée qu'à une très-petite quantité de fluate et de phosphate de chaux; mais le *hyalonema* de Gray, analogue au corail corné, a un axe formé de fibres de silice pure, semblable à une longue queue tombante. Le professeur Forchhammer, qui s'est récemment occupé d'analyses exactes des eaux de mer prises dans les régions les plus différentes, ne trouve qu'une quantité de chaux minime dans les eaux de la mer des Antilles : elle n'y est que de deux cent quarante-sept dix-millièmes, tandis qu'elle s'élève à trois cent soixante-onze dix-millièmes dans le Kattégat. Il incline à attribuer cette différence aux nombreux bancs de coraux qui, dans les Antilles, s'approprient la chaux dont ils privent l'eau de mer. (*Report of the* 16th *meeting of the British association for the advancement of science*, held in 1846, p. 91.)

Charles Darwin a signalé fort judicieusement la probabilité d'une connexion générique entre les rescifs des côtes, les rescifs environnant des îles, et entre les îles de lagunes, c'est-à-dire les bancs de coraux minces, circulaires, ceignant des lagunes. D'après lui, ces triples formations dépendent de l'*état oscillatoire* du fond de la mer, c'est-à-dire de ses soulèvements et abaissements périodiques. L'hypothèse souvent répétée, d'après laquelle les îles de lagunes ou atolls avec leurs rescifs de coraux circulaires indiquent la forme d'un cratère sous-marin, en quelque sorte une maçonnerie au bord du cratère d'un volcan, a contre elle la grandeur du diamètre de ces îles, qui est de huit, dix et même de quinze milles géographiques. Nos volcans n'ont pas de pareils cratères; et si l'on veut comparer les lagunes avec l'*enclos* déprimé, et le rescif circulaire étroit avec les *montagnes annulaires* de la lune, il faut se rappeler que ces montagnes annulaires ne sont pas des volcans, mais des *territoires garnis d'enceintes*. Voici comment Darwin explique la formation des atolls : Une montagne insulaire entourée de près par un rescif de coraux s'affaisse, et avec elle s'affaisse le *fringing reef* en proportion ; mais ce dernier s'élève peu à peu par les bâtisses verticales des animalcules de corail cherchant à atteindre la surface; de là résulte d'abord un rescif ceignant l'île à distance, puis un *atoll*, par l'affaissement progressif et la disparition finale de l'île. D'après cette manière de voir, les îles étant les points culminants d'une contrée sous-marine, la position relative des îles de corail nous montrerait ce que nous avons pu à peine constater par la sonde, savoir, la configuration et l'articulation primitives des continents. Cette question attrayante, dont nous avons déjà, au commencement de cette note, signalé les rapports avec la migration des plantes et la distribution des races humaines, ne sera complétement éclaircie que lorsqu'on sera parvenu à mieux apprécier la profondeur des dépôts, et la nature des masses rocheuses qui servent de support aux couches inférieures, éteintes, des polypiers.

(8) Page 12. *Des légendes de Samothrace.*

C'est Diodore qui nous a conservé ces traditions remarquables, dont la vraisemblance se change pour le géologue en une certitude presque historique. L'île de Samothrace, jadis appelée *Æthiopea, Dardania*, *Leucania* ou *Leucosia,* noms cités par le scoliaste d'Apollonius de Rhodes, fut le siége des antiques mystères des Cabires, et habitée par le reste d'un peuple primitif, parlant un idiome particulier dont plusieurs mots avaient été conservés dans les cérémonies des sacrifices. La situation de cette île, en face de l'Hebrus de Thrace et près des Dardanelles, explique pourquoi l'on rencontrait précisément là une tradition détaillée de la grande catastrophe qui eut pour effet l'irruption de la mer intérieure du Pont. On pratiquait, en l'honneur des flots, des cérémonies sacrées sur des *autels-bornes*. Dans Samothrace, aussi bien que chez les Béotiens, la croyance à une destruction périodique de l'espèce humaine (croyance qui se trouve aussi chez les Mexicains dans le mythe des quatre destructions du monde) se rattachait à quelques souvenirs historiques d'inondations. (Ott. Müller, *Geschichten Hellenischer Stämme and Städte*, t. I, p. 65 et 119.)

Suivant Diodore, les Samothraciens racontaient que la mer Noire était jadis un lac qui, gonflé par les eaux qu'il reçoit, se fraya d'abord une voie à travers le Bosphore, puis à travers l'Hellespont, longtemps avant les inondations arrivées chez les autres peuples (Diod. de Sicile, lib. V, cap. 47, p. 369, édit. Wesseling). Tout ce qui a été dit sur ces anciennes révolutions physiques, dont Dureau de la Malle a traité dans un livre spécial, a été recueilli dans l'important ouvrage de Charles de Hoff, intitulé *Geschichte der natürlichen Veränderungen der Erdoberfläche* (*Histoire des changements naturels de la surface du globe*), t. I, 1822, p. 705-762, et dans la *Symbolique* de Creuzer, 2e édit., t. II, p. 285, 318 et 361. Les traditions de Samothrace se reflètent, pour ainsi dire, dans la théorie des écluses de Straton de Lampsaque, d'après laquelle le gonflement des eaux dans le Pont-Euxin détermina d'abord la rupture des Dardanelles, puis celle des colonnes d'Hercule. Strabon, dans le premier livre de sa Géographie, nous a conservé, parmi les extraits critiques de l'ouvrage d'Ératosthène, un fragment remarquable du livre perdu de Straton. Il y a des points de vue qui touchent à presque toute l'étendue de la Méditerranée.

« Straton de Lampsaque, rapporte Strabon (lib. I, p. 49 et 50, édit. Casaub.), plus encore que le Lydien Xanthus (qui décrit des empreintes de coquilles trouvées loin de la mer), insiste sur l'exposition des causes des phénomènes. Il soutient que le Pont-Euxin n'avait autrefois aucune ouverture près de Byzance; mais que les fleuves qui y débouchent lui avaient fait, par la force des eaux accumulées, ouvrir un passage dans la Propontide et dans l'Hellespont. La même chose est arrivée à notre mer (la Méditerranée); car, là aussi, l'isthme, près des Colonnes, fut rompu, lorsque la mer était enflée par les eaux qui, en s'écoulant, mettaient à sec les anciens bords marécageux. Voici ce que Straton allègue à l'appui de cette opinion : Premièrement, le fond de la mer extérieure diffère du fond de la mer intérieure; secondement, encore maintenant un banc sous-marin s'étend de l'Europe à la Libye, comme pour indiquer que la mer extérieure et la mer intérieure étaient autrefois distinctes. Le Pont-Euxin est le moins profond, tandis que les mers Crétoise, Sicilienne et Sardoïque ont une grande profondeur : le premier reçoit le limon des fleuves grands et nombreux qui descendent du nord, et le lit des autres mers ne s'exhausse point. C'est pourquoi le Pont-Euxin a les eaux les plus douces, et il débouche dans des régions déclives. Peut-être un jour sera-t-il tout à fait envasé par la permanence de tels affluents. Actuellement déjà on voit se changer en un marécage la partie gauche du Pont-Euxin, vers Salmydessus (Apolloniate de Thrace), partie que les navigateurs appellent les *poitrines* (στήθη), devant l'embouchure du Danube et le désert des Scythes. Peut-être aussi le temple libyque de Jupiter-Ammon, qui existe maintenant dans l'intérieur du pays, se trouvait-il jadis au bord de la mer, dont les eaux se seraient peu à peu retirées. Selon Straton, la célébrité de l'oracle d'Ammon s'expliquait, parce qu'il était situé au bord de la mer: on ne se l'explique plus maintenant, qu'il est à une grande distance de la côte. L'Égypte elle-même était primitivement couverte des eaux de la mer jusqu'aux marais de Péluse, jusqu'au mont Casius et au lac Sirbonis; car encore à présent on creuse, en Égypte, des puits d'eau salée, où l'on trouve, par strates, du sable de mer et des testacés, comme si la contrée eût été inondée, et que tous les environs du mont Casius et ce qu'on appelait *Gerrha* n'eussent été qu'une mare d'eau salée, atteignant le golfe de la mer Rouge; mais à mesure que la mer (Méditerranée) se retira, la contrée fut mise à découvert, sauf l'endroit où était le lac Serbonis. Plus tard, celui-ci même se rompit et se changea en un marais. C'est par la même raison que les rives du lac Mœris ressemblent plutôt aux bords d'une mer qu'à ceux d'un fleuve. » — Une leçon erronée, mais corrigée par Grosskurd s'appuyant su Strabon, lib. VII, p. 809, Cas., donne, au lieu de *Mœris*, « le lac *Halmyris*. » Mais celui-ci était situé près de l'embouchure méridionale du Danube.

La théorie des écluses de Straton conduisit Ératosthène de Cyrène, le plus célèbre des bibliothécaires d'Alexandrie, quoique moins heureux qu'Archimède dans son écrit sur les corps flottants, à étudier le problème de l'égalité du niveau de toutes les mers extérieures qui entourent les continents (Strab., lib. I, p. 51-56; lib. II, p. 104, Casaub.). Les anfractuosités du bord septentrional de la Méditerranée, ainsi que la forme des presqu'îles et des îles, avaient donné lieu à la fable géologique de l'ancienne terre de Lyctonie. L'origine de la petite syrte et du lac Tritonis (Diod., III, 53-55), ainsi que tout l'Atlas occidental (Maxime de Tyr, VIII, 7) furent enveloppés dans des rêveries sur des éruptions volcaniques et des tremblements de terre (Comp. mon *Examen crit. de l'hist. de la géographie*, t. I, p. 179; t. III, p. 136). Cette question, qui touche de si près à l'antique siége de notre civilisation, je l'ai traitée tout récemment d'une manière détaillée dans le *Cosmos*, t. II, p. 158, et je saisis l'occasion pour y joindre encore cette note.

Le bord septentrional de la mer Intérieure ou Méditerranée a l'avantage, déjà signalé par Ératosthène, d'avoir des formes plus variées, d'être « polymorphe, » et plus déchiqueté que le bord méridional libyque. C'est sur le premier qu'on voit les presqu'îles Ibérique, Italique et Hellénique, qui, diversement découpées, forment des détroits et des isthmes avec les côtes opposées et les îles voisines. Ces configurations du continent et des îles, les unes détachées, les autres volcaniques, échelonnées par longues files, donnèrent de bonne heure naissance à des théories géologiques relatives aux éruptions, aux révolutions terrestres et aux déversements des mers supérieures gonflées dans les mers plus basses. Le

Pont-Euxin, les Dardanelles, le détroit de Gadès, et la Méditerranée parsemée d'îles, étaient particulièrement propres à ce système d'écluses. L'Argonaute orphéen, qui appartient probablement à l'ère chrétienne, a entremêlé sa poésie de traditions anciennes; il chante la destruction de l'antique Lyctonie, dont les débris forment quelques îles; il raconte comment « Neptune (Poséidon), aux cheveux bouclés noirs, irrité contre le père Kronion, frappa la Lyctonie avec son trident d'or. » Des fictions semblables, qui sans doute pouvaient souvent provenir d'une connaissance imparfaite des conditions locales, furent forgées dans l'école d'Alexandrie, si riche d'érudition et si bien initiée aux études de l'antiquité. Ce n'est point ici le lieu de décider si le mythe de l'Atlantide abîmée est l'écho lointain du mythe occidental de la Lyctonie, comme j'ai essayé de le faire voir ailleurs, ou si, comme le pense Ottfried Müller, « la destruction de la Lyctonie (Leuconie) fait allusion à la *tradition samothracienne* d'un grand déluge, ayant changé la face de cette contrée. »

(9) Page 13. *La précipitation des nuages.*

Le courant d'air vertical ascendant est la cause principale des plus importants phénomènes météorologiques. Quand un désert, une surface sablonneuse, dénuée de végétaux, est bordée par une haute chaîne de montagnes, on voit le vent de mer chasser, par-dessus ce désert, des nuages épais qui ne se précipitent que sur le col des montagnes. Autrefois on expliquait ce phénomène très-improprement par une *attrac-*

tion que les chaînes de montagnes exerçaient sur les nuages. Mais la colonne d'air chaud qui s'élève de la plaine de sable et empêche les vésicules de vapeur de se condenser, paraît en être la véritable cause. Plus la surface est dénuée de végétation, plus le sable s'échauffe; et plus les nuages sont élevés, moins ils peuvent se précipiter. Ces causes cessent d'agir sur la pente des montagnes. Là le jeu du courant d'air vertical est plus faible, les nuages s'abaissent, et se résolvent en pluie dans les couches d'air plus froides. Ainsi, le *manque de pluie* et l'*absence de végétaux* dans le désert ont une action réciproque. Il ne pleut point, parce que la plaine sablonneuse, nue, dépourvue de végétation, s'échauffe davantage, et rayonne plus de chaleur. Le désert ne devient point une steppe ni une prairie, parce que sans eau il n'y a pas de développement organique possible.

(10) Page 15. *La masse solidifiée du globe dégageant de la chaleur.*

Si, d'après la vieille hypothèse des neptuniens, les roches primitives même s'étaient précipitées d'un liquide, le passage de la croûte terrestre de l'état liquide à l'état solide devait développer une quantité énorme de chaleur, cause d'une nouvelle évaporation et de nouveaux précipités. Ces derniers étaient d'autant plus rapides, tumultueux et amorphes, que leur production était plus tardive. Ce développement brusque de chaleur, résultat de la solidification de la croûte terrestre, pouvait donc, indépendamment de la latitude du lieu, indépendamment de la position de l'axe terrestre, déterminer, dans l'atmosphère, des élévations de température locale, qui devaient influer sur la distribution des végétaux. Il pouvait, en même temps, occasionner une sorte de porosité que semblent indiquer plusieurs phénomènes problématiques des montagnes de transition. J'ai développé ces conjectures d'une manière plus détaillée dans un petit mémoire *sur la porosité primitive*. (Voy. mon ouvrage *Sur l'analyse chimique de l'atmosphère* (en allemand), 1799, p. 177, et Moll, *Archives minéralogiques et métallurgiques* (en allemand), 1797, p. 234.) D'après mes idées nouvelles, la terre en fusion à l'intérieur, diversement ébranlée et crevassée, pouvait primitivement communiquer elle-même, pendant longtemps, une haute température à sa surface oxydée, indépendamment des latitudes et de sa position relativement au soleil. Quelle influence séculaire n'exercerait pas sur le climat de l'Allemagne une fente de deux mille toises de profondeur, qui s'étendrait du golfe Adriatique au littoral de la Baltique? Si, dans l'état actuel du globe, dans la condition d'équilibre presque entièrement rétablie par un long rayonnement, et calculée d'abord par Fourier dans sa *Théorie analytique de la chaleur*, l'atmosphère n'est mis directement en communication avec l'intérieur en infusion que par les misérables ouvertures d'un petit nombre de volcans, il faut songer que primitivement des courants d'air chaud s'épanchaient de cet intérieur dans l'atmosphère à travers les fissures et les crevasses produites par les plissements souvent renouvelés des couches rocheuses. Ces épanchements étaient indépendants des distances à l'équateur. Chaque planète, nouvellement roulée dans l'espace, s'est donc communiqué elle-même une température qui a été ensuite réglée par la position à l'égard du corps central, le soleil. La surface de la lune montre aussi des vestiges de cette réaction de l'intérieur sur la croûte.

(11) Page 15. *Revers de montagnes de la partie la plus méridionale du Mexique.*

La roche globuleuse serpentinoïde, dans le district de montagnes de Guanaxuato, ressemble tout à fait à la roche globuleuse du Fichtelgebirge en Franconie. L'une et l'autre forment des cimes grotesques qui coupent le schiste argileux de transition, et s'y entassent. La roche perlée, le porphyre schisteux, le trachyte et le porphyre résinite noir, constituent également des rochers semblables dans les montagnes du Mexique, près de Cinapecuaro et de Moran, en Hongrie, en Bohême, et dans l'Asie septentrionale.

(12) Page 17. *Le dragonnier d'Orotava.*

Ce gigantesque dragonnier, *dracœna draco*, se voit dans le jardin de M. Franqui, dans la petite ville d'Orotava, l'ancienne Taoro, l'un des endroits les plus délicieux du monde. En juin 1799, à l'époque de notre ascension du pic de Ténériffe, nous trouvâmes à ce dragonnier une circonférence de quarante-cinq pieds. Nous le mesurâmes à plusieurs pieds au-dessus de la racine. Mesuré plus près du sol, ce géant des arbres a, suivant Ledru, soixante-quatorze pieds de tour. A dix pieds de hauteur, il a, selon George Staunton, douze pieds de diamètre. Il n'a pas plus de soixante-cinq pieds d'élévation. Selon la tradition, ce dragonnier était vénéré par les Guanches (rappelant le frêne à Éphèse vénéré par les Grecs, le platane de Lydie orné par Xerxès, et le figuier sacré de Ceylan); et à la première expédition des Béthencourt, en 1402, il était déjà aussi épais et creux que maintenant. Quand on se rappelle que les *dracæna* croissent d'une manière extrêmement lente, on comprend le grand âge de l'arbre d'Orotava. Berthelot, dans sa *Description de Ténériffe,* s'exprime ainsi : « En comparant les jeunes dragonniers voisins de l'arbre gigantesque, les calculs qu'on fait sur l'âge de ce dernier effrayent l'imagination » (*Nova Acta Acad. Leop. Carol. Naturæ Curiosorum*, t. XIII, 1827, p. 781). Depuis les temps les plus reculés on cultive le dragonnier dans les îles Canaries, à Madère et à Porto-Santo; et un observateur exact, Léopold de Buch, l'a trouvé sauvage près d'Igueste, sur l'île de Ténériffe. Sa patrie primitive n'est donc pas l'Inde orientale, comme on l'a cru longtemps; et sa présence ne contredit pas l'opinion de ceux qui considèrent les Guanches comme un peuple primitif atlantique, complétement isolé, sans commerce avec les nations de l'Afrique et de l'Asie. Cette forme végétale se retrouve à la pointe australe de l'Afrique, à l'île de Bourbon, en Chine, et dans la Nouvelle-Zélande. Dans toutes ces contrées si distantes, on rencontre des espèces de *dracœna*. Mais dans le nouveau continent les *dracœna* ont disparu, et sont remplacées par les *yucca*. Le *dracœna borealis* est une véritable *convallaria*, dont il a tout l'habitus (Humboldt, *Relat. hist.*, t. I, p. 118 et 639). J'ai fait figurer le dragonnier d'Orotava, d'après un dessin manuscrit exécuté par F. d'Ozonne en 1776, sur la dernière planche de l'atlas pittoresque de mon *Voyage d'Amérique* (*Vues des Cordillères et Monuments des peuples indigènes de l'Amérique*, pl. LXIX). Je trouvai ce dessin dans les manuscrits posthumes du célèbre Borda, dans le *Journal de Voyage* encore inédit que me confia le Dépôt de la Marine, et auquel j'ai emprunté des notices barométriques et trigonométriques (*Relat. hist.*, t. I, p. 282). Le dragonnier avait été mesuré dans la villa Franqui, pendant le premier voyage de Borda, avec Pingré (1771), et non pendant le second (1776), avec Varela. On rapporte qu'au quinzième siècle, aux premiers temps de la conquête normande et espagnole, on disait la messe sur un petit autel élevé dans le tronc creux de cet arbre. Dans l'ouragan du 21 juin 1819, le dragonnier d'Orotava perdit malheureusement un côté de sa couronne (cime). Il existe une belle et grande gravure anglaise qui représente d'une manière extrêmement fidèle l'état actuel de cet arbre.

L'aspect monumental des colosses de la végétation, l'espèce de vénération qu'ils inspirent à tous les peuples ont fait que, dans ces derniers temps, on s'est occupé avec plus de soin de la détermination précise de l'âge et du tronc des arbres. A l'aide de ces recherches, l'auteur de l'important traité *De la longévité des arbres*, Decandolle l'ancien, Endlicher, Unger et d'autres botanistes ingénieux, ont essayé de montrer que l'âge de plusieurs arbres encore vivants remonte aux premiers temps historiques de la Grèce et de l'Italie, sinon du pays du Nil. « Plusieurs exemples, est-il dit dans la *Bibliothèque Universelle de Genève*, t. XLVII, 1831, p. 50, semblent confirmer l'idée qu'il existe encore sur le globe des arbres d'une antiquité prodigieuse, et peut-être témoins de ses dernières révolutions physiques. Lorsqu'on regarde un arbre comme un agrégat d'autant d'individus soudés ensemble qu'il s'est développé de bourgeons à sa surface, on ne peut pas s'étonner si, de nouveaux bourgeons s'ajoutant sans cesse aux anciens, l'agrégat qui en résulte n'a point de terme nécessaire à son existence. » Agardh s'exprime de même : « Quand, au retour de l'année solaire, les parties anciennes et durcies de la plante sont remplacées par des parties nouvelles, susceptibles de recevoir la séve, on a l'image d'un accroissement qui n'est limité que par des causes externes. » Il attribue la courte durée des herbes « à la prépondérance de la floraison et de la fructification sur la formation des feuilles. » La stérilité est pour la plante une cause de longévité. Endlicher cite l'exemple d'un plant de *medicago sativa*, var. β *versicolor*, qui vécut quatre-vingts ans, parce qu'il n'avait pas porté de fruits.

(*Éléments de botanique* (en allemand), 1843, § 1003.)

Outre les dragonniers, qui, malgré le développement gigantesque de leurs *faisceaux vasculaires fermés*, doivent, d'après les caractères de leurs fleurs, être rangés dans la même famille naturelle que l'asperge et les oignons cultivés, l'*adansonia* (arbre à pain de singes, baobab) appartient certainement au nombre des habitants les plus grands et les plus vieux de notre planète. Dans les premiers voyages de découvertes des Catalans et des Portugais, les navigateurs avaient déjà la coutume de graver leurs noms sur ces deux espèces d'arbres, non pas seulement comme un souvenir glorieux, mais comme une marque (*marco*) de la prise de possession, du droit que s'adjuge une nation par la priorité d'une découverte. C'est ainsi que les navigateurs portugais aimaient, comme *marque de possession*, à graver souvent ce beau dicton français, dont se servait fréquemment l'infant don Henri : *Talent de bien faire*. Manuel de Faria y Sousa dit expressément dans son *Asia Portuguesa* (t. I, cap. II, p. 14 et 18) : « *Era uso de los primeros navegantes de dexar inscrito el motto del Infante*, TALENT DE BIEN FAIRE, *en la corteza de los arboles*. » Comp. Barros, *Asia*, dec. I, liv. II, cap. II, t. I (Lisboa, 1778), p. 148.

Le dicton mentionné qui, en 1435, par conséquent vingt-huit ans avant la mort de l'infant don Henri, duc de Viseo, fut gravé sur deux arbres par des navigateurs portugais, se lie singulièrement, dans l'histoire des découvertes, aux discussions qu'a soulevées la comparaison du quatrième voyage de Vespucci avec celui de Gonzalo Coelho (1503). Vespucci raconte que le vaisseau amiral de Coelho échoua sur une île que l'on prit tantôt pour San-Fernando-Noronha, tantôt pour le Peñedo de San-Pedro, tantôt enfin pour l'île problématique de Saint-Matthieu. Cette dernière fut découverte, le 15 octobre 1525, par Garcia Jofre de Loaysa à 2° ½ de latitude sud, sous le méridien du cap Palmas, presque dans le golfe de Guinée. Il y resta dix-huit jours à l'ancre; il y trouva des croix, des orangers devenus sauvages, et deux troncs avec des inscriptions ayant alors quatre-vingt-dix ans de date (Navarette, t. V, p. 8, 247 et 401). J'ai examiné ce problème ailleurs (*Examen historique de l'hist. de la géographie*, t. V, p. 129–132), dans mes investigations sur la véracité d'Amerigo Vespucci.

La plus ancienne description du baobab (*adansonia digitata*) est celle du Vénitien Aloysius Cadamosto (dont le véritable nom était Alvise da Ca da Mosto), en l'année 1454. A l'embouchure du Sénégal, où ce voyageur joignit Antoniotto Usodimare, il trouva des arbres dont il estimait la tige à environ cent deux pieds de circonférence (Ramusio, vol. I, p. 109). Il put les comparer avec les dragonniers qu'il avait vus auparavant. Perrottet dit, dans sa *Flore de Sénégambie* (p. 76), qu'il avait vu des baobabs ayant trente pieds de diamètre sur seulement soixante-dix à quatre-vingt pieds de haut. Ces mêmes dimensions furent indiquées par Adanson, dans son voyage de 1748. Les plus grands troncs qu'il vit lui-même en 1749, soit sur l'une des petites îles de Madeleine, près du cap Vert, soit à l'embouchure du Sénégal, avaient vingt-cinq à vingt-sept pieds de diamètre sur soixante-dix pieds de hauteur, et une cime de cent soixante-dix pieds de largeur. Mais Adanson ajoute que d'autres voyageurs ont rencontré des troncs de trente pieds de diamètre. Des navigateurs français et hollandais gravèrent sur l'écorce des arbres leurs noms en lettres de six pouces de long. L'une de ces inscriptions était du quinzième siècle (c'est sans doute par erreur qu'on lit quatorzième siècle dans les *Familles des plantes d'Adanson*, 1763, P. I, p. CCXV-CCXVIII); toutes les autres étaient du quinzième siècle. Adanson estima l'âge d'après la profondeur des entailles, recouvertes de nouvelles couches ligneuses (Adrien de Jussieu, *Cours de Botanique*, p. 62), et en comparant l'épaisseur des troncs avec ceux dont l'âge était connu; il reconnut ainsi pour trente pieds de diamètre une durée de cinq mille cent cinquante ans (*Voyage au Sénégal*, 1757, p. 66). Il ajoute prudemment ces mots, dont je conserve l'orthographe bizarre : « *le calcul de l'âge de chake couche n'a pas d'exactitude géométrike.* » Dans le village de Grand Galarques, également en Sénégambie, les nègres ont orné l'entrée d'un baobab creux de sculptures, taillées dans le bois encore vert. L'espace intérieur sert à des assemblées de communes qui y débattent leurs intérêts. Cette salle de réunion rappelle la caverne (*specus*) dans l'intérieur d'un platane en Lycie, où le consul Lucinius Mutianus donna un repas à vingt et un convives. Pline (XII, 3) donne à une de ces excavations de tronc d'arbre une largeur, un peu exagérée, de quatre-vingts pieds romains. René Caillié a vu des baobabs près de Jenné, dans la vallée du Niger ; Caillaud en a rencontré dans la Nubie, et Guillaume Peters sur toute la côte orientale de l'Afrique, où le baobab se nomme *mulapa* ou plutôt *muti-nlapa*, c'est-à-dire *arbre de nlapa :* il est répandu jusqu'à Lourenzo Marquès, aux environs de 26° latitude sud. Les arbres les plus vieux et les plus épais vus par Peters « avaient soixante à soixante-dix pieds de tour. » Si Cadamosto, au quinzième siècle, a dit : *Eminentia non quadrat magnitudini ;* si Golberry (*Fragments d'un voyage en Afrique,* t. II, p. 92) a trouvé, dans la vallée des deux Gagnacks, des troncs qui, mesurés au niveau de la racine, avaient trente-quatre pieds de diamètre sur une hauteur seulement de soixante pieds, il ne faut pas croire que cette disproportion entre l'épaisseur et la hauteur soit un fait général. « De très-anciens arbres, dit le savant voyageur Peters, perdent, en se flétrissant peu à peu, la couronne, et continuent à s'accroître en circonférence. Il n'est pas rare de voir, sur le littoral de l'Afrique orientale, des troncs de dix pieds d'épaisseur atteindre soixante-cinq pieds de haut. »

Si, d'un côté, les estimations hardies d'Adanson et de Perrottet donnent aux *adansonia,* qu'ils ont mesurés, un âge de cinq mille cent cinquante à six mille ans, ce qui les ferait remonter au temps de la construction des Pyramides ou même à Ménès, c'est-à-dire à une époque où la Croix du Sud était encore visible dans le nord de l'Allemagne

(*Cosmos*, t. II, p. 402 et 487), nous voyons, d'un autre côté, que, dans notre zone septentrionale tempérée, les estimations plus certaines basées sur les anneaux ligneux annuels, et sur le rapport trouvé entre l'épaisseur de la couche ligneuse et la durée de l'accroissement, donnent des périodes plus courtes. Suivant de Candolle, parmi toutes les espèces d'arbres d'Europe, les troncs de *taxus* atteignent le plus grand âge. Ainsi, on a trouvé pour le tronc d'un if (*taxus baccata*) de Braburn, dans le comté de Kent, trente siècles; pour celui de Fotheringall en Écosse, vingt-cinq à vingt-six; pour celui de Crow-Hurst en Surrey, quatorze et demi; et pour celui de Rippon en Yorkshire, douze siècles. (De Candolle, *De la longévité des arbres*, p. 65.) Endlicher rappelle que « dans le cimetière de Grasford, dans la Galles du nord, un if qui, mesuré au-dessous des branches, a quarante-neuf pieds de tour, est de plus de quatorze cents ans; et qu'un autre, dans le Derbishire, est estimé à deux mille quatre-vingt-seize ans. En Lithuanie, on a abattu des tilleuls qui avaient quatre-vingt-deux pieds de circonférence, et sur lesquels on comptait huit cent quinze cercles annuels. » (Endlicher, *Éléments de botanique* (en allemand), p. 399.) Dans la zone tempérée de l'hémisphère austral, les espèces d'*eucalyptus* acquièrent une circonférence énorme, et comme elles atteignent en même temps plus de deux cent trente pieds de hauteur, elles contrastent singulièrement avec nos ifs, dont l'épaisseur seule présente des proportions colossales. M. Backhouse trouva dans la baie d'Émou, sur le littoral du pays de Van-Diémen, des troncs d'*eucalyptus* qui avaient, au niveau du sol, soixante-six pieds, et, à cinq pieds au-dessus du sol, quarante-sept pieds de tour. (Gould, *Birds of Australia*, vol. I, introd., p. xv.)

Ce n'est point Malpighi, comme on le prétend généralement, mais Michel de Montaigne, qui en 1581, dans son *Voyage en Italie,* a eu le mérite de signaler le premier le rapport des anneaux avec la durée d'un arbre (Adrien de Jussieu, *Cours élémentaire de botanique,* 1840, p. 61). Un artiste habile, occupé à la construction d'instruments astronomiques, appela l'attention de Montaigne sur la signification des anneaux (cercles annuels); il soutint aussi que ces anneaux sont plus rapprochés sur le côté du tronc qui regarde le nord. Jean-Jacques Rousseau avait la même opinion : son *Émile*, égaré dans la forêt, devait s'orienter d'après l'inspection des couches ligneuses. Mais les observations récentes d'anatomie végétale apprennent que la végétation, dans son activité comme dans son temps d'arrêt, ainsi que la formation si variée des anneaux des faisceaux ligneux par le moyen des cellules du cambium, dépendent d'influences tout autres que de l'orientation. (Kunth, *Manuel de botanique* (en allemand), t. I, 1847, p. 146 et 164; Lindley, *Introduction to Botany*, 2e édit., p. 75.)

Les arbres dont quelques individus peuvent vivre plusieurs siècles, et acquérir plus de vingt pieds de diamètre, appartiennent aux familles naturelles les plus différentes. Nous nommerons ici le baobab, le dragonnier, les *eucalyptus,* le *taxodium distichum* Rich., le *pinus lambertiana* Douglas, l'*hymenæa courbaril*, les *cæsalpinia*, le *bombax ceiba*, le *swietenia mahagoni*, le banyanier (*ficus religiosa*), le *liriodendron tulipifera* (?), le *platanus orientalis*, nos tilleuls, chênes et ifs. Le célèbre *taxodium distichum*, l'*ahuahete* des Mexicains (*cupressus disticha* Linn., *schubertia disticha* Mirbel), qu'on voit à Santa-Maria del Tule, dans l'État d'Oaxaca, n'a pas, comme dit de Candolle, cinquante-sept, mais exactement trente-huit pieds de diamètre (Mühlenpfordt, *Essai d'une description fidèle de la république du Mexique* (en allemand), t. I, p. 153). Les deux beaux ahuahuètes près de Chapoltepec (provenant peut-être d'un ancien jardin de Montezuma), que j'ai vus souvent, ont, d'après le voyage instructif de Burkart (t. I, p. 268), l'un trente-quatre, l'autre trente-six pieds de circonférence, et non pas de diamètre, comme on l'a dit par erreur. Les buddhistes de Ceylan révèrent le tronc gigantesque du figuier sacré de l'Anurahdepura. Les banyaniers, qui prennent des racines par leurs branches retombant sur le sol, acquièrent souvent vingt-huit pieds d'épaisseur, et forment, comme l'avait déjà si bien dit Onésicrite, un berceau de feuillage, semblable à une tente à plusieurs colonnes (Lassen, *Archéologie indienne* (en allemand), t. I, p. 268). Sur le *bombax ceiba*, voyez ce qu'on en savait déjà du temps de Colomb, dans Bembo, *Historiæ Venetæ*, 1551, fol. 83.

Le chêne qu'on voit près de Saintes, dans le département de la Charente-Inférieure, sur la route de Cozes, est probablement le plus puissant parmi les troncs de chênes connus en Europe et le plus exactement mesurés. Cet arbre a soixante pieds de haut et une épaisseur de vingt-sept pieds huit pouces et demi près du sol, vingt et un pieds et demi à cinq pieds de haut, et six pieds au point de naissance des branches principales. Dans la partie desséchée du tronc on a pratiqué une petite chambre de dix à douze pieds de large sur neuf pieds de haut, avec un banc demi-circulaire, taillé dans le bois vert. L'intérieur est éclairé par une fenêtre : les parois de la petite chambre, fermée par une porte, sont agréablement tapissées de fougères et de lichens. D'après la grosseur d'un morceau de bois coupé au-dessus de la porte, et dans lequel on compte deux cents anneaux ligneux, l'âge du chêne de Saintes devrait être estimé de mille huit cents à deux mille ans. (*Annales de la Société d'Agriculture de la Rochelle*, 1843, p. 380.)

Quant à l'églantier (*rosa canina*) qui croît près de la cathédrale de Hildesheim, et qu'on dit être âgé de mille ans, il résulte des documents précis que M. Roemer, assesseur syndical de la ville, a eu la bonté de me fournir, que la *souche* même n'a que huit cents ans. Une légende rattache cet églantier à un vœu de Louis le Débonnaire, premier fondateur de la cathédrale; et un document du onzième siècle rapporte que « l'évêque Hezilo, qui rétablit la cathédrale incendiée, entoura les racines du rosier d'une maçonnerie en voûte, et que sur cette maçonnerie il éleva les murs de la chapelle sépulcrale réinaugurée en 1061, sur laquelle les branches du rosier se sont étendues. » La tige actuellement vivante n'a que deux pouces d'épaisseur sur vingt-cinq pieds de haut, et étend ses rameaux sur un espace d'environ trente pieds, au côté extérieur de la crypte orientale; elle est certainement aussi très-vieille, et digne de l'antique renommée dont elle jouit dans toute l'Allemagne.

S'il est vrai qu'un accroissement extraordinaire est en général une preuve de longévité chez les végétaux, nous devons particulièrement appeler l'attention, parmi les thalasophytes de *végétation sous-marine*, sur une espèce de fucus (*fucus giganteus*), le *macrocystis pyrifera* d'Agardh. Suivant le capitaine Cook et Georges Forster, cette plante marine atteint en longueur jusqu'à trois cent soixante pieds anglais (trois cent trente-huit pieds Par.); elle surpasse donc, *en longueur*, les conifères les plus élevés, même le *sequoia gigantea* Endl. (*taxodium sempervirens* Hook. et Arnott) de la Californie. (Darwin, *Journal of researches into Nat. Hist.*, 1845, p. 239.) Le capitaine Fitz-Roy a confirmé ce renseignement (*Narrative of the Voyages of the Adventure and Beagle*, vol. II, p. 363). Le *macrocystis pyrifera* végète du 64° de latitude sud au 45° de latitude nord, jusqu'à la baie de San-Francisco, sur la côte nord-ouest du nouveau continent. Joseph Hooker croit même que cette espèce de fucus monte jusqu'au Kamtschatka. Dans les eaux du pôle antarctique, on la voit nager entre les glaçons flottants (*pack-ice*). (Joseph Hooker, *Botany of the Antarctic Voyage under the command of sir James Ross*, 1844, p. VII, 1 et 178; Camille Montagne, *Botanique cryptogame du Voyage de* la Bonite, 1846, p. 36.) Les expansions cellulaires, rubanées et filiformes des *macrocystis*, qui se fixent au fond de la mer par des attaches organiques sous forme de griffes, ne paraissent être arrêtées dans leur développement que par une destruction accidentelle.

(13) Page 18. *Les espèces de phanérogames actuellement conservées dans les herbiers.*

Il faut ici soigneusement distinguer ces trois questions : 1° Combien a-t-on décrit d'espèces végétales dans les ouvrages imprimés? 2° Combien en a-t-on découvert jusqu'à présent, c'est-à-dire combien, dans les herbiers, y a-t-il d'espèces qui n'ont pas été décrites? 3° Combien en existe-t-il approximativement sur le globe? L'édition de Murray du système de Linné ne contient que dix mille quarante-deux espèces, y compris les cryptogames. Willdenow, dans son édition du *Species Plantarum* (ann. 1797-1807), a décrit dix-sept mille quatre cent cinquante-sept espèces phanérogames (depuis la monandrie jusqu'à la polygamie dioïque). En y ajoutant trois mille espèces cryptogames, on a le nombre de vingt mille espèces, indiqué par Willdenow. Des recherches récentes ont montré combien cette évaluation des espèces décrites et conservées dans les herbiers est encore au-dessous de la vérité. Robert Brown compta d'abord plus de trente-sept mille espèces phanérogames (*General remarcks on the botany of Terra Australis*, p. 4). Vers la même époque j'essayai de répartir quarante-quatre mille phanérogames et cryptogames entre les diverses régions jusqu'alors visitées du globe (Humboldt, *De distributione geographica plantarum*, p. 23). Comparant l'*Enchiridium de Persoon* avec son système universel en douze familles, de Candolle trouve qu'on peut, d'après les écrits des botanistes et les herbiers d'Europe, admettre l'existence de plus de cinquante-six mille espèces végétales (*Essai élémentaire de géographie botanique*, p. 62). Quand on considère combien d'espèces nouvelles ont été décrites depuis lors par les voyageurs (mon expédition seule a enrichi de trois mille six cents espèces la Flore équinoxiale, composée d'une collection de cinq mille huit cents espèces); quand on songe que dans tous les jardins botaniques réunis on cultive certainement plus de vingt-cinq mille espèces phanérogames, on conçoit aisément que l'indication de de Candolle doit être bien au-dessous de la vérité. En effet, nous sommes dans l'ignorance complète de ce qui concerne l'intérieur de l'Amérique méridionale (Mato-Grosso, Paraguay, le revers oriental de la chaîne des Andes, Santa-Cruz de la Sierra, tous les pays situés entre l'Orénoque, le rio Negro, le fleuve des Amazones et le Puruz), l'intérieur de l'Afrique, l'île de Madagascar, Bornéo, l'Asie centrale et orientale. N'est-il donc pas naturel de penser que nous ne connaissons pas le tiers, peut-être pas même le cinquième des végétaux du globe? Dans l'Afrique australe seulement, Drège a collecté sept mille quatre-vingt-douze espèces phanérogames (Voy. Meyer, *Documents pour servir à la géographie des plantes* (en allemand),

p. 5 et 12). Il croit que la Flore de cette contrée se compose de plus de onze mille espèces phanérogames. Sur une surface d'étendue égale (douze milles carrés), en Allemagne et en Suisse, Koch n'a trouvé à décrire que trois mille trois cents, et, en France, de Candolle trois mille six cent quarante-cinq phanérogames. Je rappellerai encore les genres nouveaux (la plupart des arbres de haute futaie) qu'on découvre aujourd'hui près des grandes villes de commerce dans les petites Antilles, qui sont fréquentées depuis trois cents ans par les Européens. Ces considérations, que je développerai plus en détail à la fin de cette note, confirment en quelque sorte l'ancien mythe du Zend-Avesta, d'après lequel « la puissance primordiale créatrice fit sortir du sang du taureau sacré cent vingt mille formes de plantes. »

Puisqu'il est impossible de répondre directement, scientifiquement à la question de savoir combien, dans l'*état actuel dè la vie organique* de notre planète, il existe, sur la terre ferme et dans le vaste bassin de l'Océan, d'espèces végétales, y compris les cryptogames aphylles (algues, champignons, lichens), les characées, les hépatiques, les mousses, les marsilacées, les lycopodiacées, les fougères, il ne nous reste qu'une voie approximative, en essayant de faire ressortir certaines limites inférieures ou *minima* des nombres. Dès l'année 1815, j'ai le premier établi, dans mes *Considérations arithmétiques sur la géographie des plantes*, les rapports de nombre qui existent entre la somme des espèces de quelques familles naturelles et la totalité des phanérogames dans les pays suffisamment explorés. Robert Brown, le plus grand botaniste parmi nos contemporains, avait déjà avant moi déterminé les rapports numériques entre les principales divisions; par exemple, les rapports entre les acotylédonées (agames, cryptogames ou plantes cellulaires) et les cotylédonées (phanérogames ou plantes vasculaires), entre les monocotylédonées (endogènes) et les dicotylédonées (exogènes). Dans la zone tropicale, les monocotylédonées sont aux dicotylédonées comme 1 : 5; dans la zone froide, sous les parallèles de 60° de latitude nord et de 55° de latitude sud, comme 1 : 2 1/2 (Robert Brown, *General remarcks on the botany of Terra Australis*, dans Flinder's *Voyage*, vol. II, p. 338). D'après la méthode développée dans cet ouvrage, on compare entre eux les nombres absolus des espèces dans les trois grandes divisions du règne végétal. J'ai le premier passé de ces divisions aux familles particulières, et j'ai considéré le nombre des espèces contenues dans chaque famille, dans leur rapport avec la totalité des phanérogames qui appartiennent à une zone donnée. (Comp. mon écrit, *De distributione geographica plantarum secundum cœli temperiem et altitudinem montium*, 1817, p. 24-44, et le développement détaillé des rapports numériques que j'ai publié dans le *Dictionnaire des sciences naturelles*, t. XVIII, 1820, p. 422-436, et dans les *Annales de chimie et de physique*, t. XVI, 1821, p. 267-292.)

Les proportions numériques des espèces végétales et les lois qui président à leur distribution géographique peuvent être considérées de deux manières très-différentes. En étudiant les plantes d'après leur classement en familles naturelles, abstraction faite de leur distribution géographique, on se demande quels sont les types principaux qui représentent chacun le plus grand nombre d'espèces ? Y a-t-il sur le globe plus de glumacées que de composées? Ces deux classes forment-elles ensemble le quart des phanérogames? Quel est le rapport des monocotylédonées aux dicotylédonées? Voilà des questions du ressort de la phytologie générale, science qui a pour objet l'organisation des plantes et leur corrélation, par conséquent l'état actuel de la végétation.

Mais lorsqu'après avoir groupé les espèces végétales d'après l'analogie de leur structure, on les étudie, non plus d'une manière abstraite, mais relativement aux conditions climatériques et à leur distribution sur le globe, on agite des questions d'un tout autre intérêt. On cherche alors à savoir quelles sont les familles de plantes qui, parmi les phanérogames, dominent plus dans la zone torride que vers les cercles polaires. On se demande si les composées, sous la même latitude géographique ou entre les mêmes lignes isothermes, sont plus nombreuses dans l'ancien que dans le nouveau monde? Les plantes suivent-elles, de l'équateur au pôle, la même loi de décroissement qu'en s'élevant sur les montagnes équatoriales? Sous les mêmes lignes isothermes, le rapport des familles à la totalité des phanérogames est-il le même, dans la zone tempérée, en deçà et au delà de l'équateur? Ces questions appartiennent à la *géographie des plantes* proprement dite, et se rattachent aux problèmes les plus importants de la météorologie et de la physique du globe. C'est de la prédominance de certaines familles végétales que dépend le caractère d'un paysage, l'aspect de la nature aride ou parée, riante ou majestueuse. L'abondance des graminées qui forment d'immenses savanes, la multitude des palmiers alimentaires ou des conifères vivant en société, ont puissamment influé sur l'état physique des peuples, sur leurs mœurs et leur moral, ainsi que sur le développement plus ou moins rapide de leur bien-être.

Dans l'étude de la distribution géographique des plantes, on peut considérer isolément les espèces, les genres et les familles. Une seule espèce, particulièrement parmi les plantes sociales, couvre souvent un vaste territoire. Nous citerons comme exemples, dans le Nord, les bruyères (*ericeta*), les forêts de pin et de sapin; en Espagne, les bois de *cistus*; dans l'Amérique tropicale, les groupes d'une même espèce de *cactus*, de *croton*, de *brathys* ou de *bambusa guadua*. Il est intéressant d'examiner de plus près les conditions de ce développement organique et de cette multiplication individuelle. On peut se demander quelle est l'espèce qui, dans une zone donnée, produit le plus grand nombre d'individus, ou se borner à énumérer les familles auxquelles appartiennent, dans différents climats, les espèces dominantes. Dans un pays du Nord très-reculé, où les composées sont à la somme totale des phanérogames comme 1 : 13, et les fougères comme 1 : 25 (c'est-à-dire dans les rapports qu'exprime le nombre total des phanérogames, divisé par le nombre des espèces de composées ou de fougères), il peut arriver cependant qu'une seule espèce de fougères couvre dix fois plus de terrain que toutes les espèces de composées réunies. Dans ce cas, les fougères prédominent sur les composées par leur *masse*, c'est-à-dire par le nombre des *individus* appartenant, par exemple, à la même espèce de *pteris* ou de *polypodium*; mais elles ne prédominent point, si l'on ne compare que le nombre des différentes *formes spécifiques* des *filices* (fougères) et des composées avec le total des phanérogames. Or, comme la multiplication ne suit pas la même loi pour toutes les espèces, car celles-ci ne sont pas également riches en individus, les quotients qu'on obtient en divisant la somme totale des espèces phanérogames par le nombre des espèces d'une famille, n'indiquent pas seuls le caractère d'un paysage, la *physionomie de la nature* dans les diverses régions du globe. Si la répétition fréquente de la même espèce, sa masse, l'uniformité de végétation qui en résulte, attirent le botaniste voyageur, la *rareté* de certaines espèces utiles à l'homme a pour lui encore bien plus d'attrait. Dans les contrées tropicales, où les forêts sont formées par les rubiacées, les myrtacées, les légumineuses et les térébinthacées, on est surpris de la rareté des tiges de *cinchona,* de certaines espèces de mahagony (*swietenia*), d'*hæmatoxylon,* de *styrax* et de *myroxylum* odorant. Je rappelle ici la dispersion clair-semée des précieux arbres de quinquina (espèces de *cinchona*) que nous eûmes l'occasion d'observer sur la pente des hauts plateaux de Bogota et de Popayan, ainsi qu'aux environs de Loxa, pendant que nous descendîmes vers la vallée insalubre de Catamayo et le fleuve des Amazones. Les *chasseurs de quinquina*, *cazadores de cascarilla* (c'est ainsi qu'on appelle à Loxa les Indiens et les métis qui ramassent tous les ans la plus efficace de toutes les écorces de quinquina, celle du *cinchona condaminea*, dans les montagnes solitaires de Caxanuma, d'Uritusinga et de Rumisitana), grimpent, non sans danger, jusqu'au sommet des plus hauts arbres, pour avoir de là une vue étendue, et distinguer au loin, par la teinte rougeâtre des grandes feuilles, les tiges élancées du cinchona. Cette importante contrée montueuse (de 4° à 4° ½ de latitude sud) a une température de 12° ½ à 16° Réaumur, par six mille à sept mille cinq cents pieds de hauteur absolue (Humboldt et Bonpland, *Plantes équinoxiales*, t. I, p. 33, tab. 10).

Dans l'examen de la distribution des plantes on peut aussi, abstraction faite de leur multiplication individuelle, comparer entre eux les nombres absolus des espèces qui appartiennent à une seule et même famille. C'est la méthode qu'a employée de Candolle dans son ouvrage intitulé *Regni vegetabilis systema naturale* (t. I, p. 128, 396, 439, 464, 510). Kunth l'a appliquée à plus de trois mille trois cents espèces de composées jusqu'à présent connues. Cette méthode n'indique pas quelle est la famille qui, par la masse des individus ou le nombre des espèces, prédomine sur les autres phanérogames; elle apprend seulement combien d'espèces d'une seule et même famille appartiennent originairement à tel pays ou à telle partie du monde. Les résultats de cette méthode sont en général plus exacts, parce qu'on y arrive par l'étude soigneuse de chacune des familles, sans qu'on ait besoin de connaître le total des phanérogames d'une contrée. Ainsi, les formes les plus variées de fougères se trouvent sous les tropiques; c'est dans les régions montagneuses tempérées, humides, ombragées, des îles, que chaque genre présente la plupart de ses espèces. Dans la zone tempérée il y en a beaucoup moins que sous les tropiques, et leur *nombre absolu* va en diminuant vers les pôles. Malgré le petit nombre d'espèces septentrionales de cette famille, les fougères prédominent cependant sur les phanérogames en Laponie bien plus qu'en France et en Allemagne, parce que la zone froide produit des espèces qui résistent mieux au froid que la plupart des autres phanérogames. Pour la Laponie le quotient est de $\frac{1}{25}$, tandis que pour la France il est de $\frac{1}{73}$, et pour l'Allemagne de $\frac{1}{71}$. Ces données numériques (le total des phanérogames qu'indiquent les Flores, divisé par les espèces de chaque famille), je les ai d'abord publiées, en 1817, dans mes *Prolegomenis de distributione geographica plantarum*, et plus tard rectifiées, d'après les grands travaux de Robert Brown, dans l'ouvrage français sur la *Distribution des plantes sur le globe*. Examinées de l'équateur aux pôles, elles diffèrent des rapports qu'on obtient en ne considérant que le nombre *absolu* des espèces qui se rencontrent dans chaque famille. On voit souvent les fractions augmenter de valeur par la diminution du dénominateur, tandis que le nombre absolu des espèces diminue. Dans cette méthode de fractions, que j'adopte comme plus avantageuse pour la géographie des plantes, il y en a donc deux variables; car lorsqu'on passe d'une ligne isotherme à une autre, on ne voit pas la somme totale des phanérogames varier dans le même rapport que le nombre des espèces d'une famille donnée.

En passant de ces considérations aux divisions que trace la *méthode naturelle* d'après une série idéale d'abstractions, on peut diriger son attention sur les genres, les familles et les classes. Il existe quelques genres, il existe même des familles entières, qui appartiennent exclusivement à certaines zones; et cela non-seulement parce qu'ils exigent une réunion particulière de conditions climatériques, mais encore parce qu'ils ont pris naissance dans des localités très-circonscrites, et qu'ils ont été arrêtés dans leurs migrations. Mais il y a un plus grand nombre de genres et de familles qui ont des représentants dans toutes les zones et sous toutes les latitudes. Les premières recherches qu'on ait faites sur la distribution des planètes portaient sur les genres seuls. Elles sont consignées dans l'ouvrage estimable de Treviranus, *Biologie*, t. II, p. 47, 63, 83 et 129. Mais cette méthode est moins propre à donner des résultats généraux, que celle qui consiste à comparer le nombre des espèces de chaque famille, ou les grandes divisions (acotylédonées, monocotylédonées, dicotylédonées), avec le nombre de toutes les phanérogames. Dans la zone froide, la multiplicité des genres ne diminue pas dans la même proportion que la multiplicité des espèces ; on y rencontre, toutes choses égales d'ailleurs, plus de genres que d'espèces. (De Candolle, *Théorie élémentaire de la botanique*, p. 190 ; Humboldt, *Nova genera et species plantarum*, t. I, p. XVII et L.) Il en est à peu près de même pour les montagnes élevées : leurs cimes sont habitées par des espèces éparses d'une multitude de genres, qu'on serait tenté de regarder comme appartenant exclusivement à la végétation des plaines.

J'ai cru devoir indiquer les différents points de vue sous lesquels on peut envisager les lois de la distribution géographique des plantes. Ce n'est qu'en confondant ces points de vue entre eux qu'on trouve des contradictions, attribuées à tort à l'incertitude de l'observation (*Annales de botanique* (en allemand), t. I, Berlin, 1818, p. 18, 21, 30). Quand on dit, « Ce type ou cette famille disparaît vers la zone froide, sa véritable patrie est sous tel ou tel parallèle ; tel type est austral, tel autre prédomine dans la zone tempérée, » il faut préciser s'il s'agit du nombre absolu des espèces, de leur fréquence absolue augmentant ou diminuant avec les degrés de latitude, ou s'il s'agit d'établir que telle famille, comparée au total des phanérogames d'une flore, prédomine sur les autres familles. L'idée sensible de *prédominance* repose précisément sur la notion d'une quantité relative.

La physique du globe a, comme le système du monde, ses *éléments numériques* ; ce n'est que peu à peu qu'on arrivera, par les travaux réunis des botanistes voyageurs, à la connaissance des véritables lois qui déterminent la distribution géographique et climatérique des plantes. J'ai déjà dit que, dans la zone tempérée de l'hémisphère boréal, les composées (synanthérées) et les glumacées (je donne ce nom aux trois familles réunies des graminées, des cypéracées et des juncacées) forment le quart de tous les végétaux phanérogames. Les nombres ci-dessous sont les résultats de nos recherches, portant sur sept grandes familles du règne végétal dans la même zone tempérée :

Glumacées $\frac{1}{8}$ (graminées seules $\frac{1}{12}$);
Composées $\frac{1}{8}$;
Légumineuses $\frac{1}{18}$;
Labiées $\frac{1}{24}$;
Ombellifères $\frac{1}{40}$;
Amentacées (cupulifères, bétulinées et salicinées) $\frac{1}{48}$;
Crucifères $\frac{1}{19}$.

Les formes des êtres organisés sont dans une dépendance réciproque les unes à l'égard des autres. L'unité de la nature consiste en ce que ces formes se limitent d'après des lois qui sont probablement liées à de longues périodes. Quand, sur un point quelconque du globe, on connaît exactement le nombre des espèces de l'une des grandes familles des glumacées, des légumineuses ou des composées, on peut, avec une certaine probabilité, conclure le nombre approximatif tant de la totalité des espèces phanérogames que des espèces d'autres familles qui y croissent. Le nombre des cypéracées détermine celui des composées, comme le nombre des composées détermine celui des légumineuses. Ces évaluations nous mettent à même de reconnaître pour quelles classes et ordres les Flores d'un pays sont encore incomplètes; elles nous indiquent les lacunes qui existent dans chaque famille, si l'on prend garde de ne confondre entre elles des classes de végétaux très-différentes.

L'examen comparatif des *rapports numériques des familles* dans les zones bien explorées m'a conduit à la connaissance des lois suivant lesquelles les espèces, formant une famille naturelle, diminuent ou augmentent de nombre des pôles à l'équateur, comparativement à la totalité des phanérogames propres à chaque zone. Outre la direction, il ne faut pas non plus perdre de vue la mesure de l'accroissement, c'est-à-dire la rapidité avec laquelle le nombre s'accroît. On voit le dénominateur de la fraction, qui exprime le rapport, augmenter ou diminuer. Ainsi, par exemple, la belle famille des légumineuses va en diminuant de la zone équinoxiale au pôle nord. Si l'on trouve pour la zone torride (de 0° à 10° de latitude) le rapport exprimé par la fraction $\frac{1}{10}$, on a $\frac{1}{18}$ pour la partie de la zone tempérée comprise entre 45° et 52°, et $\frac{1}{35}$ seulement pour la zone glaciale (de 67° à 70° de latitude). Cette même direction (accroissement vers l'équateur) de la grande famille des légumineuses est suivie par les rubiacées, les euphorbiacées, et avant tout par les malvacées. Les graminées et les juncacées (les dernières plus que les premières), les éricacées et les amentacées, vont, au contraire, en diminuant vers la zone torride. Les composées, les labiées, les ombellifères et les crucifères, partant de la zone tempérée, vont en diminuant vers le pôle aussi bien que vers l'équateur; les ombellifères et les crucifères diminuent très-rapidement dans la dernière direction, tandis que, dans la zone tempérée, les crucifères sont trois fois plus fréquentes en Europe que dans les États-Unis de l'Amérique. Les labiées disparaissent jusqu'à une espèce, et les ombellifères jusqu'à deux espèces, dans le Groënland, où le nombre total des phanérogames s'élève, suivant Hornemann, à trois cent quinze.

Il importe de faire remarquer ici que le développement des plantes de différentes familles et la répartition des espèces ne dépendent ni des latitudes géographiques, ni même des latitudes isothermes; mais que les quotients, sur une même ligne isotherme de la zone tempérée, ne sont pas toujours les mêmes, par exemple, dans les plaines de l'Amérique et dans celles du vieux continent. En dedans des cercles tropicaux il existe une différence très-marquée entre l'Amérique, les Indes orientales et les côtes occidentales de l'Afrique. C'est que la distribution des êtres organisés sur le globe ne dépend pas seulement des conditions très-complexes de chaleur et de climat, mais encore des conditions géologiques, qui nous restent presque entièrement inconnues, en tant qu'elles résultent de l'état primitif du globe, et des catastrophes qui n'ont pas atteint toutes les parties de notre planète en même temps. Les grands pachydermes manquent aujourd'hui dans le nouveau monde, pendant que nous les rencontrons en

Asie et en Afrique dans des climats analogues. Ces différences, loin de nous empêcher de scruter les lois de la nature, doivent nous exciter plutôt à les étudier dans toutes leurs complications.

Les lois numériques des familles végétales, l'accord souvent si surprenant des rapports de nombres là où les espèces qui forment ces familles sont la plupart très-diverses; toutes ces études peuvent contribuer à dévoiler les mystères qui cachent encore tout ce qui se rattache à la fixation des types animaux et végétaux, enfin ce qui lie l'*être* au *naître*. Je vais emprunter des exemples à deux pays voisins l'un de l'autre, et depuis longtemps explorés, la France et l'Allemagne. En France, il manque beaucoup d'espèces de graminées, d'ombellifères, de crucifères, de composées, de légumineuses et de labiées, qui en Allemagne sont très-communes; et cependant les rapports numériques des six grandes familles nommées y sont presque les mêmes. Les voici :

Familles.	Allemagne.	France.
Graminées.	$\frac{1}{13}$	$\frac{1}{13}$
Ombellifères.	$\frac{1}{22}$	$\frac{1}{21}$
Crucifères.	$\frac{1}{18}$	$\frac{1}{19}$
Composées.	$\frac{1}{8}$	$\frac{1}{7}$
Légumineuses.	$\frac{1}{18}$	$\frac{1}{16}$
Labiées.	$\frac{1}{26}$	$\frac{1}{24}$

Cet accord pour le nombre des espèces d'une famille comparativement à la somme des phanérogames de l'Allemagne et de la France n'aurait nullement lieu, si les espèces allemandes qui manquent n'étaient pas remplacées par d'autres types des mêmes familles. Ceux qui se complaisent dans les rêveries sur la transformation successive des espèces tant animales que végétales, et qui regardent, par exemple, les perroquets appartenant à des îles voisines d'un continent comme des espèces transformées, attribuent cette singulière identité de rapport à une migration des mêmes espèces végétales, qui, sous l'influence de tant de siècles, se seraient modifiées et remplacées ostensiblement. Mais pourquoi notre bruyère commune (*calluna vulgaris*), pourquoi nos chênes n'ont-ils pas franchi à l'est les monts Oural, pour pénétrer de l'Europe dans le nord de l'Asie? Pourquoi n'y a-t-il aucune espèce du genre *rosa* dans l'hémisphère austral, et pour ainsi dire aucune *calceolaria* dans l'hémisphère boréal? La distribution actuelle des espèces ou types organiques s'explique aussi peu par les seules conditions de température que par l'hypothèse d'une migration de végétaux, rayonnant d'un certain point central. C'est à peine si les circonstances thermiques nous font comprendre pourquoi des espèces particulières répandues horizontalement vers les pôles, ou s'élevant verticalement sur le revers des montagnes, ont des limites déterminées qu'elles ne franchissent point. Le *cycle de végétation*, quelle que soit sa durée, exige pour la réussite de chaque espèce un certain minimum de température. (Playfair, dans les *Transactions of the Royal Soc. of Edinb.*, vol. V, 1805, p. 202; Humboldt, sur la somme des degrés thermométriques qu'exige le cycle de végétation des céréales, dans les *Mémoires sur les lignes isothermes*, p. 96 ; Boussingault, *Économie rurale*, t. II, p. 659, 663 et 667 ; Alphonse de Candolle, sur *les causes qui limitent les espèces végétales*, 1847, p. 8.) Mais toutes les conditions de l'existence d'une plante, dans sa distribution naturelle ou dans sa culture (conditions de la distance géographique du pôle et de la hauteur d'une localité), se compliquent d'abord de la difficulté de déterminer le point initial du cycle de végétation thermique, puis de l'influence que la répartition inégale de la même quantité de chaleur par groupes successifs de jours et de nuits exerce sur l'*excitabilité*, sur le développement graduel et sur toute la vie de la plante, enfin, de l'action secondaire de l'hygrométricité et de l'électricité atmosphériques. Mes recherches sur les lois numériques de la distribution des espèces pourront un jour être appliquées avec quelque succès aux différentes classes des animaux vertébrés.

Les riches collections du *Muséum d'histoire naturelle* à Paris renfermaient déjà en 1820, d'après des évaluations approximatives, plus de cinquante-six mille espèces phanérogames et cryptogames, quarante-quatre mille insectes (nombre probablement trop petit, quoiqu'il me fût communiqué par Latreille), deux mille cinq cents poissons, sept cents reptiles, quatre mille oiseaux, et cinq cents espèces de mammifères. L'Europe possède environ quatre-vingts espèces de mammifères, quatre cents espèces d'oiseaux, et trente espèces de reptiles. Dans la zone boréale tempérée, le nombre des espèces d'oiseaux est donc le quintuple de celui des mammifères, de même qu'en Europe il y a cinq fois plus de composées que d'amentacées et de conifères, cinq fois plus de légumineuses que d'orchidées et d'euphorbiacées. Dans la zone australe tempérée, les mammifères (coïncidence surprenante) sont aux oiseaux dans le rapport de 1 : 4, 3. Les oiseaux, et plus encore les reptiles, deviennent plus nombreux que les mammifères à mesure qu'on se rapproche de la zone torride. D'après les recherches de Cuvier, on pourrait croire que le rapport n'était pas autrefois le même, et que, dans les révolutions du globe, il a péri bien plus de mammifères que d'oiseaux. Latreille a fait voir quels sont les groupes d'insectes qui augmentent de nombre vers l'équateur ou vers les pôles. Illiger a indiqué la patrie de trois mille huit cents espèces d'oiseaux distribuées dans les différentes parties du monde, méthode beaucoup moins instructive que celle qui procède par zones. On s'explique comment, dans un espace donné, les *individus* d'une classe de plantes ou d'animaux se limitent réciproquement quant à leur nombre, et comment, après des luttes et une longue oscillation, il peut, par les besoins de nourriture et du genre de vie, s'établir un état d'équilibre; mais les causes qui ont limité, non pas le nombre des individus, mais les différentes espèces dans l'espace, sont couvertes d'un voile impénétrable; ce même voile nous cache tout ce qui touche au commencement des choses et à l'apparition primordiale de la vie organique.

Si, comme je l'ai déjà dit au commencement de cette note,

on veut essayer d'indiquer approximativement le nombre limite *au-dessous* duquel il ne faut pas établir le total des phanérogames du globe, on peut y arriver le plus sûrement par la comparaison des familles végétales dont les rapports numériques sont connus, avec le nombre des espèces contenues dans nos herbiers et cultivées dans les grands jardins botaniques. Nous venons de rappeler que, déjà en 1820, les herbiers du Muséum d'histoire naturelle à Paris étaient évalués à cinquante-six mille espèces. Je ne me permets aucune conjecture sur ce que renferment les herbiers d'Angleterre. Le grand herbier de Paris, que Benjamin Delessert a créé, par les plus nobles sacrifices, au profit de la science, fut estimé, à la mort du fondateur, à quatre-vingt-six mille espèces, ce qui approche beaucoup du nombre que Lindley (*Introduction to Botany,* 2e édit., p. 504) donna, en 1835, comme probable pour la totalité des espèces du globe. Peu d'herbiers ont été soigneusement classés et collationnés après une élimination complète et rigoureuse des variétés. A cela il faut ajouter que les petits herbiers particuliers contiennent une quantité assez notable de plantes qui manquent dans les grands herbiers, dits généraux. Le docteur Klotzsch évalue à soixante-quatorze mille espèces le nombre total des phanérogames du grand herbier royal à Schoeneberg près de Berlin, dont il est le conservateur.

L'utile ouvrage de Loudon (*Hortus britannicus*) donne à peu près un aperçu des espèces qui sont ou ont été cultivées assez récemment dans tous les jardins de l'Angleterre.

L'édition de 1832 compte exactement vingt-six mille six cent soixante phanérogames, y compris les espèces indigènes. Avec ce nombre si considérable de plantes autrefois et maintenant cultivées dans toutes les contrées de la Grande-Bretagne, il ne faut pas confondre ce qu'un seul jardin botanique peut montrer en même temps de plantes vivantes. Sous ce rapport, le jardin botanique de Berlin passe depuis longtemps pour un des plus riches de l'Europe. La renommée de cette richesse assez extraordinaire était autrefois fondée sur une simple évaluation approximative; et mon vieil ami et collaborateur le professeur Kunth dit avec une grande justesse (*Notice manuscrite* communiquée à la Société horticole, décembre 1846) : « Ce n'est qu'après la confection d'un catalogue systématique, basé sur la détermination exacte des espèces, qu'on a pu entreprendre un véritable *dénombrement*. Ce dénombrement donna un peu plus de quatorze mille soixante espèces; et, déduction faite de trois cent soixante-quinze fougères cultivées, il reste treize mille six cent quatre-vingt-cinq phanérogames, dont seize cents composées, onze cent cinquante légumineuses, quatre cent vingt-huit labiées, trois cent soixante-dix ombellifères, quatre cent soixante orchidées, soixante palmiers, et six cents graminées et cypéracées. Or, si l'on compare avec ces données le nombre des espèces déjà décrites dans des ouvrages récents, savoir, dix mille environ de composées (de Candolle et Walpers), huit mille soixante-dix légumineuses, deux mille cent quatre-vingt-dix labiées (Bentham), seize cent vingt ombellifères, trois mille cinq cent quarante-quatre graminées et deux mille cypéracées (Kunth, *Enumeratio plantarum*), on reconnait que le jardin botanique de Berlin ne cultive, quant aux grandes familles, que 1/7 des composées, 1/8 des légumineuses, 1/9 des graminées; et pour les petites familles (labiées et ombellifères), environ 1/5 ou 1/4 des espèces décrites. En portant le nombre des différentes espèces phanérogames, cultivées dans tous les jardins de l'Europe, à vingt mille, les phanérogames cultivés étant environ la huitième partie des espèces décrites et conservées dans les herbiers, on trouve que le total des phanérogames doit s'élever à près de cent soixante mille. Cette estimation ne parait point exagérée, quand on songe que, de beaucoup de grandes familles, telles que les guttifères, les malpighiacées, les mélastomées, les myrtacées et les rubiacées, la centième partie à peine appartient à nos jardins. » Or, si l'on prend pour base les vingt-six mille six cent soixante espèces de Loudon (*Hortus britannicus*), on arrive, d'après les principes bien concluants empruntés à la notice manuscrite du professeur Kunth, à élever le nombre de cent soixante mille à deux cent treize mille; et cette estimation est encore très-modérée, si l'on admet, avec Heynhold (*Nomenclator botanicus hortensis*, 1846), trente-cinq mille six cents espèces phanérogames cultivées. Somme toute, et cette conclusion paraîtra d'abord étrange, on connaît actuellement par les jardins, par les descriptions et les herbiers, un plus grand nombre de plantes phanérogames que d'insectes. La moyenne des insectes jusqu'à présent décrits ou non décrits, conservés dans les collections, est, suivant plusieurs entomologistes les plus distingués, entre cent cinquante mille et cent soixante-dix mille. La riche collection de Berlin en contient environ quatre-vingt-dix mille, dont trente-deux mille coléoptères. On a collecté, dans les régions les plus lointaines, un nombre prodigieux de plantes, sans rapporter en même temps les insectes qui vivent sur ces plantes ou aux environs. Mais, en appliquant ces calculs à la partie du monde la plus explorée, par exemple, à l'Europe, on trouve que le nombre des espèces phanérogames n'est nullement dans le rapport indiqué avec les insectes; ainsi, on compte à peine sept à huit mille espèces phanérogames pour toute l'Europe, tandis que les insectes d'Europe jusqu'à présent connus sont plus du triple. D'après les communications intéressantes de mon ami Dohrn, à Stettin, le nombre des insectes collectés aux environs de cette ville, dont la Faune est si riche, dépasse déjà huit mille sept cents, non compris beaucoup de microlépidoptères qui manquent encore dans cette collection. Les phanérogames y sont à peine au nombre de mille espèces. La Faune d'insectes de la Grande-Bretagne est évaluée à onze mille six cents. Cette prépondérance des espèces animales est d'autant moins surprenante, que, parmi les insectes, les uns, constituant de grandes divisions, ne vivent que de matières animales, tandis que d'autres se nourrissent de plantes agames, telles que champignons, même souterrains. Selon Ratzeburg, le *bom-*

byx pini, le plus nuisible de tous les insectes des forêts, est seul visité par trente-cinq ichneumonides parasites.

Après que ces considérations nous ont conduit au rapport qui existe entre la quantité des espèces végétales cultivées dans les jardins et la somme des espèces tant décrites que conservées dans les herbiers, il nous reste à déterminer le rapport de cette somme au nombre probable des espèces qui habitent actuellement le globe ; c'est-à-dire qu'il nous reste à contrôler le *minimum* de ces espèces par les *nombres proportionnels des familles*, conséquemment par des multiples chanceux. Mais ce contrôle donne des résultats si minimes pour la *limite inférieure*, qu'il devient évident que même dans les grandes familles, le plus prodigieusement enrichies dans ces derniers temps par les botanistes descripteurs, nous ne possédons encore qu'une faible partie du trésor réellement existant. Le *Répertoire* de Walpers complète le *Prodromus* de de Candolle, depuis l'année 1825 jusqu'à l'année 1846. Or, la famille des légumineuses y compte huit mille soixante-huit espèces ; son *nombre proportionnel* peut être porté à $^1/_{21}$; car sous les tropiques il est $^1/_{10}$, dans la zone tempérée moyenne $^1/_{18}$, dans la zone froide du nord $^1/_{33}$. Le nombre des légumineuses *décrites* ne nous conduirait donc qu'à cent soixante-neuf mille quatre cents pour les espèces phanérogames existant sur tout le globe, tandis que le nombre des composées témoigne déjà, comme nous l'avons dit plus haut, de l'existence de plus de cent soixante mille espèces phanérogames *connues*, c'est-à-dire décrites et conservées dans les herbiers. Cette différence si marquée est significative ; elle ressortira mieux encore des observations qui vont suivre.

La majeure partie des composées, dont Linné ne connaissait que sept cent quatre-vingt-cinq espèces, et dont le nombre s'élève maintenant à douze mille, paraît appartenir à l'ancien continent : du moins de Candolle ne décrit que trois mille cinq cent quatre-vingt-dix espèces américaines, contre cinq mille quatre-vingt-treize espèces européennes, asiatiques et africaines. Mais cette richesse de composées dans nos systèmes de végétaux n'est qu'illusoire : le quotient de la famille, qui est $^1/_{15}$ entre les tropiques, $^1/_7$ dans la zone tempérée, $^1/_{13}$ dans la zone froide, donne à croire qu'il y a un peu plus de composées que de légumineuses qui ont jusqu'à présent échappé à l'observation zélée des voyageurs ; car, en multipliant ce quotient par 12, on n'obtient que le nombre si faible, si invraisemblable, de cent quarante-quatre mille phanérogames. Les familles des graminées et des cypéracées donnent des résultats relativement encore plus faibles, parce qu'on en a décrit et collecté un moins grand nombre d'espèces. Qu'on jette un coup d'œil sur la carte de l'Amérique méridionale, et qu'on songe aux immenses savanes si imparfaitement explorées de Vénézuéla, de l'Apure et du Méta, ainsi qu'au sud de la vaste région boisée du fleuve des Amazones : que de riches moissons restent encore à faire dans le Chaco, dans le Tucuman oriental, et dans les pampas de Buenos-Ayres et de la Patagonie ! Les steppes de l'Asie septentrionale et moyenne, où les dicotylédonées sont dans une plus forte proportion mêlées aux graminées, occupent un espace presque égal aux savanes de l'Amérique, et ne sont guère mieux explorées. Supposé que l'on connaisse la *moitié des plantes phanérogames du globe*, et que l'on soit suffisamment fondé à s'arrêter au chiffre de cent soixante mille ou de deux cent treize mille, il faudra admettre que les graminées, dont le nombre proportionnel général paraît être $^1/_{12}$, comptent au moins, dans le premier cas, vingt-six mille espèces, et, dans le second, trente-cinq mille; et on n'en connaît que le $^1/_8$ ou $^1/_{10}$ de ce qui resterait à connaître.

Mais voici les considérations qui s'opposent à l'hypothèse établie. On découvre des milliers d'espèces monocotylédonées ou dicotylédonées, parmi lesquelles se trouvent des arbres élevés (que l'on se rappelle ma propre expédition dans des contrées qui cependant avaient été déjà dans une grande étendue explorées par des botanistes distingués). Or, la partie du continent que n'a encore foulée aucun observateur est bien plus grande que celle qui a été examinée, ne fût-ce que superficiellement. C'est entre les tropiques et dans les zones subtropicales que se rencontrent, à surface égale, le plus grand nombre d'espèces phanérogames. Il est donc fort important de rappeler que nous sommes dans une ignorance presque complète relativement au nouveau continent situé au nord de l'équateur : nous ne savons à peu près rien des Flores d'Oaxaca, de Yucatan, de Guatimala, de Nicaragua, de l'isthme de Panama, du Choco, d'Antioquia, et de la *provincia de los Pas-*

tos; il en est de même, au sud de l'équateur, pour les Flores du Paraguay, de la *provincia de las Missiones*, et de l'immense région boisée entre l'Ucayale, le rio de la Madera et le Tocantin, trois puissants affluents du fleuve des Amazones. Quant à l'Afrique, à part les côtes, nous ne connaissons point la végétation de tout l'intérieur, entre 15° de latitude boréale et 20° de latitude australe. Dans l'Asie, nous ne connaissons pas davantage les Flores du sud et du sud-est de l'Arabie, où se trouvent des pays montueux de six mille pieds de haut; il en est de même pour les Flores des régions situées entre le Thian-Schan, le Kuen-Lün et l'Himalaya, de la Chine occidentale et de la plupart des pays transgangétiques. Le botaniste connaît bien moins encore l'intérieur de Bornéo, de la Nouvelle-Guinée et d'une partie de l'Australie. Plus loin, au sud, le nombre des espèces diminue singulièrement, ainsi que Hooker l'a démontré avec sagacité dans sa *Flore antarctique*. Les trois îles qui forment la Nouvelle-Zélande sont situées entre 34° ½ et 47° ¼ de latitude australe : comprenant des montagnes neigeuses de plus de huit mille trois cents pieds de hauteur, elles offrent de grandes variétés de climat. L'île la plus septentrionale de ce groupe a seule été assez complétement explorée depuis le voyage de Banks et Solander jusqu'à Lesson, aux frères Cunningham et Colenso; et dans l'espace de soixante-dix ans on n'est pas encore parvenu à connaître sept cents espèces phanérogames de la Flore de ce pays. (Ernest Dieffenbach, *Travels in New-Zealand*, 1843, vol. I, p. 419.) A la pauvreté en espèces végétales correspond la pauvreté en espèces animales. Joseph Hooker rapporte « que l'Islande nourrit cinq fois plus d'espèces phanérogames que les îles de lord Auckland et de Campell réunies, qui, dans l'hémisphère austral, sont de 8° à 10° plus rapprochées de l'équateur. Cette Flore antarctique est caractérisée par une végétation uniforme en même temps que très-luxuriante, grâce à l'influence d'un climat continuellement frais et humide. Dans le Chili méridional, dans la Patagonie et jusqu'à la Terre de Feu, de 45° à 56° de latitude australe, cette uniformité de végétation n'est pas seulement surprenante dans les plaines, mais encore sur les montagnes, dont la pente est garnie des mêmes espèces. Que l'on compare la Flore de la France méridionale, sous la même latitude que les îles de Chonos près des côtes du Chili, avec la Flore écossaise d'Argyleshire sous la même latitude que le cap Horn ; combien les espèces sont ici différentes ! Dans l'hémisphère austral, au contraire, les mêmes types de végétation parcourent un grand nombre de degrés de latitude. Si vers le pôle nord on recueille encore dix phanérogames en fleurs dans les îles de Walden (à 80° ½ de latitude), on trouvera vers le pôle sud, dans les îles de Sud-Shetland, sous 63°, à peine une seule graminée. » (Joseph Hooker, *Flora antarctica*, p. 73-75). — Ces rapports dans la distribution des plantes attestent que la plus grande quantité de phanérogames non encore observées, non décrites, non collectées, appartient aux contrées tropicales et aux 12 ou 15 degrés de latitude qui les avoisinent.

Il m'a paru important de signaler ici l'état imparfait de

nos connaissances relativement au domaine si peu exploité de la *botanique arithmétique*, et de formuler certaines questions d'une manière plus précise qu'on n'a pu le faire jusqu'à présent. Lorsque, dans les rapports de nombres, il ne s'agit que de probabilités, il faut d'abord songer au moyen de trouver la *limite inférieure*. Je citerai comme exemples : le rapport (j'en ai traité ailleurs) de l'or et de l'argent monnayés à la quantité des métaux nobles travaillés qui existent; la question de savoir combien il y a d'étoiles de dixième à douzième grandeur disséminées dans le ciel, combien il pourrait y avoir d'étoiles télescopiques au minimum de grandeur dans la voie lactée (John Herschel, *Results of astron. observ. at the Cape of Good Hope*, 1847, p. 381). Il est certain que, s'il était possible d'embrasser par l'observation directe toutes les espèces d'une des grandes familles phanérogames, on connaîtrait par là approximativement la somme totale des phanérogames (la réunion de toutes les familles) qui habitent le globe. Plus on arrive, par l'exploration successive des contrées inconnues, à épuiser le nombre des espèces d'une grande famille, plus on élève la *limite inférieure*; et comme les espèces se limitent réciproquement d'après des lois encore inexpliquées, on se rapproche ainsi de la solution d'un grand problème numérique de la vie. Mais le nombre des espèces est-il constant? Est-ce que, après de longues périodes, le sol ne donne pas naissance à de nouvelles formes végétales, tandis que d'autres deviennent de plus en plus rares et finissent par disparaître? La géologie, par l'examen des monuments du monde primitif, répond affirmativement à la dernière partie de cette question. « Le monde primitif, pour me servir des expressions de l'ingénieux Link (*Mém. de l'Acad. des sciences de Berlin*, de l'année 1846, p. 322), condense ce qui est éloigné dans des formes merveilleuses, comme pour indiquer un développement et un démembrement dans le monde récent. »

(14) Page 21. *La hauteur et la pression de l'océan aérien n'ont pas été toujours les mêmes.*

La pression de l'atmosphère exerce une influence marquée sur la conformation et la vie des plantes. La vie végétale se porte *à l'extérieur* en raison de la multitude et de l'importance des organes foliacés garnis de pores. Les végétaux vivent principalement par leur surface ; de là leur indépendance du milieu ambiant. Les animaux obéissent plutôt à des *stimulants internes* ; ils se donnent et entretiennent eux-mêmes leur température par les mouvements musculaires, les courants électriques, les actions chimiques qui reposent et réagissent à la fois sur ces courants. Une des fonctions vitales les plus actives des végétaux, c'est une sorte de respiration cutanée ; et cette respiration, en tant qu'elle consiste à évaporer, à absorber ou à exhaler des fluides, dépend de la pression de l'atmosphère. C'est pourquoi les plantes alpestres sont très-aromatiques, velues, et garnies de nombreux vaisseaux exhalants (Voy. mon ouvrage *Sur l'excitation des fibres musculaires et nerveuses*, t. II, p. 142-145). Car, d'après des observations zoonomiques, plus une fonction est active, et plus les organes qui y concourent sont nombreux et développés, ainsi que je l'ai montré ailleurs. Les plantes alpestres réussissent d'autant plus difficilement dans la plaine, que la respiration par la surface est troublée par une plus forte pression de l'air.

On ignore tout à fait si l'océan aérien qui environne notre planète a toujours exercé la même pression moyenne; nous ne savons pas même au juste si la hauteur moyenne du baromètre, dans une seule et même localité, est restée constante depuis des siècles : on a longtemps douté de l'exactitude de ces observations. Suivant les expériences de Poleni et de Toaldo, cette pression paraissait variable. Mais les recherches plus récentes de l'astronome Carlini ont en quelque sorte montré que la hauteur moyenne du baromètre à Milan va en décroissant. Peut-être ce phénomène est-il purement local, et dépend-il de courants d'air descendants, qui changent périodiquement.

(15) Page 21. *Les palmiers.*

Jusqu'à la mort de Linné, on n'avait encore décrit, chose surprenante! que quinze espèces du type majestueux des palmiers, dont quelques-uns sont deux fois plus élevés que le château royal à Berlin : l'Indien Amarasinha les appelait, d'une manière très-caractéristique, *les rois des graminées.* Ruiz et Pavon, voyageurs au Pérou, n'en ajoutèrent que huit à ce nombre. Ayant parcouru l'Amérique depuis le 12e degré

9.

de latitude sud jusqu'au 21ᵉ degré de latitude nord, nous avons décrit, Bonpland et moi, vingt nouvelles espèces de palmiers, et nous avons distingué et dénommé un nombre égal d'autres dont nous n'avons pu nous procurer complétement les fleurs (Humboldt, *De distributione geogr. plantarum*, p. 225-233). Aujourd'hui, quarante-quatre ans après mon retour du Mexique, on possède la description méthodique de quatre cent quarante espèces de palmiers des deux continents, y compris les espèces de l'Inde décrites par Griffith. L'*Enumeratio plantarum* de mon ami Kunth, publiée en 1841, renferme déjà trois cent cinquante-six espèces.

Très-peu de palmiers vivent en société, comme nos conifères, quercinées et bétulinées. De ce nombre sont le palmier moriche (*mauritia flexuosa*) et les deux espèces de *chamærops*, dont l'une (*chamærops humilis*) occupe, à l'embouchure de l'Èbre et en Valence, des territoires étendus; l'autre, découverte par nous sur le littoral mexicain de l'océan Pacifique, est dépourvue de piquants. De même qu'il y a des palmiers qui, comme les cocos et les chamærops, sont des plantes littorales, il existe aussi, dans la région tropicale, un groupe particulier de palmiers de montagnes qui, si je ne me trompe, étaient tout à fait inconnus avant mon voyage dans l'Amérique australe. Presque toutes les espèces de la famille des palmiers vivent dans les plaines à une température moyenne de 22° à 24°. Elles montent rarement jusqu'à dix-huit cents pieds sur la chaîne des Andes. Mais le beau palmier à cire (*cercoxylon andicola*), le palmeto d'Azufral (*oreodoxa fri-*

gida) dans le passage de Quindiu, et le *kunthia montana*, qui ressemble à un roseau (*caña de la Vibora*), croissent à Pasto entre six mille et neuf mille pieds au-dessus du niveau de la mer, là où le thermomètre de Réaumur descend la nuit souvent jusqu'à 4°,8 et 6°, et atteint à peine la température moyenne de 11°. Ces palmiers alpestres sont associés aux noyers, aux *podocarpus* à feuilles d'if, et aux chênes (*quercus granatensis*). J'ai déterminé, par des observations barométriques exactes, les limites inférieures et supérieures du palmier à cire. C'est sur la pente orientale de la chaîne des Andes de Quindiu que nous commençâmes d'abord à le rencontrer à une hauteur de sept mille quatre cent quarante pieds; de là nous le vîmes s'élever graduellement, jusqu'à Guarita del Paramo et los Volcancitos, à neuf mille cent pieds. Don José Caldas, botaniste distingué qui, longtemps notre compagnon dans la Nouvelle-Grenade, périt victime de la haine des factions espagnoles, trouva, plusieurs années après mon départ, trois espèces de palmiers dans le Paramo de Guanacos, près de la ligne des neiges éternelles, c'est-à-dire probablement à plus de treize mille pieds de hauteur (*Semanario de Santa-Fé de Bogota*, 1809, n° 21, p. 163). On rencontre même en dehors de la région tropicale, à 28° de latitude, dans les montagnes avancées de l'Himalaya, le *chamærops Martiana* (Wallich, *Plantæ asiaticæ rariores*, vol. III, tab. 211) jusqu'à cinq mille pieds anglais (4690 pieds français) d'élévation.

En considérant les limites géographiques extrêmes, conséquemment climatériques, des palmiers dans des localités peu élevées au-dessus du niveau de la mer, nous voyons certaines espèces (le dattier, le *chamærops humilis*, le *chamærops palmetto* et l'*areca sapida* de la Nouvelle-Zélande) s'avancer, dans la zone tempérée des deux hémisphères, jusqu'aux contrées où la température moyenne de l'année est à peine 11° 2′ à 12° 5′. En rangeant les plantes cultivées dans l'ordre de la chaleur qu'elles exigent, on a, à commencer par le maximum : le cacao, l'indigo, le café, le coton, le dattier, le citronnier, l'olivier, le châtaignier et la vigne. En Europe, le dattier s'avance, avec le *chamærops humilis*, jusqu'à 43° ½ et 44° de latitude; ainsi, à Rivera del Ponente, près de Bordighera, entre Monaco et San-Stefano, on voit un bosquet de plus de quatre mille tiges de palmiers; on en trouve aussi en Dalmatie, aux environs de Spalatro. Le *chamærops humilis* est, chose curieuse, très-fréquent près de Nice et dans l'île de Sardaigne, tandis qu'il manque dans l'île de Corse, intermédiaire entre ces deux localités. Dans le nouveau continent, le *chamærops palmetto*, qui a quelquefois jusqu'à quarante pieds de haut, ne s'avance au nord que jusqu'à 34° de latitude, ce qui s'explique par la courbure des lignes isothermes. Dans l'hémisphère austral, dans la Nouvelle-Hollande, les palmiers, dont il n'y a guère plus de six à sept espèces, s'avancent, selon Robert Brown (*General remarks on the botany of Terra australis*, p. 45), jusqu'à 34°. Dans la Nouvelle-Zélande, où Joseph Banks rencontra d'abord une *areca*, il existe des palmiers verts jusqu'à 38°. L'Afrique, qui, contrairement à la croyance depuis longtemps répandue, est pauvre en espèces, n'a au sud de l'équateur jusqu'au port Natal, à 30° de latitude, qu'une seule espèce de palmier, l'*hyphæne coriacea*. Le continent de l'Amérique australe présente à peu près les mêmes limites. A l'est de la chaîne des Andes, dans les Pampas de Buenos-Ayres et dans la province Cisplatine, les palmiers atteignent, d'après Auguste Saint-Hilaire (*Voyage au Brésil*, p. 60), jusqu'à 34 et 35°. Exactement dans la même étendue, jusqu'au rio Maule, on trouve, selon Claude Gay, à l'ouest de la chaîne des Andes, le *coco de Chile* (notre *jubæa spectabilis ?*), seule espèce de palmier de tout le territoire du Chili. (Comp. Darwin, *Journal Edinb.*, en 1815, p. 244 et 256.)

Voici quelques observations aphoristiques que j'ai écrites à bord de navire, en mars 1801, au moment où nous quittâmes, à l'ouest du Darien, l'embouchure du rio Sinu, si riche en palmiers, pour faire voile à Cartagena de Indias.

« Depuis deux ans nous avons vu, dans l'Amérique méridionale, plus de vingt-sept espèces différentes de palmiers. Combien n'en ont pas dû observer, pendant leurs voyages lointains, Commerson, Thunberg, Banks, Solander, les deux Forster, Adanson et Sonnerat ! Cependant dans nos systèmes de végétaux on connaît à peine, au moment où j'écris, quatorze à dix-huit espèces de palmiers scientifiquement décrites. La difficulté de se procurer des fleurs, de les atteindre, est en réalité plus grande qu'on ne saurait se l'imaginer. Nous l'avons senti d'autant plus que notre attention était particulièrement dirigée sur les palmiers, les graminées, les cypéracées, les juncacées, les cryptogames, et sur tout ce qui avait été jusqu'alors négligé. La plupart des palmiers ne fleurissent qu'une fois par an, aux mois de janvier et de février, dans le voisinage de l'équateur. Or, le voyageur est-il toujours libre de s'arrêter précisément pendant ces mois dans les régions des palmiers? De plus, pour beaucoup d'espèces la floraison dure un si petit nombre de jours, qu'on arrive presque constamment trop tard, et on voit le palmier avec l'ovaire déjà gonflé, sans aucune fleur mâle. Souvent on ne trouve que trois ou quatre espèces de palmiers dans une étendue de deux mille milles carrés. Qui pourrait, à l'époque de la floraison, se transporter en même temps dans les missions si riches en palmiers aux bords du rio Caroni, dans les *morichales* à l'embouchure de l'Orénoque, dans la vallée de Caura et d'Erevato, aux rivages de l'Atabapo et du rio Negro, ou sur la pente du Duida? Puis, il faut songer combien il est malaisé d'atteindre les fleurs suspendues à des stipes hauts de soixante pieds et cuirassés de piquants, dans des forêts épaisses ou sur des rives marécageuses, par exemple, du Temi et du Tuamini. Le naturaliste qui, en Europe, se prépare à un voyage dans ces régions, se forge des rêves s'il croit tout pouvoir saisir à l'aide de ciseaux ou de couteaux recourbés fixés à des gaules, ou en faisant grimper, sur les arbres les plus élevés, des garçons ayant les pieds attachés par une corde. Presque rien de tout cela, hélas! ne se réalise. La spathe de fleur est trop élevée pour qu'on puisse y atteindre. Dans les missions du delta de la Guyane, on se trouve au milieu d'Indiens qui sont riches et sans besoins, grâce à leur stoïcisme et à leur état inculte : aucune offre d'argent ni de cadeaux ne leur ferait quitter de trois empans le sentier frayé, s'il y en a. Cette indifférence invincible des Indiens irrite d'autant plus l'Européen, qu'il voit ces mêmes hommes grimper avec une agilité inconcevable pour saisir, par exemple, un perroquet, une iguane ou un singe qui, blessé par une flèche, reste suspendu, la queue enroulée autour d'une branche d'arbre. A la Havane, nous vîmes, au mois de janvier, tous les stipes de la *palma real* (notre *oreodoxa regia*) couronnés de fleurs d'un blanc de neige, près de la ville, sur la promenade publique et dans les champs voisins. Pendant bien des jours c'est en vain que nous offrîmes, à tous les gamins nègres que nous rencontrâmes dans les rues de Regla ou Guanavacoa, deux piastres pour une seule spathe de fleurs hermaphrodites. Sous les tropiques, l'homme ne s'assujettit à aucun travail pénible, à moins qu'il n'y soit forcé par un besoin extrême. Les botanistes et peintres (Estevez, Boldo, Guio, Echeveria) de la commission espagnole d'histoire naturelle, sous la direction du comte de Jaruco y Mopox, nous avouèrent que pendant plusieurs années il leur avait été impossible d'étudier ces fleurs, faute de pouvoir s'en procurer.

« Après l'énumération de ces difficultés, on comprend (ce qui me serait resté incompréhensible en Europe) que sur plus de vingt espèces de palmiers que nous avons trouvées dans l'espace de deux ans, nous n'en avons pu décrire systématiquement que douze. Quel ouvrage intéressant un voyageur pourrait-il faire sur les palmiers, s'il s'en occupait exclusivement dans l'Amérique australe, et qu'il représentât la grandeur naturelle de la spathe, du spadice, des organes floraux et des fruits! (Voilà ce que j'écrivais bien des années avant le voyage de Martius et de Spix au Brésil, avant la publication du magnifique ouvrage du premier sur les palmiers.)

« Les feuilles offrent une grande uniformité : elles sont ou pennées (*pennata*) ou palmo-digitées (*palmo-digitata*) ; le pétiole (*petiolus*) est tantôt dépourvu d'épines, tantôt serrato-épineux (*serrato-spinosus*). Le *caryota urens* et le *martinezia caryotifolia*, que nous avons rencontrés sur les rives de l'Orénoque et de l'Atabapo, et plus tard dans le défilé des Andes de Quindiu jusqu'à trois mille pieds de hauteur, est, pour la forme des feuilles, presque unique parmi les palmiers, comme le gingko parmi les arbres dicotylédonés. En général, les palmiers ont, par leur habitus et leur physionomie, un caractère grandiose, difficile à rendre par des mots. La tige (*caudex*) est simple, très-rarement divisée en branches, comme dans les *dracæna*, le *cucifera thebaïca* (palmier-doum) et l'*hyphæne coriacea*. Il est tantôt d'une épaisseur informe, comme dans le *corozo del Sinu* (notre *alphonsia oleifera*), tantôt faible comme un roseau, comme dans le *kunthia montana* (piritu) et le *corypha nana* du Mexique;

lisse ou écailleux (*palma de covija ó de sombrero* dans les llanos); épineux (*corozo de Cumana* et *Macanilla de Caripe*), ayant de longues épines disposées très-régulièrement en anneaux concentriques.

« On trouve aussi des différences caractéristiques dans les racines, qui, s'élevant à un ou un pied et demi au-dessus du sol, portent la tige comme sur un échafaudage, ou l'entourent luxueusement par des rebords. J'ai vu des belettes et de très-petits singes se glisser sous les racines en échafaudage de la caryote. Souvent le stipe est renflé au milieu, et faible au-dessous et au-dessus, comme dans la *palma real* de l'île de Cuba. Le vert des feuilles est tantôt sombre, luisant (cocos, *mauritia*), tantôt, à la face inférieure, d'un blanc argentin, comme dans le *corypha miraguama*, svelte palmier à éventail, que nous trouvâmes dans le port Trinidad de Cuba. Quelquefois le milieu de la feuille palmo-digitée est ornée, à la manière des paons, de stries jaunes et bleuâtres, disposées concentriquement, comme dans la mauritia épineuse que Bonpland découvrit aux bords du rio Atabapo.

« La direction des feuilles offre des caractères non moins importants que leur forme et leur coloration. Les folioles sont quelquefois très-rapprochées dans un même plan, disposées comme les dents d'un peigne, et à parenchyme roide (cocos, *phœnix*; de là le magnifique reflet du soleil à la face supérieure de la feuille, qui est d'un vert gai dans le cocos, et d'un vert mat cendré dans le dattier); d'autres fois le feuillage est semblable à celui des roseaux, tissu de vaisseaux ténus, flexibles, et frisé vers le sommet (iagua, *palma real del Sinu, palma real de Cuba, piritu del Orinoco*). C'est principalement à la direction des feuilles et à l'axe (stipe) que les palmiers doivent leur aspect majestueux. Ce qui fait la beauté physionomique de ces espèces végétales, c'est de porter des feuilles dressées, non-seulement dans le jeune âge, mais durant toute leur vie (comme le dattier, seule espèce introduite en Europe). Plus l'angle d'insertion des palmes sur la tige est aigu, plus la forme est majestueuse et belle. Combien ne diffèrent pas entre eux le *corypha tectorum* (*palma de covija del Orinoco y de los llanos de Calabozo*) à feuilles pendantes, le dattier et cocotier à feuilles presque horizontales, le jagua, le cucurito, et le pirijao à frondes droites!

« La nature a réuni toutes les beautés de la forme dans le palmier jagua, qui, associé au *cucurito* ou *vadgihai*, haut de quatre-vingts à cent pieds, décore les rochers de granit dans les cataractes d'Aturès et de Maypurès; nous l'avons aussi rencontré çà et là sur les rives solitaires du Cassiquiare. Ses tiges lisses, élancées, de soixante à soixante-dix pieds de haut, surmontent comme une colonnade les massifs de bois. Ses cimes aériennes contrastent singulièrement avec les *ceiba* au feuillage épais, avec la forêt de laurinées, de *calophyllum* et d'*amyris* qui croissent alentour. Ses feuilles, au nombre seulement de sept ou huit, s'élèvent presque verticalement jusqu'à quatorze ou seize pieds de hauteur. Les pointes du feuillage sont frisées, et disposées en panache. Les folioles ont un parenchyme mince, herbacé; délicates et légères, elles voltigent autour des pétioles, qui se balancent mollement. Au-dessous de l'origine des feuilles sortent les organes floraux, ce qui modifie également le caractère physionomique de tous ces palmiers. Dans un petit nombre d'espèces, telles que le *corozo del Sinu*, la gaîne est verticale, et les fruits, formant une sorte de thyrse, sont dressés, semblables aux fruits des *bromelia*. Dans la plupart des palmiers les gaînes (tantôt lisses, tantôt rudes et horriblement épineuses) sont inclinées; dans quelques-uns la fleur mâle est d'une blancheur éclatante. La spathe ouverte brille alors au loin. La plupart des palmiers ont les fleurs mâles jaunâtres, très-rapprochées les unes des autres, et presque fanées au moment où elles font saillie hors de la gaîne.

« Dans les palmiers à feuillage penné, les pétioles sortent ou de la partie sèche, rude, ligneuse du stipe (cocos, *phœnix, palma real del Sinu*), ou d'un stipe plus mince, lisse, d'un vert pré, posé comme une colonne sur la partie rude de la tige; exemple : le *palma real de la Havana* (*oreodoxa regia*), déjà admiré par Christophe Colomb. Dans les palmiers à feuilles palmées (*moriche, palma de sombrero de la Havana*), la couronne touffue repose souvent sur une couche de feuilles sèches, ce qui donne à tout le végétal un aspect triste, mélancolique. Dans quelques espèces à éventail, la couronne se compose, comme dans les *miraguama*, d'un très-petit nombre de feuilles, garnissant des pétioles élancés.

« Les fruits même varient de forme et de couleur infiniment plus qu'on ne se l'imagine en Europe. Le *mauritia flexuosa* est orné de fruits ovalaires qui, par leur surface lisse, brunâtre, écailleuse, offrent l'aspect de jeunes cônes de sapin. Quelle différence entre l'énorme noix de cocos à trois côtes, la baie du dattier, et les petites nuculaines du corazo! Mais aucun fruit de palmier n'égale en beauté les fruits du pirijao (pihiguao) de San-Fernando de Atabapo et de Saint-Balthasar. Que l'on se représente des pommes ovales, jaune d'or, à moitié teintes de pourpre, sans graines (par avortement), de deux à trois pouces d'épaisseur, et suspendues, en grappes denses, au sommet de stipes majestueux. » (Nous avons déjà parlé, dans le tome I, p. 238 de cet ouvrage, de ces beaux fruits, dont soixante-dix à quatre-vingts composent une grappe, ainsi que des divers apprêts dont ils sont susceptibles, à l'instar des bananes et des pommes de terre.)

Dans quelques espèces de palmiers, la spathe qui entoure le spadice s'ouvre soudain avec un bruit sensible. Richard Schomburgk (*Reisen in Britisch Guiana*, t. I, p. 55) a, comme moi, observé ce phénomène au moment de l'épanouissement de la fleur de l'*oreodoxa oleracea*. Ce premier développement de la fleur du palmier s'ouvrant avec bruit, rappelle le dithyrambe de Pindare sur le printemps : « Le bourgeon du dattier qui éclôt annonce le retour du printemps parfumé. » (*Cosmos*, t. II, p. 10.)

Trois types d'une beauté exquise caractérisent les régions tropicales de tout le globe : les palmiers, les bananiers, et les fougères en arbres. Là où la chaleur et l'humidité agissent simultanément, la végétation est la plus luxuriante et ses formes sont les plus variées. Aussi l'Amérique méridionale est-elle la plus belle partie du monde des palmiers. En Asie les palmiers sont plus rares, peut-être parce que le continent indien, en grande partie situé sous l'équateur, fut déchiré dans les premières révolutions de notre planète, et couvert par la mer. Quant aux palmiers de l'Afrique, entre la baie de Bénin et la côte d'Ajan, nous n'en savons à peu près rien; en général, nous ne connaissons encore, ainsi que nous l'avons dit plus haut, qu'un très-petit nombre de palmiers d'Afrique.

Après les conifères et les *eucalyptus*, de la famille des myrtacées, les palmiers présentent les exemples de la plus grande élévation de tige. Pour le chou palmiste (*areca oleracea*), on a vu des stipes de cent cinquante à cent soixante pieds de hauteur (Aug. de Saint-Hilaire, *Morphologie végétale*, 1840, p. 176). Le palmier à cire, notre *ceroxylon andicola*, que nous avons découvert sur la chaîne des Andes, entre Ibague et Carthage, dans la *montaña de Quindiu*, atteint l'énorme hauteur de cent soixante à cent quatre-vingts pieds. J'ai pu mesurer exactement les tiges coupées dans la forêt. Après le palmier à cire, c'est l'*oreodoxa sancona* (que nous trouvâmes en fleur près de Roldanilla dans le val Cauca) qui m'a paru le plus élevé parmi les palmiers de l'Amérique. Ce n'est guère que par l'avortement fréquent du fruit, et par la voracité des animaux de toutes les classes dans le monde tropical, que l'on pourrait s'expliquer pourquoi, malgré la quantité énorme des fruits que donne un seul stipe, le nombre des individus de chaque espèce à l'état sauvage est si peu considérable. Dans le bassin de l'Orénoque, des peuplades entières vivent, pendant plusieurs mois de l'année, des fruits de palmiers. « *In palmetis, Pihiguao consitis, singuli trunci quotannis fere* 400 *fructus ferunt pomiformes, tritumque est verbum inter fratres S. Francisci, ad ripas Orinoci et Guainiæ degentes, mire pinguescere Indorum corpora, quoties uberem palmæ fructum fundant.* » (Humboldt, *De distrib. geogr. Plant.*, p. 240.)

(16) Page 23. *Dès la première enfance de la civilisation.*

La culture du bananier remonte, dans toutes les régions tropicales des continents, jusqu'aux premiers temps de l'histoire et de la tradition. Il est certain que des esclaves d'Afrique ont, dans le cours des siècles, apporté en Amérique des variétés de bananes, et que les indigènes cultivaient le bananier déjà avant l'arrivée de Christophe Colomb. Les Indiens-Guaikeris à Cumana nous ont assuré que sur la côte de Paria, près du golfe Triste, le bananier, si on laisse les fruits mûrir sur la tige, donne quelquefois des semences qui germent. C'est pourquoi on trouve, dans l'épaisseur des forêts, des bananiers sauvages : les oiseaux répandent les semences mûres. A Bordones, près de Cumana, on a remarqué quelques bananiers épars, dont les fruits donnaient des semences parfaitement développées. (Comp. mon *Essai sur la géographie des Plantes*, pag. 29, et ma *Relat. hist.*, t. I, p. 104 et 587; t. II, p. 355 et 367.)

J'ai rappelé ailleurs (*Cosmos*, t. II, p. 191) qu'Onésicrite et d'autres compagnons du grand Macédonien mentionnent, non pas les grandes fougères en arbres, mais les palmiers en éventail, et la verdure éternellement fraîche des plantations de bananiers. Parmi les noms sanscrits qu'Amarasinha donne au bananier (*musa* des botanistes), se trouvent *bhanu-phala* (fruit du soleil), *varana-buscha*, et *moko*. Ces paroles de Pline (XII, 6), *Arbori nomen palæ, pomo arienæ*, Lassen les explique de la manière suivante : « Les Romains ont pris le mot *pala*, fruit, pour le nom de la plante, et *varana* (*ouarana* dans la bouche d'un Grec) fut changé en *ariena*. De *moko* sera peut être venu l'arabe *mauza*, d'où notre *musa*. Le fruit *bhanu* ressemble beaucoup au fruit du *bananier*. » (Comp. Lassen, *Antiquités de l'Inde* (en allemand), t. I, p. 262 ; mon *Essai politique sur la Nouvelle-Espagne*, t. II, p. 382, et *Relat. hist.*, t. I, p. 491.)

(17) Page 24. *Groupe des Malvacées.*

Dès qu'on a franchi les Alpes, on voit apparaître de plus grandes malvacées : le *lavatera arborea* près de Nice et en Dalmatie, le *l. olbia* en Ligurie. Les dimensions du baobab ont été indiquées plus haut (t. II, p. 110). Au type des malvacées se rattachent aussi, par leurs caractères botaniques, les buttnériacées (*sterculia*, *hermannia*, *theobroma cacao* à grandes feuilles, qui pousse des fleurs de l'écorce du tronc et de la racine), les bombacées (*adansonia, helicteres* et *cheirostemon*); enfin, les tiliacées (*sparmannia africana*). Au nombre des représentants les plus beaux du type des malvacées se trouvent notre *cavanillesia platanifolia* de Turbaco près de Carthagène dans l'Amérique méridionale, et le célèbre arbre à main ochromoïde, le *macpalxochiquahuitl* des Mexicains (de *macpalli*, main plate), l'*arbol de las manitas* des Espagnols, notre *cheirostemon platanoïdes*, dont les étamines entrelacées sortent comme une griffe de la belle fleur rouge pourpre. Dans tous les États du Mexique il n'y a qu'un seul individu, un seul tronc, fort vieux, de ce singulier genre. On croit qu'il a été planté, comme une espèce étrangère, par les rois de Toluca, il y a environ cinq cents ans. L'endroit où est l'*arbol de las manitas*, je l'ai trouvé à huit mille deux cent quatre-vingts pieds au-dessus du niveau de la mer. Pourquoi n'en existe-t-il qu'un seul individu? D'où les rois de Toluca se sont-ils procuré le jeune plant ou la semence? On ne devine pas davantage pourquoi Montezuma ne l'avait point dans ses jardins botaniques de Huaxtepec, de Chapoltepec et d'Iztapalapan, qu'avait pu utiliser Hernandez, médecin de Philippe II, et dont il reste encore quelques vestiges. Il est singulier que l'arbre à main n' it pas trouvé place parmi les représentations d'histoire naturelle que Nezahualcoyotl, roi de Tezcuco, avait fait exécuter un demi-siècle avant l'arrivée des Espagnols. On assure que cet arbre croît sauvage dans les forêts de Guatimala (Humboldt et Bonpland, *Plantes équi-*

noxiales, t. I, p. 82, pl. 24; *Essai politique sur la Nouvelle-Espagne*, t. I, p. 98). Sous l'équateur nous avons vu deux malvacées, le *sida phyllanthos* Cavan., et le *sida pichinchensis,* s'élever sur l'Antisana et le volcan Rucu-Pichincha jusqu'à la hauteur de douze mille six cents à quatorze mille cent trente-six pieds (Voy. nos *Plantes équinoxiales*, t. II, p. 113, pl. 116). Le *saxifraga Boussingaultii* seul monte, sur le revers du Chimborazo, six à sept mille pieds plus haut.

(18) Page 24. *Mimosées.*

Les feuilles délicatement pennées des *mimosa*, des *acacia, schrankia* et *desmanthus*, représentent, par leur forme, la véritable végétation tropicale. Cependant il y a aussi quelques représentants de ce type en dehors des cercles tropicaux. Dans le vieux continent de l'hémisphère boréal, en Asie, je ne puis indiquer qu'un seul arbrisseau de ce type, l'*acacia Stephaniana,* décrit par le maréchal de Biberstein, et qui, d'après les observations les plus récentes de Kunth, est une espèce de *prosopis*. Cette plante sociale couvre les plaines arides de la province de Schirvan aux bords du Kour (Cyrus), près de Nouveau-Schamach, et s'étend jusque vers l'Araxe des anciens. Olivier la trouva aussi près de Bagdad : c'est l'*acacia foliis bipinnatis*, mentionné déjà par Buxbaum. Cette plante s'avance, au nord, jusqu'au 42° de latitude. (*Tableau des provinces situées sur la côte occidentale de la mer Caspienne, entre les fleuves Terek et Kour,* 1798, p. 58 et 120.)

En Afrique, l'*acacia gummifera*, Will, s'avance quelquefois jusqu'à Mogador, sous le 32ᵉ degré de latitude nord.

Dans le nouveau continent, l'*acacia glandulosa* Michaux et l'*ac. brachyloba* Willd. décorent les rivages du Mississipi et du Tenessée, ainsi que les savanes des Illinois. Michaux vit le *schrankia uncinata* s'avancer depuis la Floride jusqu'en Virginie, c'est-à-dire jusqu'au 37° de latitude nord. Suivant Barton, le *gleditschia triacanthos* croît à l'est des montagnes d'Alleghany jusqu'à 38°, et à l'ouest jusqu'à 41° de latitude. Le *gleditschia monosperma* s'arrête deux degrés plus au sud. Telles sont les limites des *mimosées* dans l'hémisphère *boréal*. Dans l'hémisphère *austral*, on rencontre, en dehors du tropique du Capricorne, des acacias à feuilles simples jusqu'à l'île Van-Diémen. L'*acacia cavenia*, décrit par Claude Gay, croît dans le Chili, entre le 30ᵉ et 37ᵉ degré de latitude sud (Molina, *Storia naturale del Chili*, 1782, p. 174). Le Chili ne possède pas de mimosées proprement dites ; mais on y trouve trois espèces d'*acacia*. *L'acacia cavenia* n'atteint même, dans le nord du Chili, qu'à douze pieds ; et dans le sud, près du littoral, il s'élève à peine d'un pied au-dessus du sol. Les plus irritables des mimosées que nous ayons vues dans l'hémisphère boréal de l'Amérique méridionale, sont (après le *mimosa pudica*) les *m. dormiens*, *m. somnians* et *m. somniculosa*. Déjà Théophraste (IV, 3) et Pline (XIII, 10) parlent de l'irritabilité de la sensitive d'Afrique. Mais la première description des sensitives (*dormideras*) de l'Amérique méridionale, je la trouve dans Herrera, *De-*

cad. II, lib. III, cap. 4. Cette plante attira d'abord, en 1518, l'attention des Espagnols dans les savanes de l'isthme près de Nombre de Dios : « *parece como cosa sensibile*; » et on prétendit que les feuilles (*de echura de una pluma de pajaros*) ne se pliaient que touchées par le doigt, et non pas au contact d'un morceau de bois. Nous avons découvert une jolie mimosée nageante (*desmanthus lacustris*) dans les petites mares qui entourent la ville de Mompox, sur la rivière Madeleine. Elle a été figurée dans nos *Plantes équinoxiales*, t. I, p. 55, pl. 16. Dans les Andes de Caxamarca, à huit mille cinq cents et à neuf mille pieds au-dessus du niveau de l'océan Pacifique, nous avons trouvé deux mimosées alpestres (*mimosa montana* et *acacia revoluta*).

Jusqu'à présent on n'a pas encore rencontré de vraie *mimosa* (telle que Willdenow l'a définie), ni même aucune *inga*, dans la zone tempérée. Parmi toutes les espèces d'*acacia*, l'*a. julibrissin*, que Forskål a confondu avec le *mimosa arborea*, supporte le plus grand froid. Dans le jardin botanique de Padoue, il existe, en plein air, un individu à tronc élevé et d'une épaisseur considérable; et cependant la température moyenne de Padoue est au-dessous de 10° 5' Réaumur (1).

(1) On voit dans le Jardin des Plantes, à Paris, un *acacia julibrissin* qui croît très-bien en pleine terre, quoique Paris soit plus au nord que Padoue, et que les hivers y soient quelquefois très-rigoureux. Le tronc de cet arbre, mesuré à un demi-mètre au-dessus du sol, a 46 centimètres de circonférence.

(*Note du traducteur.*)

(19) Page 24. *Bruyères.*

Dans ces considérations physiognomiques, nous ne comprenons nullement sous le nom de *bruyères* toute la famille naturelle des *éricacées,* qui, à cause de la similitude et de l'analogie des organes floraux, embrasse les *rhododendrum,* les *befaria,* les *gaultheria,* les *escallonia.* Nous nous bornerons ici aux *erica,* espèces si ressemblantes entre elles et si bien caractérisées par leurs formes, y compris les *calluna* (*erica vulgaris,* L.).

« Pendant que les *erica carnea, e. tetralix, e. cinerea* et *calluna vulgaris* couvrent, en Europe (depuis les plaines de l'Allemagne, de la France et de l'Angleterre, jusqu'à l'extrême Norwége), de vastes espaces, on voit, dans l'Afrique australe, un mélange très-pittoresque d'espèces différentes. Une seule espèce, l'*erica umbellata,* qui habite, dans l'hémisphère austral, le cap de Bonne-Espérance, se retrouve dans le nord de l'Afrique, en Espagne et en Portugal. Les *e. vagans* et *e. arborea* appartiennent également aux côtes opposées de la mer Méditerranée. L'*e. vagans* se rencontre dans le nord de l'Afrique, aux environs de Marseille, en Sicile, en Dalmatie et même en Angleterre; l'*e. arborea* se voit en Espagne, en Istrie, en Italie, et dans les îles Canaries. » (Klotzsch, *Sur la distribution géographique des erica à corolle persistante,* manuscrit allem.) La bruyère commune, *calluna vulgaris* Salisbury, plante sociale, tapisse de grandes étendues de terrain depuis l'embouchure de l'Escaut jusqu'au versant occidental de l'Oural. Au delà de l'Oural, on ne voit plus ni chênes ni bruyères. Ces deux espèces végétales manquent dans toute l'Asie septentrionale, dans toute la Sibérie, jusqu'à l'océan Pacifique. Gmelin (*Flora Sibirica*, t. IV, p. 129) et Pallas (*Flora Rossica*, t. I, pars 2, p. 53) en manifestèrent déjà leur étonnement. Cette disparition du *calluna vulgaris* est même plus marquée, plus brusque, sur le revers oriental de l'Oural, qu'on ne pourrait le croire d'après les paroles du grand naturaliste nommé en dernier lieu. Pallas dit seulement : *Ultra Uralense jugum sensim deficit, vix in Isetensibus campis rarissime apparet*, et *ulteriori Sibiriæ plane deest*. Chamisso, Adolphe Ermann et Henri Kittlitz ont cueilli, au Kamtschatka et sur la côte nord-ouest de l'Amérique, des *andromeda*, mais pas de *calluna*. La connaissance exacte que nous avons maintenant de la température moyenne de quelques parties de l'Asie septentrionale, ainsi que de la répartition de la température annuelle entre les différentes saisons, ne sert nullement à expliquer pourquoi la bruyère commune ne dépasse pas l'est de l'Oural. Joseph Hooker, dans une note de sa *Flora Antarctica*, a fait parfaitement ressortir ce phénomène de contrastes dans la distribution des plantes, par ces paroles judicieuses : *Uniformity of surface, accompanied by a similarity of vegetation.... Instances of a sudden change in the vegetation, unaccompanied with any diversity of geological and other feature*. (Jos. Hooker, *Botany of the antarctic Voyage of the Erebus and Terror*, 1844, p. 210.) Existe-t-il une *erica* dans l'intérieur de l'Asie?

Ce que Saunders, dans le voyage de Turner au Thibet (*Philos. Transact.*, vol. LXXIX, p. 86), décrit, à côté d'autres plantes européennes (*vaccinium myrtillus* et *v. oxycoccus*) habitant la haute région du Népal, comme étant l'*erica vulgaris*, est, au rapport de Robert Brown, une *andromeda*, probablement l'*andromeda fastigiata* de Wallich. L'absence de *calluna vulgaris* et de toutes espèces d'*erica* dans tout le continent américain est également surprenante, puisqu'on trouve des *calluna* aux îles Açores et en Islande. Jusqu'à présent on n'en a pas rencontré dans le Groënland; mais on en a découvert, il y a peu d'années, à Terre-Neuve. La famille naturelle des éricacées manque de même presque entièrement en Australie, où elle est remplacée par les épacridées. Linné n'a décrit que cent deux espèces du genre *erica*; d'après le travail de Klotzsch, ce genre comprend, à l'exclusion rigoureuse des variétés, quatre cent quarante espèces bien déterminées.

(20) Page 25. *Cactées.*

Si l'on ôte à la famille naturelle des *opuntiacées* les grossulariées (espèce de *ribes*), et qu'on l'adopte telle que l'a définie Kunth (*Manuel de Botanique*, p. 609), on pourra considérer toute cette famille comme exclusivement américaine. Je sais bien que Roxburgh dans la *Flora Indica* (*inedita*) mentionne deux espèces de cactus, le *cactus indicus* et le *c. chinensis*, comme appartenant au sud-est de l'Asie. Ces deux espèces y sont en effet très-répandues, et croissent à l'état sauvage. Mais il est surprenant que le cactus de l'Inde ne porte pas d'ancien nom sanscrit. Le cactus, dit chinois, a été introduit par la culture à l'île de Sainte-Hélène. Des observations ultérieures, quand on s'intéressera davantage à l'étude de la distribution des végétaux, feront cesser les doutes qu'on a soulevés plusieurs fois sur l'existence des opuntiacées asiatiques. Ne voit-on pas aussi certaines espèces animales se montrer comme isolées sur le globe? Le tapir a passé pendant longtemps pour un animal exclusivement caractéristique du Nouveau-Monde; et cependant le tapir américain se retrouve dans le tapir de Malacca (*tapirus indicus* Cuv.).

Bien que la véritable patrie des cactus soit la région tropicale du Nouveau-Monde, on en trouve aussi quelques espèces dans la zone tempérée, sur le Missouri et dans la Louisiane; tels sont les *cactus missuriensis* et *c. vivipara*. Back, dans son expédition au Nord, fut étonné de voir les bords du *Rainy Lake*, sous 48° 40′ de latitude nord (long. 95° ¼), entièrement couverts de *c. opuntia*. Au sud de l'équateur, les cactus ne dépassent pas rio Itata (à 36° de latitude) et rio Biobio (à 37° ¼ de latitude). Dans la partie de la chaîne des Andes située entre les tropiques, j'ai vu des cactus (*c. sepium*, *c. chlorocarpus*, *c. Bonplandii*) sur des plateaux de neuf à dix mille pieds de hauteur. L'*opuntia Ovallei*, au Chili, dans la zone tempérée, présente un caractère tout à fait alpestre; ses limites supérieure et inférieure ont été exactement déterminées, à l'aide d'observations barométriques, par le savant botaniste Claude Gay. L'*opuntia*

Ovallei à fleurs jaunes a une tige rampante ; il ne descend pas au-dessous de six mille trois cent trente pieds, atteint la limite des neiges éternelles, et la franchit là où quelques rochers se montrent à nu. Les derniers échantillons furent cueillis dans des endroits qui sont situés à douze mille huit cent vingt pieds au-dessus du niveau de la mer (Claudio Gay, *Flora Chilensis*, 1848, p. 30). Il y a aussi quelques *echinocactus* qui sont de véritables plantes alpestres dans le Chili. A côté du *cactus senilis* à poils fins, si recherché, vient se placer le *c.* (*cereus*) *lanatus*, à laine épaisse ; les indigènes l'appellent *piscol*, et son fruit est d'un beau rouge. Nous l'avons trouvé au Pérou, dans le voyage au fleuve des Amazones, près de Guancabamba. Les cactées (groupe de végétaux sur lequel le prince de Salm-Dyk a le premier répandu tant de lumière) offrent, par leurs dimensions, les contrastes les plus étranges. L'*echinocactus Wislizeni* a quatre pieds de haut sur sept de circonférence ; cependant, dans l'ordre de grandeur, il n'est que le troisième : il vient après l'*echinocactus ingens* Zuccar. et l'*e. platyceras* Lem. (Wislizenus, *Tour to northern Mexico*, p. 97). L'*echinocactus Stainesii* acquiert de deux à deux pieds et demi de diamètre ; l'*e. visnago* du Mexique a quatre pieds de haut sur trois de diamètre, et pèse de sept cents à deux mille livres ; tandis que le *cactus nanus*, que nous cueillîmes près de Sondorillo dans la province de Jaen, est si petit et si faiblement enraciné dans le sable, que les chiens se le foulent entre les doigts de leurs pattes. Dans la saison de la plus grande sécheresse, les *melocactus* sont, comme les *ravenala* de Madagascar (*feuille de bois,* dans la langue du pays; de *rave* ou *raven,* feuille, et *ala*, en javanais *halas*, bois), une source d'eau végétale, par le suc qu'ils contiennent. Les chevaux et mulets sauvages les ouvrent avec leur sabot, non sans se blesser souvent (t. I, p. 28). Depuis trois siècles et demi le *cactus opuntia* s'est singulièrement répandu dans le nord de l'Afrique, en Syrie, en Grèce, et dans toute l'Europe méridionale. Il s'est même avancé des côtes dans l'intérieur de l'Afrique, s'y associant aux plantes indigènes.

Quand on n'a été habitué à voir des cactées que dans nos serres, on est étonné de la densité qu'acquièrent les fibres ligneuses des vieilles tiges de cactus. Les Indiens savent que le bois de cactus est incorruptible, et qu'il est d'un excellent usage pour en faire des rames et des seuils de porte. Il n'y a peut-être pas de plantes qui, par leur physionomie, fasse plus d'impression sur le nouvel arrivé que les tiges de cactus, en colonnés ou candélabre, qui couvrent des plaines arides, par exemple près de Cumana, de la Nouvelle-Barcelone, de Coro, et dans la province de Jaen de Bracamoros.

(21) Page 26. *Orchidées.*

La forme de la fleur des orchidées, qui ressemble quelquefois à celle d'un animal, est surtout remarquable dans le *torito* (notre *anguloa grandiflora*), si renommé dans l'Amérique méridionale, dans le *mosquito* (notre *restrepia antennifera*), dans le *flor del Espiritu Santo* (également une *anguloa*, d'après *Floræ Peruvianæ Prodrom.*, p. 118, tab. 26), dans la fleur du *chiloglottis cornuta*, figurant une fourmi (Hooker, *Flora Antarctica*, p. 69), dans le *bletia speciosa* du Mexique, et dans toute la merveilleuse légion de nos *ophrys* d'Europe : *o. muscifera, o. apifera, o. aranifera, o. arachnites*, etc. La prédilection qu'on a pour ce groupe de fleurs magnifiques a tellement augmenté, que les frères Loddiges estimèrent, en 1848, le nombre des orchidées cultivées en Europe à deux mille trois cent soixante espèces, tandis qu'en 1813 il n'était que de cent quinze, et en 1843, de plus de seize cent cinquante. Quel trésor d'orchidées à fleurs magnifiques ne trouverait-on pas dans les points arrosés de l'intérieur de l'Afrique! Lindley a exactement décrit dans son bel ouvrage, *The genera and species of Orchideous plants*, 1840, dix-neuf cent quatre-vingts espèces; à la fin de l'année 1848, Klotzsch comptait trois mille cinq cent quarante-cinq espèces.

Dans la zone tempérée et froide, on ne rencontre que des orchidées terrestres fixées au sol, tandis que les belles contrées tropicales possèdent les deux types, les terrestres, et les parasites qui croissent sur des troncs d'arbres. A la première section appartiennent les genres tropicaux *neottia, cranichis*, et la plupart des *habenaria*. Nous avons aussi trouvé des orchidées terrestres et parasites, à l'état de plantes alpestres, sur le penchant de la chaîne des Andes de la Nouvelle-Grenade et de Quito; parmi les parasites (*epidendreæ*), le *masdevallia uniflora* (à neuf mille six cents pieds), le *cyrtochilum flexuosum* (à neuf mille quatre cent quatre-vingts pieds), et le *dendrobium aggregatum* (à huit mille neuf cents pieds); parmi les terrestres, l'*altensteinia paleacea*, près de Lloa Chiquito, au pied du volcan Pichincha. Suivant Claude Gay, les orchidées qu'on prétend avoir vues sur les arbres à Juan-Fernandez ou dans Chiloé n'étaient probablement que des *pourretia*, qui s'avancent au moins jusqu'à 40° au sud. Dans la Nouvelle-Zélande on trouve les orchidées tropicales, pendantes du haut des arbres, jusqu'au 45e degré de latitude australe. Les orchidées des îles d'Auckland et de Campbell (*chiloglottis, thelymitra* et *acianthus*) croissent dans la mousse sur un sol plat. Quant aux animaux, il y a au moins une espèce tropicale qui va beaucoup plus au sud. L'île de Macquarie (à 54° 39′ de latitude), plus rapprochée du pôle sud que Dantzig ne l'est du pôle nord, possède un perroquet indigène. (Comp. la section *Orchideæ*, dans mon livre *de Distrib. geogr. plant.*, p. 241-247.)

(22) Page 27. *Casuarinées.*

Les acacia, où les feuilles sont remplacées par des phyllodes, les myrtacées (*eucalyptus, metrosideros, melaleuca, leptospermum*) et les casuarinées caractérisent uniformément le règne végétal de l'Australie (Nouvelle-Hollande) et de la Tasmanie (pays de Van-Diémen). Les casuarinées à rameaux articulés, filiformes, minces, dépourvus de feuilles, à articulations munies de gaînes membraneuses; dentées, sont comparées par les voyageurs, selon la différence des espèces, tantôt à des équisétacées arborescentes, tantôt à nos pins (*Scotch fir*). (Voy. Darwin, *Journal of researches*, p. 449.) Cette absence de feuilles dans des taillis de *colletia* et d'*ephedra* a fait sur moi une singulière impression dans l'Amérique méridionale, près de la côte du Pérou. Le *casuarina quadrivalvis* s'avance, selon Labillardière, jusqu'au 43e degré sud, dans la Tasmanie. Les casuarinées, d'un aspect attristant, ne manquent pas dans l'Inde, ni même sur la côte orientale de l'Afrique.

(23) Page 27. *Conifères*.

La famille des conifères (y compris les genres *dammara*, *ephedra* et *gnetum* de Java et de la Nouvelle-Guinée, qui appartiennent essentiellement à cette famille, bien qu'ils s'en éloignent par leur aspect et la forme des feuilles) joue un si grand rôle par sa distribution géographique, et par la multitude d'individus de chaque espèce qui, comme plantes sociales, occupent de vastes espaces dans la zone tempérée de l'hémisphère boréal, qu'il faut en quelque sorte s'étonner du petit nombre d'espèces. Le nombre des conifères connues n'égale pas les trois quarts des palmiers décrits; on connaît aussi moins de conifères que d'aroïdées. Zuccarini, dans ses *Notices sur la morphologie des conifères* (*Mémoires de la classe physico-mathématique de l'Académie des sciences de Munich*, t. III, 1837-1843, p. 752), compte deux cent seize espèces, dont cent soixante-cinq dans l'hémisphère boréal, et cinquante et une dans l'hémisphère austral. Ces proportions doivent être corrigées d'après mes recherches; car les espèces de *pinus*, de *cupressus*, d'*ephedra* et de *podocarpus* que nous avons trouvées, Bonpland et moi, dans la partie tropicale du Pérou, à Quito, dans la Nouvelle-Grenade et au Mexique, portent à quarante-deux le nombre des conifères qui vivent entre les tropiques. L'excellent ouvrage moderne d'Endlicher, *Synopsis coniferarum*, 1847, renferme trois cent douze espèces encore existantes, et cent soixante-dix-huit espèces de conifères antédiluviennes dans la formation houillère, dans le grès bigarré, dans le keuper, et dans le calcaire jurassique. Les espèces antédiluviennes, par leur parenté avec des familles végétales encore existantes, montrent que beaucoup d'intermédiaires ont péri. Les conifères, si fréquents dans le monde primitif, accompagnent particulièrement les palmiers et les cycadées; mais, dans les couches plus récentes de lignite et de houille, nous retrouvons les conifères, nos pins et sapins, associés aux cupulifères, à l'érable et aux peupliers. (*Cosmos*, t. I, p. 295-298 et 468-470).

S'il n'y avait pas de hautes montagnes sous les tropiques, l'habitant de ces contrées ignorerait presque entièrement la forme si caractéristique des conifères. J'ai tâché, de concert avec Bonpland, de déterminer exactement les limites *inférieure* et *supérieure* des conifères et des chênes dans le plateau du Mexique. Les hauteurs où ces arbres (*los pinales y encinales*, *pineta et querceta*) commencent à croître sont saluées avec transport par ceux qui viennent des bords de la mer, parce qu'elles indiquent un climat où, d'après les observations actuelles, le *vomissement noir* (*vomito prieto*), maladie mortelle (une forme de la *fièvre jaune*), n'a pas pénétré. Pour les chênes, particulièrement pour le *quercus xalapensis* (une des vingt-deux espèces de chênes du Mexique que nous avons les premiers décrites), la *limite inférieure* est, sur la route de Vera-Cruz à Mexico, à deux mille huit cent soixante pieds au-dessus du niveau de la mer, un peu au-dessous de la *Venta del Encero*. Sur la pente occidentale du plateau, entre l'océan Pacifique et Mexico, la limite inférieure des chênes est un peu plus basse : elle commence à une hutte appelée *Venta de la Moxonera*, entre Acapulco et Chilpanzingo, à deux mille trois cent vingt-huit pieds de hauteur absolue. J'ai trouvé la même différence pour la limite inférieure des forêts de pins. Vers l'océan Pacifique, dans l'*Alto de los Caxones*, au nord de Guaxiniquilapa, cette limite est déjà à trois mille quatre cent quatre-vingts pieds de hauteur pour le *pinus Montezumæ* Lamb., que nous avions d'abord pris pour le *pinus occidentalis* Swartz; vers Vera-Cruz, sur la *Cuesta del soldado*, seulement à cinq mille six cent dix pieds. Les chênes et les pins descendent donc plus bas du côté de l'océan Pacifique que du côté du golfe des Antilles. Dans mon ascension du *Cofre de Perote*, je trouvai la limite *supérieure* des chênes à neuf mille sept cent quinze, celle du *pinus Montezumæ* à douze mille cent trente-huit pieds (près de deux mille pieds plus haut que le sommet de l'Etna), où dès le mois de février il y avait tombé des masses de neige.

Les conifères du Mexique se montrent donc à une hauteur très-considérable ; ce qui est d'autant plus surprenant que l'on voit dans l'île de Cuba (située, il est vrai, sur la limite de la zone tropicale, où l'air est rafraîchi par les vents du nord jusqu'à 6° ½), une espèce de pin (*pinus occidentalis* Swartz) croître en société avec des palmiers et des arbres de mahagoni (*swietenia*), dans la plaine même ou sur des collines basses. Christophe Colomb, dans le journal de son premier voyage (*Diario del* 25 *de nov.* 1492), mentionne un bois de sapins (*pinal*) qu'il avait vu près de Cayo de Moya, au nord-est de l'île de Cuba. A Haïti même (Saint-Domingue), le *pinus occidentalis* descend jusqu'au littoral, près du cap Samana. Les troncs de ces pins, poussés par le gulfstream jusqu'aux îles Açores, Graciosa et Fayal, étaient un des principaux indices pour la découverte des régions inconnues de l'Occident (Voy. mon *Examen critique*, t. II, p. 246-259). Est-il vrai que le *pinus occidentalis* manque absolument à la Jamaïque, qui cependant a des montagnes élevées? On peut demander aussi quelle espèce de *pinus* croît sur le littoral de Guatimala, puisque le *p. tenuifolia* Benth. n'appartient qu'à la montagne près de Chinánta?

En jetant un coup d'œil sur les espèces végétales qui, dans l'hémisphère boréal, forment la limite supérieure des arbres depuis la zone tempérée jusqu'à l'équateur, on trouve, suivant Wahlenberg, pour la Laponie, dans les monts Soulitelma (à 68° de latitude), non pas des conifères, mais des bouleaux (*betula alba*), bien au-dessus de la limite supérieure du *pinus sylvestris*; pour la zone tempérée, dans les Alpes (à 45° 3/4), le *pinus picea* Duroi, qui laisse les bouleaux en arrière; dans les Pyrénées (42° 1/2 de latitude), le *pinus uncinata* Ram. et le *p. sylvestris* var. *rubra*; sous les tropiques au Mexique (19°-20° de latitude), le *pinus Montezumæ*, bien au-dessus de l'*alnus toluccensis*, le *quercus spicata* et *q. crassipes*; dans les montagnes neigeuses de Quito, sous l'équateur, l'*escallonia myrtilloides*, l'*aralia avicennifolia*, et le *drymis Winteri*. Cette dernière espèce, identique avec le *drymis granatensis* Mut. et le *wintera aromatica* Murray, offre, comme Hooker fils l'a démontré (*Flora Antarctica*, p. 229), l'exemple le plus frappant d'une distribution non interrompue de la même espèce d'arbre depuis la partie la plus méridionale de la Terre de Feu et de l'île des Ermites (*Hermite Island*), où elle fut découverte en 1577 par l'expédition de Drake, jusqu'aux montagnes septentrionales du Mexique, dans une étendue de 86 degr. de latitude ou douze cent quatre-vingt-dix milles géographiques. Là où la limite supérieure des arbres sur les montagnes élevées est formée, non pas, comme dans l'extrême nord, par le bouleau, mais, comme dans les Alpes de la Suisse et dans les Pyrénées, par les conifères, on aperçoit le plus près des sommets neigeux, en Europe et dans l'Asie occidentale, les roses des Alpes (*rhododendra*); elles ceignent les sommets neigeux d'une manière pittoresque, et sont remplacées sur la Pilla de Caracas, et dans le Paramo péruvien de Saraguru, par les fleurs rouge pourpre d'une autre éricée, par les jolies *befaria*. En Laponie, on voit, au-dessus des conifères, le *rhododendron laponicum*; sur les Alpes de la Suisse, les *rhododendron ferrugineum* et *r. hirsutum*; dans les Pyrénées, seulement le *r. ferrugineum*, que de Candolle a rencontré aussi dans les montagnes du Jura (à Creux-de-Vent), isolément, à cinq mille six cents pieds plus bas, c'est-à-dire à la faible hauteur de trois mille cent à trois mille cinq cents pieds; dans le Caucase, le *r. caucasicum*. En poursuivant la dernière zone végétale, voisine de la ligne des neiges éternelles, jusque sous les tropiques, nous nommerons, d'après nos propres observations, dans les contrées tropicales du Mexique, le *cnicus nivalis* et le *chelone gentianoïdes*; dans le pays montagneux froid de la Nouvelle-Grenade, l'*espeletia grandiflora* lanugineux, l'*e. corymbosa* et l'*e. argentea*; dans la chaîne des Andes de Quito, les *culcitium rufescens*, *c. ledifolium*, *c. nivale* : synanthérées à fleurs jaunes qui remplacent ici les *espeletia*, herbes laineuses de la Nouvelle-Grenade, qui leur ressemblent tant. La substitution et la répétition d'espèces semblables, presque identiques dans des contrées séparées les unes des autres par des mers ou par de vastes régions, est une merveilleuse loi de la nature. Cette loi règne même dans les formes les plus rares des flores. Les deux hydnores de l'Afrique australe (*h. africana* et *h. triceps*), décrites par Thunberg et Drege, plantes de la famille des rafflesiées, distinctes des cytinées, ont pour équivalent, dans l'Amérique australe, l'*h. americana* Hooker.

Bien au-dessus de la région des herbes alpestres et des

lichens, voire même au-dessus de la limite des neiges éternelles, on trouve sporadiquement, à la grande surprise des botanistes, sous les tropiques aussi bien que dans la zone tempérée, sur des blocs de rochers dénués de neige (peut-être chauffés par des fissures béantes), çà et là quelque plante phanérogame. J'ai déjà mentionné plus haut le *saxifraga Boussingaulti*, qui se rencontre sur le Chimborazo, à quatorze mille huit cents pieds d'élévation; on a vu, dans les Alpes de la Suisse, le *silene acaulis*, une caryophyllée, à dix mille six cent quatre-vingts pieds. Le premier végète à six cents, le dernier à deux mille quatre cent soixante pieds au-dessus des limites locales des neiges, en admettant les mesures faites à l'époque où ces deux plantes furent trouvées.

Dans nos conifères d'Europe, les sapins blancs et rouges présentent de grandes et singulières variations dans leur distribution géographique sur le revers des montagnes. Pendant que dans les Alpes de la Suisse le sapin rouge (*pinus picea* Duroi, *foliis compresso-tetragonis*, appelé *pinus abies* par Linné et la plupart des botanistes de notre temps) forme la dernière limite des arbres à cinq mille cinq cent vingt pieds de hauteur moyenne, si ce n'est que l'aune des montagnes (*alnus viridis* de C., *betula viridis* Will.) s'élève çà et là plus haut vers la ligne des neiges éternelles, le sapin blanc (*pinus abies* Duroi, *pinus picea* Lin., *foliis planis, pectinato-distichis, emarginatis*) se tient, selon Wahlenberg, à mille pieds plus bas. Le sapin rouge se montre même dans l'Europe méridionale, en Espagne, dans les Apennins et en

Grèce; on le rencontre, au rapport de Ramond, seulement à des hauteurs considérables sur le revers des Pyrénées septentrionales, et il manque tout à fait dans le Caucase. Le sapin rouge s'avance, en Scandinavie, plus vers le nord que le sapin blanc; ce dernier offre en Grèce (sur le mont Parnasse, le Taygète et l'Œta) une variété à feuilles aciculaires très-allongées (*foliis apice integris, breviter mucronatis*), *l'abies Apollinis* de Linck. (*Linnœa,* t. XV, 1841, p. 529, et Endlicher, *Synopsis coniferarum*, p. 96.)

Dans l'Himalaya, les conifères se distinguent par l'épaisseur et l'élévation de leur tronc, ainsi que par la longueur de leurs feuilles aciculaires. Le cèdre deodwara, *pinus deodara* Roxb. (en sanscrit *dêwa-dâru,* bois de construction des dieux), de douze à treize pieds d'épaisseur (section transversale moyenne), est l'ornement de la montagne. Dans le Népal, il s'élève à onze mille pieds au-dessus du niveau de la mer. Le cèdre deodwara, aux bords du Behut (Hydaspe), fournit, il y a plus de deux mille ans, le bois de construction à la flotte de Néarque. Le docteur Hoffmeister, si prématurément enlevé à la science, trouva dans une forêt de la vallée de Dudegaon, au nord des mines de Dhunpour, dans le Népal, le *pinus longifolia* Royle (le pin tschelou) en société avec un palmier, le *chamœrops martiana* Wallich, à tige élevée (Hoffmeister, *Lettres de l'Inde, pendant l'expéditon du prince Waldemar de Prusse* (en allemand), 1847, p. 351). Ce mélange des bois de pin (*pineta*) avec le bois de palmier (*palmeta*), dans le nouveau continent, avait déjà excité l'étonnement des compagnons de Christophe Colomb, ainsi que le rapporte Pierre Martyr Anghiera (Dec. III, lib. 10, p. 69), ami et contemporain de l'amiral. J'ai moi-même vu ce mélange de sapins et de palmiers, pour la première fois, sur la route d'Acapulco à Chilpanzingo. L'Himalaya, comme les montagnes du Mexique, produit, à côté des pins et des cèdres, des espèces de cyprès (*cupressus torulosa* Don.), de taxus (*taxus wallichiana* Zuccar.), de *podocarpus* (*p. nereifolia* Rob. Br.) et de genévrier (*juniperus squamata* Don. et *j. excelsa* Bieberst. ; la dernière espèce se rencontre aussi près de Schipke dans le Thibet, en Syrie, et dans les îles de la Grèce). Les *thuya*, *taxodium*, *larix* et *araucaria*, du nouveau monde, manquent, au contraire, dans l'Himalaya.

Outre les vingt espèces de pin que nous connaissons du Mexique, les États-Unis de l'Amérique du Nord, s'étendant actuellement jusqu'à l'océan Pacifique, offrent quarante-cinq espèces décrites, tandis qu'on ne compte dans toute l'Europe que quinze espèces de pin. Le chêne présente la même différence de pauvreté et de richesse en espèces comparativement à l'Europe et au nouveau continent, qui s'étend d'une manière non interrompue dans le sens méridien. Mais que beaucoup d'espèces de pins d'Europe, réparties dans toute l'Asie septentrionale, se soient avancées jusqu'aux îles du Japon, et qu'elles s'y soient associées à une espèce authentiquement mexicaine, le pin de Wheymouth (*pinus strobus* L.), comme le prétend Thunberg, c'est ce qui a été réfuté dans ces derniers temps par les observations très-exactes de Siebold et de

Zuccarini. Ce que Thunberg avait pris pour des especes européennes sont des espèces particulières, différentes de celles-ci. Le sapin rouge de Thunberg (*pinus abies* Linn.) est le *p. polita* Sieb.), souvent planté près des temples buddhistes; son pin commun du nord (*pinus sylvestris*) est le *p. massoniana* Lamb.; son *p. cembra,* l'alviez allemand et sibérien, est le *p. parviflora* Sieb.; son mélèze commun (*p. larix*) est le *p. leptolepis* Sieb.; son *taxus baccata,* dont les fruits sont mangés par les courtisans du Japon, comme moyen de précaution, pendant les cérémonies, qui durent longtemps (Thunberg, *Flora Japonica*, p. 275), forme un genre particulier : c'est le *cephalotaxus drupacea* Sieb. Les îles du Japon offrent, malgré leur proximité, un caractère très-différent de la végétation du continent asiatique. Le pin wheymouth japonais de Thunberg est, de plus, une espèce cultivée, et diffère entièrement des pins du Nouveau-Monde. Le *p. korajensis* Sieb. a été apporté, de la presqu'île de Korée et du Kamtschatka, à Nipon.

Des cent quatorze espèces jusqu'à présent connues du genre *pinus*, on n'en trouve aucune dans tout l'hémisphère austral; car le *pinus Merkusii,* décrit par Junghuhn et de Vriese, appartient encore à la partie cis-équatoriale de l'île de Sumatra, au district de Battas; et le *pinus insularis* Endl. habite les îles Philippines, bien qu'il soit indiqué comme *p. timoriensis* dans l'*Arboretum* de Loudon. D'après les connaissances actuelles de la géographie botanique, qui fait heureusement tant de progrès, on trouve qu'outre le genre *pinus*, sont exclues de l'hémisphère austral : toutes les espèces de *cupressus*, de *salisburia* (ginkgo), de *cuninghamia* (*pinus lanceolata* Lamb.), de *thuya* (dont une espèce (*th. gigantea* Nutt.) sur les bords de la Columbia a jusqu'à cent soixante-dix pieds), de *juniperus* et de *taxodium* (*schubertia* de Mirbel). Je puis citer ici le dernier genre avec d'autant plus de certitude que le *schubertia capensis* de Sprengel, plante du Cap, n'est pas un *taxodium*, mais un genre particulier, *widringtonia* Endl., appartenant à une division toute différente de conifères.

L'absence des vraies abiétinées, des junipérinées, des cupressinées, de toutes les taxodinées, des *torreya*, du *salisburia adiantifolia*, du *cephalotaxus* (tribu des taxinées), dans l'hémisphère austral, rappelle bien vivement les conditions problématiques, encore non dévoilées, qui ont déterminé la distribution primordiale des plantes, et qu'on ne saurait expliquer d'une manière satisfaisante par les différences du sol, par des conditions thermiques et météorologiques. J'ai depuis longtemps déjà appelé l'attention sur ce que l'hémisphère austral ne possède pas une seule espèce de *rosa*, bien qu'on y trouve beaucoup de plantes de la famille naturelle des *rosacées*. Claude Gay nous apprend que le *rosa chilensis* décrit par Meyen est une variété dégénérée du *rosa centifolia* Linn., indigène en Europe depuis plusieurs siècles. On voit de ces variétés occuper au Chili des territoires étendus près de Valdivie et d'Osorno (Gay, *Flora Chilensis*, p. 340). Dans toute la région tropicale de l'hémisphère boréal nous n'avons non plus trouvé qu'une seule espèce de rose indigène, notre *rosa Montezumæ*, dans le haut pays du Mexique, près de Moran, à huit mille sept cent soixante pieds de hauteur. C'est encore un des phénomènes singuliers de la distribution des plantes, que le Chili, à côté des palmiers, des *pourretia* et des nombreuses espèces de *cactus*, ne possède pas une seule *agave;* et cependant l'*a. americana* croît abondamment dans le Roussillon, près de Nice, près de Botzen et dans l'Istrie, où il fut probablement apporté du nouveau continent vers la fin du seizième siècle; et il forme depuis le Mexique septentrional jusqu'au Pérou méridional, à travers l'isthme de Panama, une *traînée de végétation* non interrompue. Quant aux *calcéolaires*, j'avais cru longtemps que, comme les roses, elles ne se trouvaient exclusivement qu'au nord de l'équateur. En effet, des vingt-deux espèces que nous avons rapportées avec nous, pas une seule ne fut collectée au nord de Quito et du volcan de Pichincha. Mais mon ami le professeur Kunth fait observer que le *calceolaria perfoliata*, trouvé par Boussingault et le capitaine Hall près de Quito, s'avance jusqu'à la Nouvelle-Grenade, et que cette espèce, comme le *c. integrifolia*, qui s'avance de Santa-Fé de Bogota, fut communiquée au grand Linné par Mutis.

Les espèces de *pinus*, aussi fréquentes dans les Antilles tropicales que dans les montagnes tropicales du Mexique, ne dépassent pas l'isthme de Panama : elles restent étrangères à la région tropicale, également montueuse, de l'Amérique méridionale, ainsi qu'aux plateaux de la Nouvelle-Grenade, de Pasto et de Quito. J'ai parcouru les plaines et la montagne du rio Sinu, près de l'isthme de Panama, jusqu'à 12° de latitude australe; et, dans cette étendue de près de quatre cents milles géographiques, les seules conifères que j'aie vus sont un podocarpus (*podocarpus taxifolia*) de soixante pieds de haut, dans le passage des Andes de Quindiu, à 4° 26′ de latitude boréale, et dans le Paramo de Saraguru, à 3° 40′ de latitude australe, et une ephedra (*ephedra americana*) près de Guallabamba, au nord de Quito.

L'hémisphère boréal se partage avec l'hémisphère austral les *taxus*, *gnetum*, *ephedra* et *podocarpus*, de la famille des conifères. Longtemps avant l'Héritier, Christophe Colomb sut distinguer (le 25 nov. 1492) les *podocarpus* des *pinus*, car il dit : *Pinales en la Serrania de Haiti que non llevan piñas, pero frutos que parecen azeytunos del Axarafe de Seville* (Voy. mon *Examen critique*, t. III, p. 24). On trouve des *taxus* depuis le cap de Bonne-Espérance jusqu'à 61° de latitude nord en Scandinavie, par conséquent dans une étendue de plus de 95 degrés de latitude. Les *podocarpus* et *ephedra* sont presque tout aussi répandus. On peut en dire autant de quelques cupulifères, par exemple des chênes que nous appelons communément des arbres du Nord : dans l'Amérique méridionale ils ne franchissent pas l'équateur; mais, dans l'archipel indien, on les retrouve à Java (hémisphère austral). Des dix genres de conifères exclusivement propres à l'hémisphère austral, nous ne nommerons ici que les principaux : *araucaria, dammara* (*agathis* Salisb.), *frenela* (dont dix-huit espèces appartiennent à la Nouvelle-Hollande), *dacrydium* et *lybocedrus,* qui se rencontrent à la fois dans la Nouvelle-Zélande et dans le détroit de Magellan. La Nouvelle-Zélande possède une espèce de *dammara* (*d. australis*), et pas d'*araucaria.* C'est tout l'inverse, chose singulière! pour la Nouvelle-Hollande.

C'est dans les conifères que la nature nous offre l'*axe longitudinal* le plus développé parmi les végétaux arborescents. Je dis *arborescents ;* car, comme nous l'avons déjà fait observer plus haut, parmi les laminaires (algues océaniques) le *macrocystis pyrifera,* entre le littoral de la Californie et 68° latitude sud, atteint souvent de trois cent soixante-dix à quatre cents pieds de longueur. Les conifères les plus élevés, abstraction faite des six espèces d'*araucaria* du Brésil, du Chili, de la Nouvelle-Hollande, des îles de Norfolk et de la Nouvelle-Calédonie, appartiennent à la zone septentrionale tempérée. De même que dans la famille des palmiers les stipes les plus gigantesques (*ceroxylon andicola*) ont été trouvés dans le climat tempéré, alpestre, des Andes; de même aussi, dans l'hémisphère *boréal,* les plus hauts conifères appartiennent à la côte nord-ouest tempérée de l'Amérique et aux montagnes Rocheuses (40° à 52° de latitude), et, dans l'hémisphère *austral,* à la Nouvelle-Zélande, à la Tasmanie ou Terre de Van-Diemen, au Chili méridional et à la Patagonie (43°-50°). Les espèces les plus colossales sont des *pinus,* des *sequoia* Endl., des *araucaria* et des *dacrydium.* Je ne parle que de celles qui atteignent et dépassent même deux cents pieds. Pour avoir un terme de comparaison, il faut se rappeler qu'en Europe les sapins rouges et blancs les plus élevés (particulièrement les sapins blancs) atteignent environ cent cinquante à cent soixante pieds. Ainsi, par exemple, le sapin de la forêt de Lampersdorf, près de Frankenstein, en Silésie, passe pour un géant, bien qu'il n'ait que seize pieds de circonférence sur cent cinquante-trois pieds prussiens de haut (cent quarante-huit pieds français) (Comparez Ratzeburg, *Forstreisen* (voyages forestiers), 1844, p. 287). Voici quelques données certaines, réduites de la mesure anglaise à l'ancienne mesure française, exprimée en pieds.

Pinus grandis Dougl., de la Californie; de cent quatre-vingt-dix à deux cents dix pieds d'élévation;

Pinis fremontiana Endl., de la Californie; probablement du même développement que le précédent (Torrey et Frémont, *Report of the exploring expedition to the Roky Mountains*, in 1844, p. 319).

Dacrydium cupressinum Solander, de la Nouvelle-Zélande; plus de deux cents pieds.

Pinus lambertiana Dougl., du nord-ouest de l'Amérique; deux cent dix à deux cent vingt pieds.

Araucaria excelsa R. Brown, le *cupressus columnaris* Forster, de l'île de Norfolk et des îlots adjacents; cent soixante-dix à deux cent dix pieds. — Les six espèces d'*araucaria* jusqu'à présent connues se divisent, selon Endlicher, en deux groupes :

A., espèces américaines (du Brésil et du Chili) : *a. brasiliensis* Rich. entre 15° et 25° de latitude australe, et *a. imbricata* Pavon, entre 35° et 50° de latitude sud. Ce dernier, de deux cent vingt à deux cent quarante-quatre pieds.

B., espèces australiennes : *a. Bidwilli* Hook. et *a. Cuninghami* Ait., sur la côte orientale de la Nouvelle-Hollande; *a. excelsa* de l'île de Norfolk, et *a. Cookii* R. Brown, de la Nouvelle-Calédonie. Corda, Presl, Goeppert et Endlicher ont trouvé cinq espèces antédiluviennes d'*araucaria* dans le lias, dans la craie et la houille. (Endlicher, *Coniferæ fossiles*, p. 301.)

Pinus Douglasii Sab., dans les vallées des montagnes Rocheuses et sur la rivière Columbia (de 43 à 52° latitude nord). Douglas, botaniste écossais d'un grand mérite, qui a donné son nom à l'espèce citée, périt, en 1833, d'une manière horrible dans les îles de Sandwich, où il s'était rendu de la Nouvelle-Californie : occupé à cueillir des plantes, il tomba par mégarde dans une trappe où venait de se prendre un de ces taureaux sauvages du pays, qui sont toujours prêts au combat. Ce voyageur a décrit un tronc de *p. Douglasii* qui, d'après une mesure exacte, avait cinquante-quatre pieds de circonférence à trois pieds du sol, et deux cent trente pieds (deux cent quarante-cinq pieds anglais) de haut. (Comp. *Journal of the royal Institution*, 1826, p. 325.)

Pinus trigona Rafinesque, sur la pente occidentale des montagnes Rocheuses, décrit dans Lewis et Clark's *Travels to the source of the Missouri River, and across the American continent to the Pacific ocean* (1804-6), 1814, p. 456. Ce *gigantic fir* fut mesuré avec beaucoup de soin : le tronc, à six pieds du sol, avait de trente-six à quarante-deux pieds de tour, sur deux cent quatre-vingt-deux pieds (trois cents pieds anglais) de haut; il était non ramifié jusqu'à cent quatre-vingts pieds.

Pinus strobus (dans la partie orientale des États-Unis, particulièrement en deçà du Mississipi, ainsi que dans les montagnes Rocheuses, depuis la source de la Columbia jusqu'au mont Hood, de 43° à 54° de latitude nord), nommé en Europe *lord Wheymouth's pine,* dans l'Amérique du Nord, *white pine;* ordinairement de cent cinquante à cent quatre-vingts pieds de haut. Mais on a vu, dans le New-Hampshire, plusieurs individus de la même espèce de deux cent trente-cinq à deux cent cinquante pieds de haut. (Dwight, *Travels,* vol. I, p. 36 ; et Emerson, *Report on the trees and shrubs growing naturally in the forest of Massachusetts,* 1846, p. 60-66.)

Sequoia gigantea Endl. (*condylocarpus,* Sal.), de la Nouvelle-Californie, plus de deux cent quatre-vingts pieds, comme le *pinus trigona.*

Les conditions du sol, de la chaleur et de l'humidité, d'où dépend la nutrition des végétaux, favorisent sans doute la multiplication des individus d'une espèce ; mais le développement plus ou moins grand du tronc de telle espèce du même genre est déterminé, comme tout dans les règnes végétal et animal, par une organisation spécifique, par des forces naturelles innées. Avec l'*araucaria imbricata* du Chili, avec le *pinus Douglasii* sur la Columbia et le *sequoia gigantea* de la Nouvelle-Californie (de deux cent trente à deux cent quatre-vingts pieds), contraste le plus, non pas un saule (*salix arctica*) de deux pouces de haut, rabougri par le froid et l'élévation du sol, mais une petite phanérogame du beau climat des tropiques, de la province Goyaz au Brésil; je veux parler du *tristicha hypnoïdes*, petite monocotylédonée de la famille des podostémées, semblable à une mousse et qui atteint à peine trois lignes de haut. « En traversant le rio Claro, rivière de la province de Goyaz, dit un excellent observateur, Aug. de Saint-Hilaire, j'aperçus sur une pierre une plante dont la tige n'avait pas plus de trois lignes, et que je pris d'abord pour une mousse. C'était cependant une espèce phanérogame, pourvue d'organes sexuels comme nos chênes et nos hêtres; c'était un *tristicha*, genre de la famille des podostémées : à côté de lui, des arbres gigantesques qui élevaient à cent pieds leur cime majestueuse. » (Auguste de Saint-Hilaire, *Morphologie vegétale*, 1840, p. 98.)

La hauteur du tronc, la longueur et la disposition des feuilles aciculaires, la ramification ascendante ou horizontale, presque ombelliforme, les nuances de coloration depuis le vert frais ou mêlé de gris argenté jusqu'au brun sombre, donnent aux conifères une physionomie toute particulière. Les feuilles aciculaires (aiguilles) du *pinus lambertiana* Douglas, du nord-ouest de l'Amérique, ont cinq pouces de longueur; celles du *p. excelsa* Wallich, sur la pente méridionale de l'Himalaya, en ont sept; et celles du *p. longifolia* Roxb., de la montagne de Kaschmir, plus de douze pouces. Souvent pour une seule et même espèce les aiguilles varient de la manière la plus surprenante, par les influences réunies du sol, de l'atmosphère, et de l'élévation au-dessus du niveau de la mer. Ces variations, dans une étendue de 80 degrés de longitude (plus de 760 milles géographiques), de l'ouest à l'est depuis l'embouchure de l'Escaut, à travers l'Europe et l'Asie septentrionale, jusqu'à Bogoslowski dans le nord de l'Oural, et jusqu'à Barnaul au delà de l'Obi, je les ai trouvées si grandes dans notre pin commun (*pinus sylvestris*), qu'on pourrait, par la brièveté et la roideur des feuilles, le confondre quelquefois avec une autre espèce, le *p. rotundata* Link (*pinus uncinata* Ram.). Ce sont là, comme l'avait très-bien fait observer Link (*Linnæa*, t. XV, 1841, p. 489), des transitions au *p. sibirica* Ledebours, de l'Altaï.

Dans le haut plateau du Mexique, le feuillage d'un vert tendre, gai, mais caduc, de l'*ahuahuete* (*taxodium distichum* Rich., *cupressus disticha* Linn.), m'a particulièrement réjoui. Cet arbre qui acquiert une grande épaisseur, et dont le nom aztèque signifie *tambour d'eau* (de *atl*, eau, et *huehuetl*, tambour), réussit, sous les tropiques, jusqu'à cinq mille quatre cents et sept mille deux cents pieds au-dessus du niveau de la mer, pendant qu'aux États-Unis, dans la contrée marécageuse (*cypress swamps*) de la Louisiane, il descend dans la plaine jusqu'à 43° de latitude. Dans les États méridionaux de l'Amérique du Nord, le *taxodium disti-*

chum (cyprès chauve) acquiert, comme dans les plateaux du Mexique, l'épaisseur énorme de trente à trente-sept pieds de diamètre, près du sol, sur cent vingt pieds de haut (Emerson, *Report on the Forests*, p. 49 et 101). Ses racines offrent, chose étrange! des excroissances ligneuses qui, tantôt coniques et arrondies, tantôt tabuliformes, proéminent de trois à quatre pieds et demi au-dessus du sol. Quelques voyageurs ont comparé ces excroissances des racines aux tables tumulaires d'un cimetière juif. Auguste de Saint-Hilaire fait remarquer très-judicieusement que « ces productions commencent à se montrer au-dessus du sol lorsque la plante est déjà adulte; grossissant peu à peu, elles parviennent à la hauteur de deux pieds et demi à trois pieds, et alors elles ressemblent à des bornes ». Puis il ajoute, avec beaucoup de sagacité : « On ne peut, ce me semble, les considérer que comme des excroissances ou exostoses; et comme elles vivent dans l'air, il s'en échapperait sans doute des bourgeons adventifs, si la nature du tissu des plantes conifères, au nombre desquelles il faut ranger le *cupressus disticha* (*taxodium distichum*), ne s'opposait au développement des germes cachés qui donnent naissance à ces sortes de bourgeons. » (*Morphologie végétale*, p. 91.)

Il se manifeste d'ailleurs dans les racines des conifères un phénomène remarquable de la durée de la force vitale; les phytologistes allemands l'ont étudié sous le nom de *umwallen* ou de *ueberwallung* (*débordement, supervégétation*); on l'observe rarement chez d'autres dicotylédonées. Les portions du tronc (souches) qui restent après la section des sapins blancs continuent pendant bien des années à former de nouvelles couches de bois et à croître en épaisseur, sans développer ni bourgeons adventifs, ni rameaux, ni feuilles. Goeppert, savant plein de mérite, pense qu'ici la nutrition n'a lieu que par les racines que la souche reçoit d'un arbre voisin, vivant, de la même espèce. Les racines de ce dernier seraient liées organiquement avec celles de l'individu coupé (Goeppert, *Beobachtungen über das sogenannte Umwallen der Tannenstöke*, 1842, p. 12). Kunth, dans son excellent *Nouveau Manuel de Botanique*, est opposé à cette explication d'un phénomène qui était déjà, quoique imparfaitement, connu de Théophraste (*Hist. Plant.*, lib. III, cap 7, p. 59 et 60 Schneider). Suivant ce botaniste, la supervégétation (*ueberwallung*) des souches est tout à fait analogue à l'action par laquelle des lames métalliques, des caractères gravés, voire même des cornes de cerf, se trouvent enchâssés dans l'intérieur du bois. « Le *cambium*, c'est-à-dire le tissu cellulaire à parois délicates, contenant un suc mucilagineux grenu, source unique des nouvelles formations ligneuses, continue, sans aucun rapport avec les bourgeons, à déposer de nouvelles couches sur l'anneau extérieur du bois. » (T. I, p. 143 et 166.)

Le rapport sommairement indiqué entre la hauteur absolue du sol et les latitudes tant géographiques qu'isothermes devient souvent évident, quand on compare la végétation arborescente de la partie tropicale des Andes avec la végétation de la côte nord-ouest de l'Amérique ou des bords des lacs canadiens. C'est une observation que Darwin et Claude Gay ont faite dans l'hémisphère austral, pendant leur voyage depuis le plateau du Chili jusqu'à la Patagonie orientale et à l'archipel de la Terre de Feu : le *drymis Winteri* et des bois de *fagus antarctica* et *f. Forsteri* couvrent de larges surfaces qui s'étendent du nord au sud jusqu'à la basse région. On trouve en Europe même quelques petites exceptions à la loi *des rapports de station constants entre la hauteur des montagnes et la latitude géographique*, exceptions qui dépendent de causes locales insuffisamment approfondies. Je rappelle ici les limites du bouleau et du pin commun dans une partie des Alpes de la Suisse, sur la Grimsel. Là le pin (*pinus sylvestris*) s'élève jusqu'à cinq mille neuf cent quarante pieds, et le bouleau (*betula alba*) jusqu'à six mille quatre cent quatre-vingts pieds; au-dessus des bouleaux il y a une zone de *pinus cembra*, dont la limite supérieure est six mille huit cent quatre-vingt-dix pieds. Le bouleau se trouve donc ici entre deux zones de conifères. D'après les excellentes observations de Léopold Buch, et d'après celles, très-récentes, de Martins, qui a visité aussi le Spitzberg, voici les limites de la distribution géographique de ces plantes dans le haut nord scandinavien (Laponie) : le pin s'avance jusqu'à 70°, le *betula alba* jusqu'à 70° 40', le *b. nana* jusqu'à 71°. Le *pinus cembra* manque tout à fait en Laponie. (Comp. Unger, *Über den Einfluss des Bodens auf die Vertheilung der Gewaechse* (Influence du sol sur la distribution des plantes), p. 200;

Lindblom, *Adnot. in geographicam plantarum intra Sueciam distributionem*, p. 89; Martins, dans les *Annales des Sciences Naturelles*, t. XVIII, 1842, p. 195.)

C'est moins par la longueur et la disposition des feuilles que par la largeur et le développement parenchymateux des organes appendiculaires que se dessinent la physionomie et le caractère spécifique des conifères. Plusieurs espèces d'*ephedra* sont pour ainsi dire aphylles (dépourvues de feuilles), tandis que dans les *taxus*, *araucaria*, *dammara* (*agathis*) et dans le *salisburia adiantifolia* Smith (*ginkgo biloba*, Lin.), la feuille s'élargit graduellement. Cette gradation est même indiquée par les noms spécifiques qui furent les premiers adoptés par les botanistes. Ainsi, le *dammara orientalis* de Bornéo et de Java, qui a souvent dix pieds de diamètre, s'appelait d'abord *d. loranthifolia*; le *dammara australis*, Lamb., de la Nouvelle-Zélande, qui atteint jusqu'à cent quarante pieds de haut, était autrefois le *d. zamæfolia*. Ces deux espèces n'ont pas de feuilles aciculaires, mais « *folia alterna, oblongo-lanceolata, opposita, in arbore adultiore sæpe alterna, enervia, striata* ». La face inférieure de la feuille est abondamment garnie de petites fentes (trachées) disposées par séries. Ces transitions du système appendiculaire, depuis la contraction la plus grande jusqu'à l'expansion la plus marquée de l'organe foliacé, présentent à la fois un intérêt morphologique et physionomique (Link, *Urwelt* (Monde primitif), t. I, p. 201-211; 1834). La feuille fendue, large, courtement pétiolée, du *salisburia adiantifolia* (*ginkgo* de Kœmpfer) a aussi des trachées seulement à sa face inférieure. On ignore encore la véritable patrie de cet arbre. Par suite des relations des bouddhistes, il a dû être de bonne heure transplanté des jardins des temples chinois dans ceux du Japon.

Pendant le voyage à travers le Mexique pour retourner en Europe, après être parti d'un des ports de l'océan Pacifique, j'ai été témoin de la sensation pénible que produisait, près de Chilpanzingo, le premier aspect d'une forêt de sapins sur un de nos compagnons, qui, né à Quito, sous l'équateur, n'avait jamais vu d'arbres à feuilles aciculaires. Ces arbres lui paraissaient dépourvus de feuilles; et comme nous naviguions vers le Nord, il s'imaginait reconnaître déjà l'influence appauvrissante du froid polaire par la contraction extrême des organes foliacés. Le voyageur dont je rappelle ici l'impression, et que nous nommons, Bonpland et moi, avec un sentiment de tristesse, était un brave jeune homme, le fils du marquis de Selvalegre, don Carlos Montufar, qui, quelques années plus tard, périt glorieusement, victime d'un noble et ardent amour pour la liberté, dans la guerre de l'indépendance des colonies espagnoles.

(24) Page 28. *Les pothoïnées* (*aroïdées*).

Les *caladium* et *pothos* ne sont que des espèces tropicales. Les *arum* appartiennent plutôt à la zone tempérée : les *a. italicum*, *a. dracunculus* et *a. tenuifolium* s'avancent jusqu'en Istrie et dans le Frioul. On n'a pas encore découvert de *pothos* en Afrique. Les Indes orientales possèdent quelques espèces de ce genre (*p. scandens* et *p. pinnata*), d'une physionomie moins belle et d'une végétation moins luxuriante que les *pothos* d'Amérique. Près du couvent de Caripe, à l'est de Cumana, nous avons trouvé une belle aroïdée, réellement arborescente (*caladium arboreum*), à tige de quinze à vingt pieds de haut. Beauvois a trouvé une espèce rare de *caladium* (*culcasia scandens*) dans le royaume de Bénin (Palisot de Beauvois, *Flore d'Oware et de Bénin*, t. I, 1804, pag. 4, pl. III). Dans les *pothos* le parenchyme est quelquefois si lâche, que la surface de la feuille devient trouée, comme dans le *calla pertusa* Kunth, le *dracontium pertusum* Jacquin, que nous avons cueilli dans les forêts aux environs de Cumana.

Les aroïdées ont les premières attiré l'attention sur un phénomène remarquable, la chaleur fébrile que certaines plantes développent à l'époque de la floraison ; cette chaleur, sensible au thermomètre, coïncide avec une absorption temporairement plus forte de l'oxygène de l'atmosphère. Lamarck observa, en 1789, cette élévation de température dans l'*arum italicum*. Selon Hubert et Bory de Saint-Vincent, la chaleur vitale de l'*arum cordifolium*, dans l'île de France, s'élevait à 35° et 39°, pendant que la température de l'air ambiant n'était que de 15° 2′. Même en Europe, Becquerel et Breschet trouvèrent une différence de 17° ½. Dutrochet remarqua une sorte de paroxysme, une augmentation et une diminution rhythmiques de la chaleur vitale, dont le maxi–

mum paraissait doubler pendant le jour. Théodore de Saussure vit dans d'autres familles de plantes, telles que le *bignonia radicans*, *cucurbita pepo*, une élévation de température analogue, mais seulement de ½ à ⅘ degré Réaumur. La fleur mâle du *cucurbita pepo* indiquait, sur un appareil thermoscopique très-sensible, une température plus élevée que la fleur femelle. Dutrochet, si prématurément enlevé à la science, et qui a tant fait pour la physique et la physiologie végétales (*Comptes rendus de l'Institut*, t. VIII, 1839, p. 454; t. IX, p. 614 et 781), a trouvé, au moyen de multiplicateurs thermo-électriques, dans beaucoup de jeunes plantes (*euphorbia lathyris*, *lilium candidum*, *papaver somniferum*) une chaleur vitale de 0°,1 à 0°,3 Réaum., même dans plusieurs espèces d'*agaricus* et de *lycoperdon*. Cette chaleur disparaissait la nuit; mais elle persistait pendant le jour, lors même qu'on mettait les plantes dans un endroit obscur.

Le contraste physionomique des *pothos* (aroïdées) avec les casuarinées, les conifères et les *colletia* presque aphylles du Pérou, devient plus frappant encore quand on compare ces types du minimum de contraction de l'organe foliacé avec les *nymphéacées* et les *nélumbonées*. Là nous retrouvons, comme dans les aroïdées, un tissu cellulaire au maximum d'extension de la surface foliacée, porté sur de longs pétioles charnus. Tels sont les *nymphœa alba*, *n. lutea*, *n. thermalis* (le *n. lotus* d'autrefois) de la source thermale de Pecze, près de Grosswardein, en Hongrie, les *nelumbium*, l'*euryale amazonica* Pœppig, et le *victoria regina*, voisin de l'euryale épineuse, mais, selon Lindley, d'un genre très-différent, découvert en 1837 par sir Robert Schomburgk, dans la rivière Berbice de la Guyane anglaise. Les feuilles rondes de cette superbe plante aquatique ont de trois à cinq pouces de diamètre; elles sont garnies d'un bord dressé, d'un vert clair en dedans, et d'un rouge cramoisi en dehors. Les fleurs, d'un doux parfum, de vingt à trente dans un petit espace, ont quatorze pouces de diamètre; elles sont blanches et roses, et la corolle se compose de plusieurs centaines de pétales. (Rob. Schomburgk, *Reisen in Guiana und am Orinoko,* 1841, p. 233). Pœppig donne aux feuilles de son *euryale amazonica,* qu'il trouva près de Téfé, jusqu'à cinq pieds huit pouces de diamètre (Pœppig, *Reise in Chili, Peru und auf dem Amazonenstrome,* t. II, 1836, p. 432). Si les genres *euryale* et *victoria* offrent les feuilles les plus larges dans toutes leurs dimensions, une cytinée parasite, que le docteur Arnold découvrit, en 1818, à Sumatra, présente la fleur la plus gigantesque : la fleur, non pédonculée, du *rafflesia Arnoldi* R. Brown, a près de trois pieds de diamètre. Elle est entourée de grandes écailles foliacées, et exhale, comme les bolets, une odeur animale de chair de bœuf.

(25) Page 28. *Lianes* (en espagnol, *vejucos*).

D'après la division des bauhiniées par Kunth, le genre *bauhinia* appartient au nouveau continent. Le bauhinia d'Afrique (*b. rufescens* Lam.) est une *pauletia* Cav., genre dont nous avons trouvé plusieurs espèces nouvelles dans l'Amérique méridionale. Les banistériées, de la famille des malpighiacées, sont également propres à l'Amérique; deux espèces sont indigènes des Indes Orientales, et une troisième, le *banisteria leonia,* décrit par Cavanilles, habite l'Afrique occidentale. Les lianes, ou plantes grimpantes, qui sous les tropiques et dans l'hémisphère austral rendent les forêts si impénétrables à l'homme et si propres à l'habitation des singes (quadrumanes), des cercoleptes et des petits chats-tigres, appartiennent aux familles les plus diverses. Elles aident des troupeaux entiers d'animaux, vivant en société, à grimper promptement sur des cimes élevées, à passer d'un arbre à un autre et à franchir même des rivières.

Dans le midi de l'Europe, et dans l'Amérique septentrionale, les lianes sont représentées par le houblon, de la famille des urticées, et par différentes espèces de *vitis*, de la famille des ampélidées. Sous les tropiques on rencontre, même parmi les *graminées,* des plantes *sarmenteuses* et *grimpantes*. Sur les plateaux de Bogota, au défilé des Andes de Quindiu, et dans les forêts de quinquina à Loxa, nous avons vu une bambusacée, notre *chusquea scandens*, voisin du genre *nastus*, se rouler autour de troncs puissants, décorés d'orchidées en fleurs. Le *bambusa scandens* (tjankorreh), que Blume vit à Java, appartient probablement aussi au genre *nastus* ou *chusquea*, le *carrizo* des colons espagnols. Les forêts de sapins du Mexique me paraissaient entièrement dépourvues de lianes, tandis que dans la Nouvelle-Zélande on voit à côté du *ripogonum parviflorum* Rob. Brown, smilacée qui rend les bois presque impénétrables, une pandanée odorante, le *freycinetia Banksii*, s'enlacer autour d'une conifère gigantesque, de deux cent pieds de haut, le *podocarpus dacryoides* Rich., que les indigènes nomment *kakikatea*. (Ernest Dieffenbach, *Travels in New-Zealand*, 1843, vol. I, p. 426.)

Avec les graminées et les pandanées grimpantes contrastent, par leurs fleurs magnifiques, multicolores, les passiflores, dont nous avons trouvé une espèce arborescente, dressée (*passiflora glauca*), dans les Andes de Popayan, à neuf mille huit cent quarante pieds, les bignoniacées, les mutisiées, les alstroémériées, les urvillées et les aristolochiées. Parmi ces dernières nous citerons notre *aristolochia cordata*, dont le calice coloré (rouge pourpré) a seize pouces de diamètre : *flores gigantei*, *pueris mitræ instar inservientes*. Beaucoup de ces lianes doivent à la forme quadrangulaire de leurs tiges, à leur aplatissement, qui n'est occasionné par aucune pression extérieure, à leur mouvement vacillant, ondulatoire, une physionomie toute particulière. Les *bignonia* et les *banisteria* présentent à la section transversale de leurs tiges des espèces de croix ou de mosaïque, dues à ce que l'écorce envoie des prolongements dans le corps ligneux. (Voy. des représentations très-exactes de cela dans Adrien de Jussieu, *Cours de Botanique*, p. 77-79, fig. 105-108.)

(26) Page 28. *Aloès*.

A ce groupe de végétaux, si uniformément caractérisé, appartiennent le *yucca aloifolia*, qui croît au Nord jusqu'à la Floride et la Caroline du Sud ; le *y. angustifolia* Nutt., qui s'avance jusqu'aux rives du Missouri ; l'*aletris arborea*, le dragonnier des îles Canaries, deux dragonniers de la Nouvelle-Zélande (*dracœna australis* et *d. indivisa*) ; des euphorbes arborescentes et l'*aloe dichotoma* Linn. (autrefois le genre *rhipidodendrum* de Willdenow), qui est le célèbre *kokerboom* des Hollandais du Cap : sa tige a quatre pieds d'épaisseur sur vingt de haut, et elle est surmontée d'une couronne qui a jusqu'à quatre cents pieds de circonférence (Patterson, *Voyage dans le pays des Hottentots et des Cafres*, 1790, p. 55 (édit. allemande). Les genres que nous venons de grouper ensemble sont classés dans des familles très-différentes, telles que les liliacées, les asphodélées, les pandanées, les amaryllidées et les euphorbiacées, toutes, à l'exception des euphorbiacées, de la grande division des monocotylédonées. Une pandanée, le *phytelephas macrocarpa* Ruiz, que nous avons trouvée sur les bords de la rivière Madeleine, ressemble, avec ses feuilles pennées, tout à fait à un petit palmier. Les indigènes l'appellent *tagua* ; c'est, suivant Kunth, la seule pandanée du nouveau continent. Le *doryanthes excelsa*, à tige élancée, singulier végétal, semblable à une agave, de la Nouvelle-Galle du Sud, est une amaryllidée, comme nos narcisses et tazettas; il a été pour la première fois décrit par le judicieux Correa de Serra.

Dans les aloès ayant la forme de candélabres il ne faut pas prendre les pédoncules pour des ramifications de la tige. Ce sont les pédoncules qui, dans la floraison, extraordinairement rapide, de l'aloès américain (*agave americana, maguey de Cocuyza*, qui manque dans tout le Chili) et de l'*yucca acaulis* (maguey de Cocuy) présentent, par leur disposition, l'aspect, assez fugitif, d'un candélabre. Plusieurs euphorbes arborescentes doivent le caractère de leur physionomie à la disposition de leurs rameaux. Lichtenstein (*Voyage dans l'Afrique australe*, t. I, p. 370, de l'édition allemande) dépeint bien vivement l'impression que fit sur lui la vue d'un *euphorbia officinarum*, qu'il trouva aux bords de la rivière Chamtoos, près du cap de Bonne-Espérance. La disposition des rameaux en candélabre se répétait symétriquement sur toutes les divisions, jusqu'à trente pieds de hauteur. Tous les rameaux étaient garnis d'aiguillons.

Les palmiers, les yuccas, les aloès, les fougères en arbre, quelques *aralia* et les *theophrasta*, là où je les ai vus dans toute l'exubérance de leur végétation, offrent à l'œil, par la nudité de leur tronc, non divisé, et l'ornement de leur cime, un air de parenté, bien que ces végétaux diffèrent essentiellement entre eux par la structure des parties florales.

Le *melanoselinum decipiens* Hofm. acquiert quelquefois

de dix à douze pieds de haut; originaire de Madère, il a été introduit dans nos jardins, et appartient à un groupe particulier d'ombellifères arborescentes, qui se rapprochent en même temps des araliacées, et dont on découvrira peut-être par la suite d'autres espèces. Les *ferula, heracleum* et *thapsia* atteignent sans doute aussi une hauteur considérable; mais ce n'en sont pas moins des plantes herbacées. Le *melanoselinum decipiens*, en tant qu'*ombellifère arborescente*, est encore seul de son espèce. Le *bupleurum* (*tenoria*) *fruticosum* Linn., des bords de la Méditerranée, le *bubon galbanum*, du Cap, le *crithmum maritimum* de nos rivages maritimes, ne sont que des plantes frutescentes. Les régions tropicales, qui, d'après l'observation, ancienne et très-exacte, d'Adanson, manquent presque entièrement d'ombellifères et de crucifères dans les plaines, nous ont montré, en revanche, les plus petites de toutes les ombellifères sur la chaîne élevée des Andes du Mexique et de l'Amérique méridionale. Parmi les trente-huit espèces que nous avons collectées sur des hauteurs dont la température moyenne est au-dessous de 10° Réaumur, nous citerons le *myrrhis andicola*, le *fragosa arctioides* et le *pectophytum pedunculare*, associés à une draba naine alpestre; toutes ces plantes, à douze mille six cents pieds au-dessus de la mer, végètent à peu près à la manière des mousses, en couvrant, comme d'un feutre, les rochers et la terre, souvent gelée. Les seules ombellifères tropicales que nous eussions vues en plaine dans le nouveau continent étaient deux espèces d'*hydrocotyle*, *h. umbellata* et *h. leptostachya*, entre la Havanne et Batabano, par conséquent à l'extrême limite de la zone torride.

(27) Page 29. *Graminées.*

Le groupe des graminées arborescentes, que Kunth a compris, sous le nom de *bambusacées*, dans son grand travail sur les plantes collectées par Bonpland et moi, sont un des plus beaux ornements de la végétation tropicale. (Le nom de *bambu* ou *mambu* se trouve dans la langue malaise; mais il y est, selon Buschmann, comme isolé; car la dénomination commune est, à Java et Madagascar, plutôt *buluh* que *wuluh*, *voulou*, nom unique de cette espèce de roseau.) Le nombre des genres et des espèces qui composent ce groupe a été extraordinairement augmenté par le zèle des voyageurs. On a reconnu que le genre *bambusa* manque tout à fait dans le nouveau continent; qu'à ce continent sont exclusivement propres les *guadua* et *chusquea* gigantesques, de cinquante à soixante pieds de haut, que nous y avons découverts; que l'*arundinaria* Rich., quoique spécifiquement différent, se rencontre à la fois dans l'ancien et le nouveau Monde, que les *bambusa* et *beesha*, Rheed. croissent dans l'Inde et l'archipel Indien, et le *nastus* à Madagascar et dans l'île de Bourbon. Les *chusquea* élancées ont, dans les diverses parties du monde, leurs représentants morphologiques. Dans l'hémisphère boréal, bien en dehors de la zone torride, dans la vallée du Mississipi, le voyageur se réjouit à la vue de l'*arundinaria macrosperma*, qu'on appelait jadis *miegia* et *ludolfia*. Dans l'hémisphère austral, entre 37° et 42°, au Chili méridional, Gay a découvert une bambusacée de vingt pieds de haut (espèce de *chusquea* non grimpante, arborescente, dressée, non décrite), là où, mêlée avec le *drymis chilensis*, règne la forêt uniforme des *fagus obliqua*.

Aux Indes Orientales les *bambusa* fleurissent si fréquemment, qu'à Mysore et Orissa on en mange les graines, en guise de riz, mêlées avec du miel (Buchanan, *Journey through Mysore*, vol. II, p. 341, et Stirling, in *Asiat. Researches*, vol. XV, p. 205). Dans l'Amérique méridionale, au contraire, les *guadua* fleurissent si rarement, que dans l'espace de quatre ans nous n'en avons pu nous procurer que deux fois les fleurs : d'abord sur les bords solitaires du Cassiquiare, branche qui joint l'Orénoque au rio Negro et au fleuve des Amazones; puis, dans la province de Popayan, entre Buga et Quilichao. Il est très-surprenant que certaines plantes, malgré leur vigueur, ne fleurissent pas dans certaines localités; tel est le cas des oliviers d'Europe, plantés depuis des siècles aux environs de Quito, à neuf mille pieds au-dessus de la mer, ainsi que des noyers, noisetiers et beaux oliviers (*olea europœa*) de l'île de France. (Voy. Bojer, *Hortus Mauritianus*, 1837, p. 201.)

Plusieurs bambusacées (graminées arborescentes) pénètrent dans la zone tempérée; aussi ne souffrent-elles pas, sous la zone torride, du climat tempéré des montagnes. Leur végétation est cependant plus vigoureuse que celle des plantes sociales entre le littoral et une hauteur de deux mille quatre cents pieds, par exemple dans la province de las Esmeraldas, à l'ouest du volcan de Pichincha, où le *guadua angustifolia* (*bambusa guadua* dans nos *Plantes équinoxiales*, t. I, tab. XX) produit intérieurement beaucoup de *tabachir* siliciforme (en sanscrit *tvakkschîra*, lait d'écorce). Dans le défilé des Andes de Quindiu nous avons vu, d'après nos observations barométriques, le guadua monter jusqu'à cinq mille quatre cents pieds au-dessus du niveau de l'océan Pacifique. Le *nastus borbonicus* est, selon Bory de Saint-Vincent, à proprement parler, une plante alpestre, qui à l'île de Bourbon ne descend de la pente du volcan qu'à trois mille six cents pieds dans la plaine. La présence de certains végétaux des plaines chaudes sur des hauteurs considérables rappelle le groupe déjà mentionné des *palmiers de montagnes* (*kunthia montana*, *ceroxylon andicola*, *oreodoxa frigida*) et le taillis de musacées de quinze pieds de haut (*heliconia*, peut-être *maranta*) que j'ai trouvé isolé sur la Silla de Caracas, à six mille six cents pieds (*Relation hist.*, t. I, p. 605-606). De même qu'en général les graminées, à l'exception de quelques rares herbes dicotylédonées, forment sur les sommets neigeux la zone de phanérogames la plus élevée, de même aussi, dans une direction horizontale, elles bornent vers les régions arctique et antarctique le domaine des phanérogames.

Mon jeune ami Joseph Hooker, qui, à peine de retour de l'expédition de sir James Ross aux glaces de l'Australie, pénètre actuellement dans l'Himalaya du Thibet, a enrichi la géographie botanique, non-seulement de beaucoup de matériaux importants, mais encore d'excellents résultats généraux. Il fait observer que les graminées s'approchent du pôle nord de 17° ½ plus que du pôle sud. Le même *trisetum subspicatum*, qui croît sur toute la crête des Cordillères du Pérou, et s'étend au delà des montagnes Rocheuses jusqu'à l'île de Melville, au Groënland et à l'Islande, se retrouve dans les îles de Falkland (Malouines) à côté des touffes du tussoc-gras (*dactylis cæspitosa*, Forster, une *festuca*, suivant Kunth), et dans la Terre de Feu, à l'ombre du *fagus antarctica*, aux feuilles de bouleau; on le rencontre aussi dans les Alpes de la Suisse et du Tyrol, ainsi que dans l'Altaï, au Kamtschatka et dans l'île de Campbell, au sud de la Nouvelle-Zélande. En résumé, on le trouve depuis 54° latitude australe jusqu'à 72° 50′ latitude boréale, ce qui fait en somme un peu moins de 127 degrés de latitude. — « *Few grasses*, dit Hooker (*Flora Antarctica*, p. 97) *have so wide a range as* TRISETUM SUBSPICATUM, Beauv.; *nor am I acquainted with any other Arctic species which is equally an inhabitant of the opposite polar regions.* » Les îles de Sud-Sheltand, que le détroit de Bransfield sépare de la *terre de Louis-Philippe*, d'Urville, et du Pic Haddington (64° 12′ latitude), volcan de six mille six cent douze pieds de haut, ont été visitées récemment par un botaniste des États-Unis, par le docteur Eights. Il y trouva (probablement vers 62° ou 62° ¼ latitude sud) la phanérogame la plus voisine du pôle antarctique que l'on ait jusqu'à présent découverte : *The most antarctic flowering plant hitherto discovered.*

Déjà à Deception-Island, dans le même groupe d'îles (à 62° 50′), on ne trouve que des fougères, et point de graminées ; de même que plus loin, au sud-est, à Cockburn-Island (à 64° 12′ latitude), près de la terre de Palmer, on n'a recueilli que des lécanorées, des lécidées et cinq espèces de mousses, au nombre desquelles est notre *bryum argenteum.* « C'est là, selon toute apparence, l'*ultima Thule* de la végétation antarctique. » Plus au sud les cryptogames terrestres viennent aussi à manquer. Dans le grand golfe formé par la terre de Victoria, sur une petite île située vis-à-vis du Mont-Herschell (à 71° 49 latitude), et sur l'île de Franklin, à vingt-trois milles géographiques au nord de l'Érébus (à 76° 7′ latitude sud), volcan de onze mille six cent trois pieds de haut, Hooker ne trouva plus de trace de vie végétale. Vers le pôle nord la distribution des plantes d'une organisation même plus élevée est toute différente. Les phanérogames vont de 18 ½ degrés plus près de ce pôle que du pôle sud. Walden-Island (à 80° ½ latitude nord) compte encore dix espèces phanérogames. La végétation antarctique est plus pauvre en espèces phanérogames que la végétation arctique, à distance égale des pôles. (L'Islande possède cinq fois plus de phanérogames que le groupe austral des îles de lord Auckland et de Campbell). Mais, la première est plus riche en séve et plus vigoureuse, grâce à certaines conditions de climat. (Comp. Hooker, *Flora Antarctica*, p. VII, 74 et 215, et Sir James Ross, *Voyage in the Southern and Antarctic Regions*, 1839-1843, vol. II, p. 335-342.)

(28) Page 30. *Fougères*.

En portant avec le docteur Klotzsch, profondément versé dans la connaissance des agames, le nombre total des végétaux cryptogames jusqu'ici décrits à dix-neuf mille espèces, on trouve ce nombre ainsi réparti : huit mille champignons (dont le huitième est formé par les agarics); au moins quatorze cents lichens, selon J. de Flotow à Hirschberg et Hampe à Blankenburg; trois mille huit cents mousses et hépatiques, suivant Charles Müller à Halle et le docteur Gottsche à Hamburg; enfin trois mille deux cent cinquante fougères. Ce dernier résultat important, nous le devons aux recherches approfondies que M. le professeur Kunze à Leipzig a faites sur ce groupe de plantes. De toutes les fougères jusqu'à présent décrites la famille seule des polypodiacées comprend, chose remarquable, deux mille cent soixante-cinq espèces, pendant que d'autres familles, voire celles des lycopodiacées et des hyménophyllacées, ne comptent, l'une que trois cent cinquante, et l'autre que deux cents espèces. On a donc déjà décrit presque autant de fougères que de graminées.

Il est étonnant que les classiques de l'antiquité, Théophraste, Dioscoride, Pline n'aient pas parlé de la belle forme arborescente des fougères. Et cependant, d'après les renseignements répandus par Aristobule, Mégasthène et Néarque, compagnons d'Alexandre, ils mentionnent : les bambusacées, *quæ fissis internodiis lembi vice vectitabant navigantes;* les arbres de l'Inde, *quarum folia non minora clypeo sunt*; le figuier, qui prend racine par ses branches ; et des palmiers *tantæ proceritatis, ut sagittis superjici nequeant* (Humboldt, *De Distrib. geogr. Plant.*, pag. 178 et 213). Je trouve la première description des fougères arborescentes dans Oviedo, *Historia de las Indias*, 1535, fol. xc. « Parmi les nombreuses fougères, dit ce grand voyageur, que Ferdinand le Catholique avait nommé directeur des lavages d'or à Haïti, il y en a que je mets au nombre des arbres, parce qu'elles sont épaisses et hautes comme des sapins (*helechos que yo cuento por arboles, tan gruesos como grandes pinos y muy altos*). Elles croissent pour la plupart dans les montagnes et là où il y a beaucoup d'eau. » La hauteur qu'il indique est exagérée; car notre *cyathea speciosa* même, dans les forêts épaisses de Caripe, n'atteint que trente ou trente-cinq pieds de haut; et les tiges du *cyathea dealbata* qu'un excellent observateur, Ernest Dieffenbach, a vu dans la plus septentrionale des trois îles de la Nouvelle-Zélande, n'avaient pas plus de quarante pieds. Au milieu des forêts primitives les plus ombragées, nous avons vu, chez des individus très-sains et vigoureux de *cyathea speciosa* et le *meniscium* des missions de Chaymas, les tiges écailleuses couvertes d'une poussière de charbon brillante, qui paraissait être l'effet d'une composition étrange des fibres des anciens pétioles. (Humboldt, *Relat. hist.*, t. I, p. 437.)

Entre les tropiques, sur le revers des Cordillères, où les climats sont disposés comme par étages, la véritable zone des fougères en arbre est de trois mille à cinq mille pieds au-dessus du niveau de la mer. Dans l'Amérique méridionale et le plateau du Mexique on les voit rarement descendre à douze cents pieds dans les plaines chaudes. Cette zone heureuse a une température moyenne qui varie entre 17° et 14° 5′ Réaumur. Elle atteint la couche de nuages la plus rapprochée de la mer et de la plaine, et, en raison de cette circonstance et d'une grande uniformité des conditions thermales, elle jouit sans cesse d'un haut degré d'humidité. (Robert Brown, dans *Exped. to Congo*, app., pag. 423). Les habitants d'origine espagnole l'appellent *Tierra templada de los helechos*. Le nom de *helecho*, fougère, *filix*, rappelle le nom arabe de *feledschoun*, en changeant, à la façon espagnole, le *f* en *h*. Peut-être dérive-t-il du verbe *faladscha*, diviser, par allusion à la fronde finement découpée (Abu-Zacaria-Ebn-el-Awan, *Libro de Agricultura*, traducido por J. A. Banqueri, t. II, Madr., 1802, p. 736).

C'est sur le penchant des montagnes, dans les vallées des Andes, et surtout dans l'hémisphère austral, doux et humide, qu'on trouve les conditions réunies d'une chaleur presque uniforme, tempérée, et d'une atmosphère imprégnée de vapeurs aqueuses. Là est le terrain des fougères arborescentes, qui s'étendent non-seulement jusqu'à la Nouvelle-Zélande et au pays de Van-Diémen (*Tasmannia*), mais jusqu'au détroit de Magellan et à l'île de Campbell, par conséquent jusqu'à une latitude sud qui est presque égale à la latitude nord de Berlin. Parmi les fougères en arbre nous citerons le *dicksonia squarrosa*, dont la végétation vigoureuse se remarque dans la baie de Dusky (Nouvelle-Zélande), à 46° latitude australe; le *d. antarctica* de Labillardière, dans la Tasmanie; une *thyrsopteris* dans l'île de Juan Fernandez; une *dicksonia* non décrite, à tige de douze à quinze pieds de haut, dans le Chili méridional, près de Valdivia; et une *lomaria*, un peu moins élevée, dans le détroit de Magellan. Plus près encore du pôle sud, dans l'île de Campbell, à 52° ½ latitude, on voit l'*aspidium venustum*, dont la tige, dénuée de feuilles, a quatre pieds de haut.

Les conditions climatériques dans lesquelles réussissent la plupart des fougères (*filices*) sont indiquées par les lois numériques de leur quotient de répartition. Sous les tropiques, dans les régions plates des grands continents, ce quotient est, selon Robert Brown et des observateurs plus récents, 1/20 de la somme totale des phanérogames; il est de 1/8 à 1/6 dans les parties montagneuses des grands continents. Le rapport est tout autre dans les petites îles, disséminées sur le grand Océan. Là le nombre des fougères, comparé à la totalité des phanérogames, augmente tellement que dans les groupes d'îles de la mer du Sud, entre les tropiques, le quotient s'élève à 1/4; à Sainte-Hélène et à l'Ascension, îles sporadiques, les fougères égalent presque la moitié de toute la végétation phanérogame (Voy. un excellent mémoire de l'amiral d'Urville, *Distribution géographique des Fougères sur la surface du globe*, dans les *Annales des Sciences Naturelles*, t. VI, 1825, p. 51, 66 et 73). A partir des tropiques (où le quotient pour les grands continents est, selon d'Urville, de 1/20, on voit la *fréquence relative* des fougères diminuer rapidement dans la zone tempérée. Pour l'Amérique septentrionale et les Iles Britanniques le quotient est 1/35; il est 1/58 pour la France, 1/52 pour l'Allemagne, 1/74 pour les contrées arides de l'Italie méridionale, 1/84 pour la Grèce. La proportion augmente, au contraire, considérablement vers le nord glacial. Là le nombre des fougères diminue bien plus lentement que celui des plantes phanérogames. La masse luxuriante des individus de chaque espèce ajoute à l'illusion sur leur *fréquence absolue*. D'après les catalogues de Wahlenberg et de Hornemann, les nombres proportionnels des *filices* sont 1/25 pour la Laponie, 1/18 pour l'Islande et 1/12 pour le Groënland.

Telles sont, dans l'état actuel de nos connaissances, les lois naturelles qui président à la distribution de la famille si gracieuse des fougères. Depuis ces derniers temps on est aussi sur les traces de la loi morphologique qui régit la reproduction des fougères, qu'on a pendant si longtemps considérées comme des cryptogames. Le comte Leszczyc-Suminski, qui unit au talent d'observateur micrographe celui d'un artiste distingué, a découvert dans le *prothallium* des fougères l'organisation qui détermine la fécondation. Il y distingue deux appareils sexuels : l'un, femelle, dans les cellules creuses, ovalaires, situées au centre du *prothallium*; l'autre, mâle, dans les anthéridies ou filaments en spirale, organes ciliés, générateurs, déjà étudiés par Naegeli. La fécondation s'opérerait, non par des boyaux polliniques, mais par des filaments en spirale, ciliés, mobiles (Comte Suminski, *Zur Entwickelungs-geschichte der Farrenkräuter*, 1848, p. 10-14). D'après cette théorie, les tiges de fougères seraient, pour me servir des expressions d'Ehrenberg (*Comptes rendus mensuels de l'Acad. de Berlin*, janv., 1848, p. 20), les produits d'une fécondation microscopique, s'effectuant sur le *prothallium*, espèce d'anthophore; pour tout le reste de leur développement, la plupart du temps arborescent, ce seraient des végétaux sans fleurs et sans fruits, avec *formation de bulbilles*. Les spores, qu'on voit groupés en petits tas (*sori*) à la face inférieure des frondes, ne sont pas des semences, mais des bourgeons de fleurs.

(29) Page 30. *Liliacées.*

L'Afrique est le siége principal de cette famille. C'est là qu'on trouve les espèces les plus diverses de liliacées : elles y sont pour ainsi dire massées, et caractérisent la physionomie de la contrée. Le nouveau continent possède, il est vrai, de superbes *alstrœmeria*, de *pancratium*, d'*hæmanthus*, et de *crinum* (le premier de ces genres, nous l'avons enrichi de neuf espèces nouvelles, et le second de trois); mais ces liliacées d'Amérique sont disséminées et vivent moins en société que les iridées d'Europe.

(30) Page 31. *Salicinées.*

On connaît environ cent cinquante espèces du genre *salix*, qui est le principal représentant de cette famille. Elles habitent l'hémisphère boréal, de l'équateur à la Laponie. Les saules se multiplient surtout et varient d'aspect entre 46° et 70° de latitude, particulièrement dans les régions septentrionales de l'Europe, si étrangement labourées par les révolutions primitives du globe. Les tropiques ne possèdent, à ma connaissance, que dix à douze espèces qui, comme les saules de l'hémisphère austral, méritent une attention spéciale. Sous toutes les zones la nature semble, tant pour les animaux que pour les végétaux, se plaire à multiplier merveilleusement certains types ; ainsi, les canards (anatides, lamellirostres) et les pigeons sont aussi répandus que les saules, les pins et les chênes. Ces derniers, toujours semblables par leur fruit, sont très-différents par la forme de leurs feuilles. Dans les climats les plus opposés les saules se ressemblent éminemment, en quelque sorte plus encore que les conifères, par leur feuillage, par la disposition des rameaux et par tout leur caractère physionomique. Au nord de l'équateur, dans les contrées méridionales de la zone tempérée, le nombre des espèces de saules diminue très-sensiblement. Cependant, d'après la *Flora Atlantica* de Desfontaines, on trouve à Tunis une espèce particulière, analogue au *salix caprea*, et l'Égypte en compte, selon Forskål, cinq espèces dont les chatons mâles fournissent à la distillation le médicament si usité en Orient sous le nom de *moïe chalaf* (*aqua salicis*). Le saule (*salix canariensis*) que j'ai vu dans les îles Canaries est, suivant Léopold de Buch et Christian Smith, une espèce particulière, commune à ce groupe d'îles ainsi qu'à Madère. Wallich, dans son *Catalogue des plantes du Népâl et de l'Himalaya*, énumère treize espèces appartenant à la zone subtropicale de l'Inde : elles ont été en partie décrites par Don, Roxburgh et Lindley. Le Japon a ses saules indigènes, dont une espèce, le *salix japonica*, Thunberg, croît aussi dans les montagnes du Népâl.

Avant mon expédition on ne connaissait, autant que je sache, d'autre espèce entre les tropiques, dans la zone torride, que le saule indien, *salix tetrasperma*. Nous avons collecté sept espèces nouvelles, dont trois habitent les plateaux du Mexique jusqu'à huit mille pieds. A une plus grande hauteur, par exemple dans les plaines de montagnes situées entre douze et quatorze mille pieds, que nous avons souvent visitées dans les Andes du Mexique, de Quito et du Pérou, nous n'avons trouvé rien qui puisse rappeler les nombreux saules rampants des Pyrénées, des Alpes et de la Laponie (*salix herbacea*, *s. lanata* et *s. reticulata*). Ch. Martins a décrit deux saules nains du Spitzberg, dont les conditions météorologiques ont tant d'analogie avec celles des sommets neigeux de la Suisse et de la Scandinavie : leurs tiges et branches ligneuses, apprimées au sol, demeurent si cachées dans les marécages tourbeux, qu'on a de la peine à en découvrir les petites feuilles sous la mousse. L'espèce que j'ai trouvée près de Loxa, au Pérou, sous 4° 12′ latitude sud, sur la lisière des forêts de quinquina, et que Willdenow a décrite sous le nom de *salix humboldtiana*, est la plus répandue dans l'ouest de l'Amérique méridionale. Le saule littoral, *s. falcata*, que nous avons rencontré près de Truxillo, sur la côte sablonneuse de la mer du Sud, n'est probablement, selon Kunth, qu'une variété de l'espèce précédente. Celle-ci paraît être identique avec le beau saule pyramidal qui nous accompagnait sur les bords de la rivière Madeleine, depuis Mahatès jusqu'à Bojorque, et qui, au dire des indigènes, ne s'y était tant propagé que depuis peu d'années. Au confluent de la rivière Madeleine avec le rio Opon, nous vîmes toutes les îles couvertes de saules : beaucoup de leurs troncs avaient huit à dix pouces de diamètre sur soixante pieds de haut (Humboldt et Kunth, *Nova. Gen. Plant.*, t. II, p. 22, tab. 99). Lindley (*Introd. to the Natural System of Botany*, p. 99) fait connaître une espèce de *salix*, habitant le Sénégal, c'est-à-dire la zone équinoxiale de l'Afrique. Blume a trouvé deux espèces de saules dans l'île de Java, également près de l'équateur : le *s. tetrasperma*, espèce sauvage, propre à cette île, et le *s. sieboldiana*, espèce cultivée. De la zone tempérée australe je ne connais que deux espèces de saule, déjà décrites par Thunberg, le *s. hirsuta* et le *s. mucronata*. Ces plantes y croissent à côté du *protea argentea*, qui lui-même a la physionomie d'un saule. Leurs feuilles et jeunes rameaux servent de nourriture aux hippopotames de la rivière d'Orange. L'Australie et les îles voisines sont absolument dépourvues de saules.

(31) Page 31. *Myrtacées.*

Ce joli type se reconnaît à ses feuilles roides, luisantes, très-rapprochées, généralement non dentées, petites et ponctuées. Les myrtacées donnent une physionomie particulière à l'Europe méridionale, surtout aux îles composées de roches calcaires et trachytiques, qui saillent du bassin méditerranéen. Elles caractérisent de même la Nouvelle-Hollande, ornée d'*eucalyptus*, de *metrosideros*, de *leptospermum*, ainsi que la chaîne des Andes, région intertropicale, ici plate et basse, ailleurs de neuf à dix mille pieds au-dessus du niveau de la mer. La contrée montueuse qu'à Quito on nomme *Paramos* est entièrement couverte d'arbres qui ont l'aspect des myrtes, bien qu'ils n'appartiennent pas tous à la famille naturelle des myrtacées. C'est à cette hauteur que croissent l'*escallonia myrtilloides*, l'*e. tubar*, le *symplocos alstonia*, les *myrica* et le beau *myrtus microphylla* que nous avons figuré dans les *Plantes Équinoxiales*, t. I, p. 21, pl. IV, et qui croît sur du schiste micacé, jusqu'à neuf mille quatre cents pieds, près de Vinayacu et Alto de Pulla, dans le Paramo de Saraguru, paré de tant de plantes alpestres aux jolies fleurs. Le *m. myrsinoides*, dans le Paramo de Guamani, s'élève même jusqu'à dix mille cinq cents pieds. Mais des quarante espèces de *myrtus* que nous avons collectées dans la zone équinoxiale, et dont trente-sept n'avaient pas encore été décrites, la plus grande partie habitent les plaines et les contreforts de montagnes. Le climat tropical des montagnes du Mexique ne nous a fourni qu'une seule espèce, le *myrtus xalapensis*. Il est à croire cependant que la *Tierra templada*, du côté du volcan Orizaba, en renferme beaucoup d'autres. Nous avons trouvé le *m. maritima*, près d'Acapulco, au bord même de la mer du Sud.

Les escalloniées, parmi lesquelles l'*e. myrtilloides*, l'*e. tubar*, l'*e. floribunda*, ornement des Paramos, rappellent par leur aspect la forme des myrtes, composaient autrefois avec les roses des Alpes de l'Europe et de l'Amérique méridionale (*rhododendrum* et *befaria*), avec les *clethra*, les *andromeda* et le *gaylussacia buxifolia*, la famille des éricacées. Robert Brown (voy. Additions à Franklin's *Narrative of a Journey to the shores of the Polar Sea*, 1823, p. 765) en a fait une famille particulière, que Kunth place entre les philadelphées et les hamamélidées. L'*escallonia floribunda* présente dans sa distribution géographique un des exemples les plus frappants à l'appui du rapport qui existe entre la distance à l'équateur et la hauteur verticale d'une station au-dessus du niveau de la mer. J'invoquerai ici de nouveau le témoignage de mon judicieux ami Auguste de Saint-Hilaire (*Morphologie végétale*, 1840, p. 52) : « MM. Humboldt et Bonpland, dit-il, ont découvert l'*escallonia floribunda* à quatorze cents toises, par le 4e degré de latitude sud; je l'ai retrouvé par le 21e dans un pays élevé, mais pourtant infiniment plus bas que les Andes ; il est commun, à peu près entre les 24° 50′ et les 25° 50′, dans les Campos Geraes, pays encore assez haut; enfin, lorsqu'on le revoit au rio de la Plata, vers le 35e degré, c'est au niveau de l'Océan. »

Au groupe des myrtacées appartiennent les *melaleuca*, les *metrosideros* et les *eucalyptus*; on le comprend sous la dénomination générale de leptospermées: Par leurs phyllodies (pétioles foliacés), remplaçant les véritables feuilles, ou par la disposition, c'est-à-dire la direction, des feuilles relativement au pétiole non élargi, quelques-unes de ces plantes produisent une répartition de clairs et d'ombres que nous ne voyons pas dans nos bois. Déjà les premiers voyageurs qui visitèrent comme botanistes la Nouvelle-Hollande furent surpris de ces singuliers effets de lumière. Robert Brown a le premier montré que le phénomène dépend de la direction verticale des pétioles élargis (phyllodies des *acacia longifolia* et *a. suaveolens*), et de ce que la lumière, au lieu de tomber sur des surfaces horizontales, passe entre des surfaces verticales (Adrien de Jussieu, *Cours de Botanique*, p. 106, 120 et 700; Darwin, *Journal of Researches*, 1845, p. 433). Ainsi, les lois morphologiques qui régissent le développement des organes foliacés déterminent le mode de distribution de la lumière, la limite des clairs et des ombres. « Les phyllodies, dit Kunth, ne peuvent, à mon avis, se rencontrer que chez les plantes à feuilles composées, pennées; et en effet on n'en a jusqu'à présent trouvé que dans la famille des légumineuses (tribu des acaciées).

Dans les *eucalyptus, metrosideros* et *melaleuca*, les feuilles sont simples (*simplicia*), et la direction de la lame dépend d'une demi-rotation du pétiole; à cela il faut ajouter que les deux surfaces foliacées sont de même nature. » Les effets d'optique dont nous venons de parler sont d'autant plus fréquents dans les forêts si peu ombragées de la Nouvelle-Hollande, que les deux groupes des myrtacées et des légumineuses, particulièrement les *eucalyptus* et les *acacia*, y forment presque la moitié de toute la végétation arborescente, d'un vert grisâtre. Lês *melaleuca* rappellent l'écorce de nos bouleaux, par la blancheur des pellicules qui se détachent facilement des couches du liber et s'amassent à l'extérieur.

Les myrtacées sont très-inégalement réparties dans les deux hémisphères. Dans le nouveau continent, particulièrement dans la partie occidentale, elles dépassent à peine, suivant Joseph Hooker (*Flora Antarctica*, p. 12), le 26e degré de latitude nord. Dans l'hémisphère austral, au contraire, au Chili, on trouve, d'après Claude Gay, dix espèces de *myrtus* et vingt-deux espèces d'*eugenia*; associées aux protéacées (*embothrium, lomatia*) et au *fagus obliqua*, elles y forment de véritables forêts. A partir du 38e degré de latitude sud, on rencontre les myrtacées plus fréquemment : 1° dans l'île de Chiloé, où une espèce de myrte (*myrtus stipularis*), semblable aux métrosideros, forme des massifs presque impénétrables connus sous le nom de *tepualès*; 2° dans la Patagonie, jusqu'à la pointe extrême de la Terre de Feu, sous 56° de latitude. Si en Europe les myrtacées sont répandues jusqu'au 46e degré latitude nord, elles s'avancent en Australie, dans la Tasmanie, dans la Nouvelle-Zélande et les îles de lord Auckland, jusqu'à 50° ½ de latitude sud.

(32) Page 31. *Mélastomées.*

Ce groupe comprend les genres *melastoma* (*fothergilla* et *tococa*, Aubl.) et *rhexia* (*meriana*, *osbeckia*); des deux côtés de l'équateur, dans l'Amérique tropicale, nous en avons collecté soixante espèces nouvelles. Bonpland a publié sur les mélastomées un ouvrage magnifique en deux volumes, avec des planches coloriées. Il y a des *rhexia* et des *melastoma* qui ont l'aspect d'arbustes alpestes de Paramo, et qui vivent de neuf à dix mille cinq cents pieds dans la chaîne des Andes; tels sont les *rhexia cernua*, *r. stricta*, *melastoma obscurum*, *m. aspergillare*, *m. lutescens*.

(33) Page 31. *Laurinées.*

A cette famille appartiennent les genres *laurus*, *persea*, et les *ocotea*, si nombreux en espèces dans l'Amérique méridionale. En raison de leur ressemblance physionomique, on pourra y joindre les *calophyllum* et les magnifiques *mammea*, de la famille des guttifères.

(34) Page 31. *Qu'un tel ouvrage serait intéressant, instructif pour le paysagiste!....*

Pour faire mieux ressortir ces indications rapides, qu'il me soit permis d'emprunter à mon esquisse d'une histoire de la peinture paysagiste et d'une représentation graphique de la physiognomique des végétaux les considérations que voici (*Cosmos*, t. II, p. 100-102, trad. par M. Galusky) :

« Tout ce qui dans l'art touche à l'expression des passions et à la beauté des formes humaines a pu recevoir son dernier achèvement dans la zone tempérée boréale sous le ciel de la Grèce et de l'Italie. C'est en puisant dans les profondeurs de son être, et en contemplant chez ses semblables les traits communs de la race humaine, que l'artiste, créateur à la fois et imitateur, évoque les types de ses compositions historiques. La peinture de paysage n'est pas non plus purement imitative; mais elle a un fondement plus matériel, il y a en elle quelque chose de plus terrestre. Elle exige de la part des sens une variété infinie d'observations immédiates, observations que l'esprit doit s'assimiler pour les féconder par sa puissance et les rendre aux sens, sous la forme d'une œuvre d'art. Le grand style de la peinture de paysage est le fruit d'une contemplation profonde de la nature et de la transformation qui s'opère dans l'intérieur de la pensée.

« Sans doute chaque coin du globe est un reflet de la nature entière. Les mêmes formes organiques se reproduisent sans cesse et se combinent de mille manières. Les contrées glaciales du Nord se raniment pendant des mois entiers. La terre se couvre d'herbes, les plantes s'y épanouissent comme sur les Alpes; le ciel y est doux et pur. Familiarisée seulement avec les formes simples de la flore européenne et un petit nombre de plantes naturalisées dans nos contrées, la peinture de paysage, grâce à la profondeur des sentiments et à la force de l'imagination qui animait les artistes, a pu accomplir sa tâche gracieuse. Dans cette carrière bornée, des peintres éminents, tels que les Carrache, Gaspard Poussin, Claude Lorrain et Ruysdael, ont trouvé encore assez de place pour produire les créations les plus variées et les plus ravissantes, en mêlant habilement toutes les formes d'arbres connues et les effets de la lumière. Si l'art a quelque chose encore à atteindre, si j'ai dû indiquer une voie nouvelle pour retourner, du moins en pensée, à l'antique alliance de la science, de l'art et de la poésie, la gloire de ces grands maîtres n'a pas à en souffrir. Dans la peinture de paysage, comme dans toute autre branche de l'art, il y a lieu de distinguer l'élément borné fourni par la perception sensible, et la moisson sans limite que fécondent une sensibilité profonde et une puissante imagination. Grâce à cette force créatrice, la peinture de paysage a pris un caractère qui en fait aussi une sorte de poésie de la nature. Si l'on étudie le développement successif des arbres, depuis Annibal Carrache et Poussin jusqu'à Everdingen et Ruysdael, en passant par Claude Lorrain, on sent que cet art, malgré son objet, n'est pas enchaîné au sol; on ne s'aperçoit pas chez ces grands maîtres, des bornes étroites dans lesquelles ils étaient retenus; et cependant, il faut bien le reconnaître, l'élargissement de l'horizon, la connaissance de formes naturelles plus grandes et plus nobles, le sentiment de la vie voluptueuse et féconde qui anime le monde tropical, offrent ce double avantage, de fournir à la peinture de paysage des matériaux plus riches, et d'exciter plus activement la sensibilité et l'imagination d'artistes moins heureusement doués. »

(35) Page 32. *L'écorce rude des* crescentia *et des* gustavia.

Dans le *crescentia cujete*, arbre *tutuma*, dont l'énorme péricarpe sert d'ustensile indispensable aux indigènes, dans la *cynometra*, dans le cacaoyer (*theobroma*) et la pirigara (*gustavia*, Lin.), les organes floraux, si délicats, sortent immédiatement de l'écorce à demi carbonisée de la tige. Les enfants qui mangent des fruits du *pirigara speciosa* (chupo) voient tout leur corps jaunir; c'est une jaunisse qui dure vingt-quatre à trente-six heures, et disparaît d'elle-même, sans l'emploi d'aucun remède.

Je n'oublierai jamais l'impression que produisit sur moi la luxuriante végétation tropicale, quand je vis pour la première fois, dans une cacaoyère (*cacahual*) des *valles de Aragua*, après une nuit humide, sortir d'une terre noire de grosses fleurs de *theobroma;* cette terre couvrait la racine à quelque distance de la tige. C'est sous les tropiques que se développe, pour ainsi dire à vue d'œil, la puissance de la vie organique. Les habitants du Nord parlent *du réveil de la nature aux premiers souffles du printemps*. Cette manière de parler contraste avec la complainte poétique du Stagirite, qui reconnaît les végétaux pour des êtres « plongés dans un sommeil calme, permanent, et exempts des désirs qui excitent le mouvement volontaire. » (Arist., *De Generat. Animal.*, v, 1, pag. 778, et *De Somno et Vigil.* cap. 1, pag. 455, ed. Bekker).

(36) Page 33. *S'en coiffent.*

Ce sont les fleurs de notre *aristolochia cordata,* dont j'ai déjà fait mention dans la note 25. Voici les plantes qui, outre les composées (*helianthus annuus* du Mexique), produisent les plus grandes fleurs du monde : *rafflesia Arnoldi, aristolochia, datura, barringtonia, gustavia, carolinea, lecythis, nymphœa, nelumbium, victoria regina, magnolia, cactus,* les orchidées et les liliacées.

(37) Page 33. *De même que d'un pôle à l'autre la voûte céleste ne lui dérobe aucun de ses astres.*

La magnificence du ciel austral, où brillent le Centaure, le navire Argo, la Croix du Sud, et où tournent les nues de Magellan, reste éternellement cachée aux habitants de l'Europe. Ce n'est que sous l'équateur que l'homme jouit du spectacle unique, beau, qui embrasse tout à la fois les astres du ciel austral et du ciel boréal. Quelques-unes de nos constellations boréales, vues de l'équateur, paraissent, à cause de leur abaissemeut, d'une grandeur merveilleuse, presque effrayante; telles sont la Grande et la Petite Ourse. De même qu'il embrasse du regard toutes les étoiles, l'habitant des tropiques se voit entouré de toutes les formes végétales, là où les plaines alternent avec des montagnes élevées et des vallées profondes.

Dans cette esquisse d'une *physiognomique des végétaux* j'ai eu principalement en vue trois objets, liés entre eux, savoir : la *différence absolue des formes* (espèces), leur *rapport numérique*, c'est-à-dire la prédominance locale de tel type comparativement à la somme des flores phanérogames, enfin leur *distribution géographique* et *climatérique*. Pour se faire une idée générale des formes de la vie organique, on ne saurait, à mon avis, traiter isolément la *physiognomique*, l'*arithmétique* (doctrine des rapports numériques) et la *géographie* (doctrine des répartitions zonales dans l'espace) des plantes. La physiognomique des végétaux ne doit pas se borner à signaler des contrastes saisissants, il faut qu'elle se hasarde à formuler les lois qui déterminent en général la *physionomie de la nature*, le *caractère paysager de tout le globe*, et l'impression vive qu'on éprouve, sous des latitudes et à des hauteurs différentes, à l'aspect du contraste offert par les groupes de végétaux. C'est placé à ce point de vue que l'on comprendra l'enchaînement étroit, intime, des matériaux renfermés dans les feuilles qui précèdent. Nous venons d'aborder un champ jusqu'à présent peu exploité. J'ai osé suivre la méthode qui ressort d'une manière si éclatante des œuvres zoologiques d'Aristote, et qui est particulièrement propre à jeter les bases d'une foi scientifique. Tendre sans relâche à généraliser les idées, et pénétrer en même temps dans le détail des phénomènes par la citation de quelques cas particuliers, tel est l'esprit de cette méthode.

L'énumération des types suivant leur différence physionomique ne comporte pas de classification rigoureuse. Ici comme partout dans la contemplation des formes extérieures il y a certains groupes qui frappent le plus les regards : tels sont les graminées en arbre, les aloès, les cactus, les palmiers, les conifères, les mimosées et les bananiers. Les individus même épars de ces groupes déterminent le caractère d'une région, et laissent une impression durable chez l'observateur sensible, quoique ignorant. D'autres types, au contraire, bien que beaucoup plus nombreux, ne sont caractérisés ni par la forme et la disposition des feuilles, ni par le mode de ramification de la tige, ni par la vigueur et la grâce, ni par l'appauvrissement mélancolique des organes appendiculaires.

Si la *classification* des plantes d'après le *facies* des groupes n'est pas applicable à tout le règne végétal, c'est que le principe sur lequel repose la *physiognomique* végétale diffère entièrement de celui qui régit si heureusement notre système par *familles naturelles*, embrassant la totalité des espèces. La physiognomique fonde ses divisions et le choix de ses types sur tout ce qui offre de la masse, comme tronc, branchage, organes appendiculaires (forme, disposition, grandeur des feuilles, nature et éclat du parenchyme), conséquemment sur tout ce qu'on appelle aujourd'hui *organes de végétation* par excellence, organes desquels dépend la *conservation* (nutrition, développement) *de l'individu*. La botanique systématique, au contraire, fonde sa classification par familles naturelles, sur l'examen des *organes de la propagation*, organes desquels dépend la *conservation de l'espèce* (Kunth, *Lehrbuch der Botanik*, 1847, t. I, p. 511; Schleiden, *die Pflanze und ihr Leben*, 1848, p. 100). L'école d'Aristote (*Probl.* 20, 7) enseignait déjà que la production de la semence est le but suprême de l'existence et de la vie des plantes. C'est sur le *développement des organes de la fécondation* que repose, depuis Gasp. Fréd. Wolf (*Theoria Generationis*, § 5-9) et depuis notre grand poëte, le fondement morphologique de toute botanique systématique.

Ainsi, la botanique systématique et la physiognomique végétale partent, pour le répéter, de deux points de vue différents : la première envisage l'organisation florale et la reproduction des tendres organes sexuels, tandis que la dernière s'attache à la configuration du système axillaire (tige et rameaux), et à la forme générale des feuilles, qui est principalement déterminée par la distribution des faisceaux vasculaires. L'axe et les organes appendiculaires, par cela même qu'ils l'emportent par leur volume et leur masse, rendent l'impression que nous en recevons plus marquée et plus vive : ils individualisent, en quelque sorte, la physionomie des types et partant le caractère d'une zone ou d'un paysage. Ici la loi du groupement est fournie par les caractères de la vie végétative, c'est-à-dire des organes de la nutrition. Dans toutes leurs colonies les Européens, séduits par des ressemblances physionomiques (*habitus, facies*), ont donné à certaines plantes tropicales des noms d'arbres de la mère patrie, quoique ces plantes soient très-différentes de leurs homonymes par leurs fleurs et leurs fruits. Dans les deux hémisphères les colons du Nord ont cru partout voir des aunes, des peupliers, des pommiers et des oliviers. Les doux souvenirs du pays natal ont entretenu l'illusion : des noms de plantes européennes se transmettent de génération en génération; et dans les colonies à esclaves cette nomenclature s'enrichit encore de termes empruntés aux idiomes des nègres.

Une chose surprenante, c'est de voir des végétaux présenter la même physionomie avec une organisation toute différente des fleurs et des fruits; c'est ce contraste saisissant entre le système appendiculaire ou foliacé, qui détermine la forme extérieure, et entre les organes sexuels, sur lesquels est fondée la classification par groupes naturels. On devrait croire que la conformation des organes végétatifs (par exemple des feuilles) est moins indépendante de la structure des organes de la reproduction; mais cette dépendance ne se manifeste que dans un petit nombre de familles, telles que les fougères, les graminées, les cypéracées, les palmiers, les conifères, les ombellifères et les aroïdées. Chez les légumineuses, l'accord du caractère physionomique avec leur organisation florale ne se constate guère que dans quelques groupes particuliers (papilionacées, césalpiniées, mimosées). Quant aux plantes qui avec le même aspect extérieur offrent des fleurs et des fruits très-différents, nous citerons comme types les palmiers et les cycadées, ces dernières très-voisines des conifères; la cuscute, qui est une convolvulacée; le *cassytha* aphylle, qui est une laurinée parasite; les *equisetum*, de la division des cryptogames, et les *ephedra*, de la famille des conifères. Les groseilliers (*ribes*) ressemblent tellement par leur organisation florale aux cactus, c'est-à-dire à la famille des opuntiacées, qu'on ne les en a séparés que dans ces derniers temps. Le *dracœna draco*, arbre gigantesque, l'asperge commune et l'*aletris* aux fleurs colorées se trouvent réunis dans une seule et même famille, celle des asphodélées. Souvent on rencontre, non pas seulement dans une même famille, mais dans le même genre, à la fois des plantes à feuilles simples et des plantes à feuilles composées. Dans les plateaux du Pérou et de la Nouvelle-Grenade nous avons vu douze nouvelles espèces de *weinmannia*, dont cinq à feuilles simples et les autres à feuilles pennées. Le genre *aralia* montre encore plus d'instabilité dans la forme des feuilles : on y remarque *folia simplicia, integra, vel lobata, digitata*, et *pinnata*. (Comp. Kunth, *Synopsis Plantarum quas in itinere collegerunt* Al. de Humboldt et Am. Bonpland, t. III, p. 87 et 360.)

Les feuilles pennées paraissent appartenir principalement aux familles qui occupent l'échelle la plus élevée de l'organisation végétale; telles sont les *polypétales* : on en trouve surtout dans les *polypétales perigyniques*, comme les légumineuses, les rosacées, les térébinthacées et les juglandées, ainsi que dans les *polypétales hypogyniques*, comme les aurantiacées, les cédrélacées et les sapindacées. C'est dans la famille des légumineuses que l'on rencontre le plus fréquemment les plus belles feuilles bipennées, qui font un des principaux ornements de la zone torride ; c'est particulièrement dans quelques tribus de cette famille, telles que les mimosées, les césalpiniées, les coultériées et les gléditschiées, mais jamais, comme le remarque Kunth, dans les papilionacées. Les feuilles pennées, et en général les feuilles composées, sont étrangères aux gentianées, aux rubiacées et aux myrtacées. Au milieu de la richesse et des formes variées des organes appendiculaires des dicotylédonées on ne reconnait qu'un petit nombre de lois générales qui président à leur développement morphologique.

SUR LA STRUCTURE

ET

L'ACTIVITÉ DES VOLCANS

DANS LES DIFFÉRENTES RÉGIONS DU GLOBE.

(MÉMOIRE LU DANS LA SÉANCE PUBLIQUE DE L'ACADÉMIE DE BERLIN,

LE 24 JANVIER 1832.)

SUR LA STRUCTURE ET L'ACTIVITÉ DES VOLCANS

DANS LES DIFFÉRENTES RÉGIONS DU GLOBE.

En considérant l'influence que les progrès de la géographie et les voyages scientifiques entrepris dans des régions lointaines ont depuis des siècles exercée sur l'étude de la nature, on ne tarde pas à reconnaître combien cette influence a varié suivant que les recherches portaient sur les formes du monde organique ou sur la masse inerte du globe, sur la connaissance des roches, leur âge relatif et leur origine. Dans chaque zone la terre est animée par des espèces différentes de plantes et d'animaux, soit que la température change selon la latitude géographique et les courbures multipliées des lignes isothermes, soit qu'elle varie dans le sens vertical, sur la pente escarpée des chaînes de montagnes. La nature organique imprime à chaque région son cachet physionomique particulier. Il n'en est pas de même de la nature inorganique dans les points où la croûte terrestre est privée de son tapis végétal. Dans les deux hémisphères, de l'équateur aux pôles, on rencontre les mêmes roches, comme si elles s'attiraient et se repoussaient par groupes. C'est avec une joie mêlée d'étonnement que le navigateur reconnaît souvent, dans une île lointaine, au milieu de plantes étrangères, sous un ciel où brillent d'autres étoiles, le schiste argileux de sa contrée natale : on dirait une vieille connaissance de la patrie.

Cette indépendance des conditions géologiques de tout rapport avec la constitution actuelle des climats ne diminue point l'influence bienfaisante que des observations nombreuses, faites dans des pays étrangers, exercent sur les progrès de l'oryctognosie et la géognosie physique : elle imprime, au contraire, à ces sciences une direction spéciale. Chaque expédition enrichit l'histoire naturelle de nouvelles espèces de plantes et d'animaux. Tantôt ce sont des formes organiques qui se rattachent à des types depuis longtemps connus et qui nous présentent, dans sa perfection primordiale, la trame régulière, souvent interrompue en apparence, des espèces vivantes; tantôt ce sont des productions qui se montrent isolées, comme des débris de races éteintes ou comme des membres inconnus de groupes qui restent encore à découvrir.

Une telle variété d'objets ne s'offre pas certes à l'étude de la croûte terrestre. Celle-ci nous révèle, au contraire, dans ses parties constituantes, dans le gisement et l'alternance des diverses masses rocheuses, une uniformité qui excite l'étonnement du géologue. Dans la chaîne des Andes, comme dans les montagnes centrales de l'Europe, telle formation semble, pour ainsi dire, provoquer telle autre. Des roches de même nom concourent à des configurations semblables : le basalte et la dolérite composent des montagnes jumelles ; la dolomite, le grès compacte et le porphyre, forment des pentes rocailleuses, escarpées ; le trachyte vitreux, riche en feldspath, s'élève en dômes ou en cloches. Dans les zones les plus distantes on voit de gros cristaux se détacher uniformément, comme par un développement intérieur de la masse compacte primitive, s'enchâsser réciproquement, s'agglomérer par couches subjacentes, et annoncer souvent le voisinage d'une formation nouvelle, indépendante. C'est ainsi que tout le monde inorganique se dessine plus ou moins nettement dans chaque montagne d'une étendue considérable. Cependant, pour approfondir les phénomènes si importants de la composition, de l'âge relatif et de la naissance des roches, il faut comparer entre elles les observations faites dans des régions très-différentes. Des problèmes qui ont paru longtemps insolubles aux géologues du Nord trouvent leur solution près de l'équateur. Si, pour le répéter, les zones éloignées ne nous font pas connaître des formations nouvelles, c'est-à-dire des groupements nouveaux de substances simples; elles nous mettront, en revanche, sur la voie de la découverte des grandes lois universelles, d'après lesquelles les couches de la croûte terrestre se superposent, se coupent en filons, ou se soulèvent par des forces élastiques.

En voyant les géologues tirer leur savoir de recherches qui embrassent de vastes étendues de pays, on ne s'étonnera pas que le genre de phénomènes dont je vais ici traiter ait été étudié pendant longtemps d'autant plus imparfaitement, que les points de comparaison étaient plus difficiles, pour ainsi dire plus pénibles à trouver. Jusqu'à la fin du siècle passé tout ce que l'on croyait savoir de la forme des volcans et de l'action de leurs forces souterraines se rapportait à deux montagnes de l'Italie méridionale, au Vésuve et à l'Etna. Le premier, étant plus accessible et ayant, comme tous les volcans bas, des éruptions plus fréquentes, fut le plus souvent exploré; c'est une colline qui a été en quelque sorte le type sur lequel on avait modelé tout un monde lointain, la rangée des puissants volcans du Mexique, de l'Amérique méridionale et des îles de l'Asie.

Cela ne rappelle-t-il pas le berger de Virgile, qui s'imaginait voir dans sa petite cabane le prototype de Rome, la ville éternelle?

Une étude plus attentive de toute la Méditerranée, particulièrement des îles et des côtes orientales, berceau de la civilisation morale de l'humanité, aurait certainement pu remédier à ce défaut de connaissances. Entre les Sporades, des rochers trachytiques ont surgi du fond de la mer, pareils à cette île des Açores, qui, dans un espace de trois siècles, s'est montrée périodiquement, trois fois, à des intervalles presque égaux. Entre Épidaure et Trézène, près de Méthone (Modon), dans le Péloponnèse, se trouve un *monte nuovo*, décrit par Strabon, et réaperçu par Dodwell; il est plus élevé que le Monte-Nuovo des Champs-Phlégréens, près de Baïes, peut-être même plus élevé que le nouveau volcan de Xorullo, dans les plaines du Mexique, que j'ai vu entouré de plusieurs milliers de cônes basaltiques sortis de terre et encore fumants. Dans le bassin même de la Méditerranée le feu volcanique ne s'échappe pas toujours de cratères permanents, tels que le Stromboli, le Vésuve et l'Etna, monts isolés qui ont une communication constante avec l'intérieur du globe. Dans l'île d'Ischia, sur le mont Épomée, et, au rapport des anciens, dans la plaine Lélantique, près de Chalcis, on a vu des laves couler de crevasses soudaines du sol. Outre ces phénomènes, qui appartiennent aux temps historiques, au domaine circonscrit des traditions certaines (Charles Ritter en donnera le recueil et l'explication dans son chef-d'œuvre de géographie), les bords de la Méditerranée renferment encore bien des vestiges de l'action primitive du feu. La France méridionale nous offre, dans l'Auvergne, tout un système particulier de volcans : ce sont des dômes de trachyte, alternant avec des cônes éruptifs, d'où s'épandaient des torrents de lave en coulées étroites. La plaine unie de la Lombardie, qui forme le golfe le plus reculé de l'Adriatique, enclôt le trachyte des collines Euganéennes, où s'élèvent des dômes de trachyte grenu, d'obsidienne et de perlite, trois roches, naissant les unes des autres, qui ont coupé la craie inférieure et le calcaire-nummulite, mais qui n'ont jamais formé des coulées étroites. De semblables indices d'une ancienne révolution du globe se trouvent sur beaucoup de points du continent de la Grèce et dans l'Asie Mineure, pays qui seront pour le géologue une riche mine d'observations, quand la lumière sera retournée dans le foyer d'où elle a commencé à rayonner sur l'Occident, quand l'humanité tourmentée ne gémira plus sous le joug barbare des Osmanlis.

Que l'on songe à la proximité géographique de ces phénomènes si multipliés, pour se convaincre que le bassin méditerranéen avec ses rangées d'îles aurait pu offrir à l'observateur attentif tout ce que l'on a découvert récemment, sous des formes diverses, dans l'Amérique méridionale, à Ténériffe et dans les Aleutes, îles voisines de la région polaire. Les sujets d'observation étaient sans doute condensés dans un petit espace ; mais il fallait voyager dans des zones lointaines, comparer entre elles de vastes régions en Europe et hors d'Europe, pour faire ressortir les rapports généraux des phénomènes volcaniques et leur dépendance réciproque.

Dans le langage vulgaire, qui tantôt perpétue des erreurs et leur donne de l'autorité, tantôt énonce la vérité comme par instinct, on nomme *volcaniques* toutes les éruptions de feu souterrain et de matières fondues ; les colonnes de fumée et de vapeur qui s'élèvent çà et là du sein des rochers, comme à Colarès, après le grand tremblement de terre de Lisbonne ; les salses ou cônes argileux vomissant de la boue détrempée, de l'asphalte et de l'hydrogène, comme à Girgenti, en Sicile, et à Turbaco, dans l'Amérique méridionale ; les sources chaudes du Geiser, qui jaillissent sous la pression de vapeurs élastiques ; enfin tous les effets des forces naturelles indomptées, qui résident profondément dans l'intérieur de notre planète. Dans l'Amérique moyenne (Guatimala) et dans les îles Philippines, les indigènes mêmes font une distinction entre les volcans d'eau et les volcans de feu, *volcanes de aqua y de fuego*. Par volcans d'eau ils désignent les montagnes qui, au milieu de violentes secousses et d'un sourd fracas, vomissent de temps à autre des eaux souterraines.

Sans nier la connexité de ces phénomènes, on serait cependant bien avisé de donner à la partie physique et oryctognostique de la géologie une nomenclature plus précise et de ne pas appeler *volcan* tantôt une montagne terminée par une bouche ignivome permanente, tantôt chaque cause souterraine d'effets volcaniques. Dans l'état actuel du globe, la forme la plus ordinaire des volcans, dans toutes les parties du monde, est celle d'une montagne conique isolée (Vésuve, Etna, pic de Ténériffe, Tunguragua et Cotopaxi). J'en ai vu de toutes dimensions, depuis la colline la plus basse jusqu'à dix-huit mille pieds au-dessus du niveau de la mer. Mais à côté de ces montagnes coniques on rencontre aussi des cratères toujours béants, en communication permanente avec l'intérieur de la terre, sur de longs cols découpés, non pas toujours au milieu de leur sommet saillant, mais à leur extrémité, du côté de la pente. Tel est le Pichincha, qui s'élève entre l'océan Pacifique et la ville de Quito, et que les premières formules barométriques de Bouguer ont rendu célèbre; tels sont encore les volcans qui s'élèvent dans la steppe de los Pastos, haute de dix mille pieds. Toutes ces cimes, de formes diverses, se composent de trachyte, nommé autrefois *porphyre trappéen*, roche grenue, irrégulièrement poreuse, formée de feldspath (labrador, oligoclase, albite), d'augite, de hornblende, quelquefois de parcelles de mica et même de quartz. Là où les indices ou, pour mieux dire, l'antique échafaudage de l'éruption primordiale se sont conservés intégralement, le cône isolé est environné comme d'un manteau de rochers énormes, superposés par étages. Ces enceintes annulaires s'appellent *cratères de soulèvement*. C'est un grand et important phénomène, sur lequel le premier géologue de notre époque, Léopold de Buch, aux travaux duquel j'emprunte ici plusieurs points de vue, a présenté, il y a cinq ans, à l'Académie de Berlin une dissertation mémorable.

Les volcans communiquant avec l'atmosphère par des bouches ignivomes, les cônes basaltiques et les dômes de trachyte dépourvus de cratère, tantôt bas, comme le Sarcouy, tantôt élevés, comme le Chimborazo, forment des groupes divers. La géographie comparée nous montre ici de petits archipels, en quelque sorte des systèmes complets de montagnes avec leurs cratères et leurs courants de lave, comme les îles Canaries et les Açores, ou sans cratères ni courants de lave, comme les collines Euganéennes et le Siebengebirge, près de Bonn; ailleurs elle nous fait connaître des volcans disposés par rangées simples ou doubles, se prolongeant à plusieurs centaines de milles, soit parallèlement à la direction principale de la chaîne de montagnes, comme au Guatimala, dans le Pérou et à Java, soit en coupant perpendiculairement l'axe de cette chaîne, comme dans le Mexique tropical. Dans le pays des Aztèques les montagnes trachytiques ignivomes atteignent seules à la limite des neiges éternelles; parallèles à un cercle de latitude, elles ont probablement surgi d'une crevasse qui, dans une étendue de cent cinq milles géographiques, coupe tout le continent depuis la mer du Sud jusqu'à l'océan Atlantique.

Cette agglomération de volcans, tantôt par groupes arrondis, isolés, tantôt par rangées doubles, prouve de la manière la plus décisive que les effets volcaniques ne dépendent pas de petites causes, voisines de la surface du sol, mais qu'ils se rattachent à de grands phénomènes, dont l'origine est plus profonde. Toute la partie orientale, si pauvre en métaux, du continent Américain, est, dans son état actuel, sans volcans, sans formations trachytiques, peut-être même sans basalte avec olivine. Tous les volcans d'Amérique se trouvent accumulés dans la partie occidentale qui regarde l'Asie, dans la chaîne des Andes, qui, dans le sens de la ligne méridienne, a dix-huit cents milles géographiques de longueur.

Tout le plateau de Quito, couronné par le Pichincha, le Cotopaxi et le Tunguragua, n'est qu'un foyer volcanique. Le feu souterrain se dégage tantôt par l'un, tantôt par l'autre de ces cimes que l'on s'est habitué à regarder comme des volcans séparés. La marche progressive du feu se dirige depuis trois siècles du nord au sud. Les tremblements de terre même, fléau si redoutable pour cette partie du monde, fournissent des preuves remarquables de l'existence de communications souterraines, non-seulement (ce que l'on sait depuis longtemps) avec des contrées dépourvues de volcans, mais encore avec des bouches ignivomes, très-distantes entre elles. C'est ainsi qu'en 1797 le volcan de Pasto, à l'est de la rivière Guaytara, vomit pendant trois mois une haute colonne de fumée. Cette colonne disparut à l'instant où, à soixante milles de là, le grand tremblement de terre de Riobamba et l'éruption boueuse du Moya firent périr de trente à quarante mille Indiens.

Le 30 janvier 1811 l'apparition subite de l'île Sabrina, l'une des Açores, fut le prélude des secousses terribles qui bien loin de là, à l'ouest, ébranlèrent presque continuellement, depuis le mois de mai 1811 jusqu'en juin 1813, d'abord les Antilles, puis les plaines de l'Ohio et du Mississipi, enfin les côtes de Vénézuéla et de Caracas, situées à l'opposite de ces plaines. La destruction complète de la belle capitale de Caracas fut, trente jours après, suivie de l'éruption du volcan de Saint-Vincent dans les Antilles voisines. L'éruption de ce volcan, qui avait été si longtemps en repos, fut accompagnée d'un phénomène remarquable. Au même moment où l'explosion eut lieu, le 30 avril 1811, on entendit dans l'Amérique méridionale un bruit souterrain, qui répandit l'effroi dans un rayon de deux mille deux cents milles géographiques carrés. Les habitants des rives de l'Apure à sa jonction avec le rio Nula, ainsi que les habitants des côtes de Vénézuéla les plus lointaines, comparaient ce bruit à une décharge de grosse artillerie. Or, depuis le confluent du rio Nula et de l'Apure, par lequel j'ai passé dans l'Orénoque, on compte en ligne directe, jusqu'au volcan de Saint-Vincent, cent cinquante-sept milles géographiques. Ce bruit ne s'était certainement pas propagé par l'air : il devait avoir pris naissance dans le sein même de la terre. Il n'était guère plus intense sur les bords de la mer des Antilles, dans le voisinage du volcan en éruption, que dans l'intérieur du pays, dans le bassin de l'Apure et de l'Orénoque.

Il serait oiseux de citer ici tous les exemples que j'ai recueillis à cet égard ; mais, pour rappeler un phénomène qui fut pour l'Europe d'une importance historique, je me bornerai à mentionner encore le fameux tremblement de terre de Lisbonne. Il arriva le 1er novembre 1755. Au même moment les lacs de la Suisse et la mer qui baigne les côtes de la Suède furent violemment agités ; on en ressentit les effets même dans les Antilles orientales : autour de la Martinique, d'Antigua et de Barbados, où la marée ne dépasse jamais vingt-huit pouces, elle monta brusquement à vingt pieds. — Tous ces phénomènes prouvent que les forces souterraines se manifestent, soit dynamiquement par les tremblements de terre, soit chimiquement par les volcans. Ils prouvent aussi que ces forces n'agissent pas superficiellement, dans la mince écorce terrestre, mais profondément, dans l'intérieur de notre planète, d'où elles se font sentir, à travers des fissures et des galeries ouvertes, jusqu'aux points les plus distants de la surface du globe.

Plus la structure des volcans, c'est-à-dire des bordures du canal par lequel les masses fondues de l'intérieur arrivent à la surface de la terre, est diversifiée, plus il importe de l'approfondir par des mensurations exactes. L'intérêt de ces mensurations, qui dans une autre partie du monde furent un objet spécial de mes recherches, s'accroît par la considération que les points à mesurer varient pour la plupart de grandeur. C'est l'œuvre de la science philosophique de la nature de rattacher, dans la vicissitude des phénomènes, le présent au passé.

Pour parvenir à déterminer un retour périodique ou les lois générales de changements naturels successifs, il faut avoir quelques points fixes, des observations soigneusement faites, qui, ayant des dates certaines, puissent servir de termes de comparaison. Si l'on avait pu, seulement de mille en mille ans, déterminer la température moyenne de l'atmosphère et du sol sous différentes latitudes, ou la hauteur moyenne du baromètre au niveau de la mer, nous saurions dans quel rapport les climats ont diminué ou augmenté de chaleur, ou si la hauteur de l'atmosphère a subi des changements. Il faudrait de ces mêmes points de comparaison pour l'inclinaison et la déclinaison de l'aiguille aimantée, ainsi que pour l'intensité des forces électro-magnétiques, sur lesquelles, au sein de cette académie, deux physiciens distingués, Seebeck et Erman, ont répandu tant de lumière. Si c'est une tâche glorieuse pour les sociétés savantes de scruter avec persévérance les variations cosmiques de la chaleur, de la pression atmosphérique, de la direction et de la tension magnétique, il est du devoir du géologue voyageur, en déterminant les inégalités de la surface terrestre, de porter principalement son attention sur la hauteur, si variable, des volcans. Ce que j'ai fait jadis, dans les montagnes du Mexique, pour le volcan de Toluca, le Popocatepetl, le *Cofre de Perote* ou Nauhcampatepetl et le Xorullo, ce que j'ai essayé, dans la chaîne des Andes, pour le Pichincha, j'ai eu, depuis mon retour en Europe, à différentes reprises, occasion de le répéter pour le Vésuve. Lorsqu'on manque d'observations trigonométriques ou barométriques complètes, on peut y suppléer par des angles de hauteur exactes, pris sur des points rigoureusement déterminés. La comparaison de ces angles de hauteur, mesurés à différentes époques, est souvent même préférable à des opérations plus détaillées, mais plus complexes.

Saussure avait mesuré le Vésuve, en 1773, à une époque où les deux bords du cratère, celui du nord-ouest et celui du sud-est, lui parurent d'égale hauteur. Il les trouva à six cent neuf toises ou trois mille six cent cinquante-quatre pieds au-dessus du niveau de la mer. L'éruption de 1794 occasionna un éboulement au sud, une inégalité dans les bords du cratère, que l'œil même le moins exercé distingue à une grande distance. Léopold de Buch, Gay-Lussac et moi, nous mesurâmes, en 1805, trois fois le Vésuve; et nous trouvâmes le bord septentrional, la *Rocca-del-Palo,* qui est vis-à-vis de la Somma, exactement à la hauteur déterminée par Saussure, tandis que le bord méridional était de soixante-quinze toises (450 pieds) moins élevé qu'en 1773. Toute la hauteur du volcan avait alors diminué d'un huitième du côté de Torre-del-Greco, c'est-à-dire là où depuis trente ans le feu avait pour ainsi dire agi de préférence. Le cône de cendres est à l'élévation totale de la montagne, pour le Vésuve, comme 1 : 3; pour le Pichincha, comme 1 : 10, et pour le pic de Ténériffe, comme 1 : 22. De ces trois montagnes ignivomes, le Vésuve a donc proportionnellement le cône de cendres le plus élevé, probablement parce que, comme volcan bas, il a eu son action principalement concentrée dans le sommet.

Il y a quelques mois (ceci fut écrit en 1822) je réussis, non-seulement à répéter sur le Vésuve mes anciennes déterminations barométriques, mais encore, dans trois ascensions différentes, à mesurer d'une manière plus complète tous les bords du cratère (1). Ce travail pourrait être de quelque intérêt, parce qu'il embrasse la période des grandes éruptions de 1805 à 1822, et parce qu'il offre peut-être la seule mesure comparable dans toutes ses parties qu'on ait jusqu'à présent publiée d'un volcan. Il en résulte que les bords du cratère sont non-seulement là où ils se composent visiblement de trachyte (comme au pic de Ténériffe et dans les volcans des Andes), mais partout beaucoup moins altérables qu'on ne l'avait cru jusqu'ici, d'après des observations passagèrement établies. Selon mes dernières déterminations, le bord nord-ouest du Vésuve n'a peut-être pas changé du tout depuis Saussure, c'est-à-dire depuis quarante-neuf ans, et le bord sud-est, qui du côté de *Bosche-Tre-Case* était en 1794 de quatre cents pieds moins élevé, s'est à peine abaissé de dix toises (60 pieds).

Si on lit dans les feuilles publiques, rendant compte des grandes éruptions, que le Vésuve a complétement changé de forme, et si l'on croit ces récits confirmés par les vues pittoresques du volcan dessinées à Naples, c'est une erreur qui tient à ce que l'on confond le contour des bords du cratère avec les contours des cônes d'éruption qui se forment accidentellement, au milieu du cratère, sur le sol de la bouche ignivome, soulevé par des vapeurs. Un de ces cônes d'éruption, monceau de *rapilli* et de scories, devint en 1816 et 1818 peu à peu visible au-dessus du bord sud-est du cratère. Par l'éruption du mois de février 1822 il avait augmenté au point de dépasser de cent à cent dix pieds le bord nord-ouest du cratère (*Rocca-del-Palo*). Or, ce cône remarquable, que l'on avait coutume de regarder à Naples comme le véritable sommet du Vésuve, s'écroula dans la nuit du 22 octobre, avec un horrible fracas, et le sol du cratère, qui depuis 1811 avait toujours été inaccessible, est actuellement de sept cent cinquante pieds plus bas que le bord septentrional du volcan, qui est lui-même de deux cents pieds plus bas que le bord méridional. La forme variable et la position relative des cônes d'éruption, qu'il faut bien se garder de confondre, comme on le fait si souvent, avec le cratère du volcan, donna au Vésuve, à des époques différentes, une physionomie particulière; l'historiographe de ce volcan pourrait, d'après le contour de la cime, et à la simple inspection des tableaux du paysagiste Hackert, conservés dans le palais de Portici, deviner l'année où l'artiste a esquissé sa peinture, suivant que le côté septentrional ou méridional de la montagne est figuré plus ou moins haut.

Le lendemain de l'écroulement du cône de scories, haut de quatre cents pieds, après que les petits mais nombreux torrents de lave avaient déjà cessé de couler, dans la nuit du 23 au 24 octobre, commença l'éruption ignée des cendres et des *rapilli*. Elle dura douze jours sans interruption; les quatre premiers jours elle avait atteint son maximum. Pendant ce temps les détonnations dans l'intérieur du volcan furent si violentes, que le simple ébranlement de l'air (on n'avait senti aucune secousse du sol) fit éclater les plafonds des appartement du palais de Portici. Les villages voisins, Resina, Torre-del-Greco, Torre-dell'-Annunziata et Bosco-Tre-Case, furent témoins d'un spectacle curieux: l'atmosphère était tellement remplie de cendres, que toute la contrée se trouva en plein jour, durant plusieurs heures, enveloppée des plus profondes ténèbres. On circulait dans les rues avec des lanternes, comme cela arrive si souvent à Quito, lors des éruptions du Pichincha. Il y eut parmi les habitants un sauve-qui-peut comme on n'en avait jamais vu. On redoute moins les torrents de lave qu'une éruption de cendres; cette éruption violente, insolite, jointe à une vague tradition du sort d'Herculanum, de Pompéi et de Stabies, épouvante l'imagination des hommes.

La vapeur d'eau chaude qui s'élevait du cratère se condensait, au contact de l'atmosphère froide, en un nuage épais, enveloppant la colonne de feu et de cendres, haute de neuf mille pieds. Cette condensation si brusque de la vapeur et la formation même du nuage augmentaient, comme l'a montré Gay-Lussac, la tension électrique. Des éclairs sillonnaient en tous sens la colonne de cendres, et on entendait distinctement le roulement du tonnerre, sans le confondre avec le fracas intérieur du volcan. Dans aucune autre éruption l'électricité ne s'était manifestée d'une manière aussi frappante.

Le matin du 26 octobre une rumeur étrange se répandit : c'est qu'un torrent d'eau bouillante s'élançait du cratère et se précipitait le long du cône de cendres. Cependant Monticelli, le savant et zélé observateur du volcan, reconnut bientôt que cette rumeur était le résultat d'une illusion optique.

Le prétendu torrent n'était qu'une immense quantité de cendre sèche, qui sortait comme du sable mobile d'une fente du bord supérieur du cratère. L'éruption du Vésuve fut précédée d'une sécheresse qui désola les champs; elle se termina par *l'orage volcanique* mentionné, suivi d'une pluie battante, de longue durée. C'est là ce qui sous toutes les zones caractérise la fin d'une éruption. Comme pendant l'éruption le cône de cendres est enveloppé de nuages, et que dans son voisinage les ondées sont les plus fortes, on voit des flots de limon couler de toutes parts. Le campagnard, effrayé, les prend pour de l'eau qui, projetée de l'intérieur du volcan, s'écoulerait par le cratère. Le géologue, illusionné, croit y reconnaître de l'eau de mer ou des produits d'*éruptions boueuses*, ou, suivant le langage d'anciens théoriciens français, des produits d'une liquéfaction igno-aqueuse.

Les volcans dont le sommet plonge (comme cela arrive généralement dans la chaîne des Andes) dans la région des neiges, ou atteint à une hauteur double de celle de l'Etna, causent des inondations fréquentes et désastreuses par la fonte des neiges. Ces phénomènes se lient, il est vrai, météorologiquement aux éruptions des volcans, et varient suivant la hauteur des montagnes, suivant la circonférence de leurs cimes neigeuses et l'échauffement des parois du cône de cendres; mais ce n'est point là ce qu'on pourrait appeler de véritables phénomènes volcaniques. Dans de larges excavations, tantôt sur la pente, tantôt au pied des volcans, naissent des lacs souterrains qui ont divers points de communication avec les torrents alpestres. Par l'effet des secousses de terre qui dans la chaîne des Andes précèdent toute éruption ignée, et ébranlent puissamment toute la masse du volcan, les cavernes souterraines s'ouvrent et rejettent tout d'un coup de l'eau, des poissons et du limon tufacé. C'est ainsi qu'on voit apparaître le *pimelodes cyclopum*, poisson singulier, que les habitants du plateau de Quito nomment *preñadilla*, et que j'ai décrit peu de temps après mon retour. Quand s'écroula, dans la nuit du 19 au 20 juin 1698, au nord du Chimborazo, la cime du Carguairazo, montagne de dix-huit mille pieds de haut, toute la campagne de près de deux milles carrés à la ronde se couvrit de vase et de poissons. C'est à une semblable éruption piscivome du volcan Imbaburu, arrivée sept ans auparavant, que l'on attribua les fièvres putrides qui désolèrent la ville d'Ibarra.

Je mentionne ces faits, parce qu'ils jettent quelque lumière sur la différence qui existe entre l'éruption de cendres sèches et celle d'alluvions de tuf et de trass limoneux enveloppant du bois, du charbon et des coquilles. Les feuilles publiques ont singulièrement exagéré la quantité de cendres récemment rejetée par le Vésuve, ainsi que tout ce qui touche les volcans et d'autres grands phénomènes de la nature propres à répandre la terreur. Deux chimistes napolitains, Vicenzo Pepe et Giuseppe di Nobili, ont même signalé, malgré les assertions contraires de Monticelli et de Covelli, des traces d'or et d'argent dans les cendres volcaniques. D'après mes recherches, la couche de cendres tombée dans l'espace de douze jours, du côté de Bosco-Tre-Case, n'avait que trois pieds d'épaisseur sur la pente du cône, là où elle était mêlée de *rapilli*, tandis que dans la plaine elle avait tout au plus quinze à dix-huit pouces. Les observations de ce genre ne doivent pas se faire dans les endroits où les cendres, charriées par le vent, sont entassées comme de la neige ou du sable, ou broyées avec de l'eau en une masse pâteuse. Ils ne sont plus ces temps où, tout à fait dans l'esprit des anciens, on ne cherchait dans les phénomènes volcaniques que le merveilleux, et où, comme Ctésias, on faisait voler les cendres de l'Etna jusqu'à la presqu'île de l'Inde. Sans doute, les filons d'or et d'argent du Mexique se trouvent en partie engagés dans du porphyre trachytique; mais la cendre du Vésuve que j'ai rapportée avec moi, et qu'un excellent chimiste, Henri Rose, a bien voulu analyser, ne renferme aucune trace d'or ni d'argent.

Bien que les résultats que j'expose ici, et qui sont

conformes aux observations exactes de Monticelli, soient loin de s'accorder avec ceux que l'on a publiés dans ces derniers mois, l'éruption de cendres du Vésuve du 24 au 28 octobre 1822 n'en est pas moins et la mieux étudiée et la plus mémorable après celle qui causa la mort de Pline l'Ancien. La quantité de cendres rejetée alors a été peut-être triple de celle que l'on a vue tomber depuis le temps où l'on observe attentivement en Italie les phénomènes volcaniques. Une couche de quinze à dix-huit pouces d'épaisseur paraît de prime abord insignifiante comparativement à la masse qui recouvre Pompéi. Mais, abstraction faite des pluies et des alluvions, qui peuvent depuis des siècles avoir augmenté cette masse, et sans ranimer la discussion que des sceptiques avaient soulevée, au delà des Alpes, sur les causes de destruction fort contestées des villes de la Campanie, je me permettrai de rappeler ici que les éruptions d'un volcan à des époques très-éloignées les unes des autres ne sauraient être comparées entre elles relativement à leur intensité. Toutes les déductions fondées sur des analogies sont insuffisantes, quand on les rattache à des rapports de quantité, à la masse de la lave et des cendres, à la hauteur des colonnes de fumée, et à la violence des détonnations.

La description topographique du Vésuve par Strabon et l'opinion de Vitruve sur l'origine volcanique de la pierre-ponce montrent que jusqu'à l'année de la mort de Vespasien, c'est-à-dire jusqu'à l'éruption qui ensevelit Pompéi, ce mont ignivome ressemblait à un volcan éteint plutôt qu'à une solfatare. Quand, après un long repos, les forces souterraines s'ouvrirent des voies nouvelles, en rompant les couches de roches primitives et de trachyte, il dut se manifester des effets qui ne pouvaient servir de terme de comparaison à ce qui eut lieu plus tard. L'épître si connue dans laquelle Pline le jeune informe Tacite de la mort de son oncle montre clairement que le volcan annonça, pour ainsi dire, son réveil par une éruption de cendres. La même chose fut observée en septembre 1759, lorsque le nouveau volcan de Xorullo saillit soudain dans la plaine, à travers des masses de syénite et de trachyte. Les habitants de la campagne s'enfuirent, en voyant sur leurs chapeaux des cendres que vomissait la terre partout entre-ouverte. Dans les éruptions périodiques ordinaires des volcans la pluie de cendres clot toujours la scène. Du reste, il résulte clairement d'un passage de l'épître de Pline le jeune que, à part tout entassement alluvionnaire, la cendre sèche formait, tout aussitôt après sa chute, une couche de quatre à cinq pieds d'épaisseur. « La cour, continue l'auteur, par laquelle on entrait dans la chambre où Pline faisait la sieste, était si remplie de cendres et de pierres ponces, que s'il avait dormi plus longtemps, il aurait trouvé l'issue bouchée. » Les vents, charriant des cendres, n'ont guère dû faire sentir leur action dans l'enceinte d'une cour.

J'ai interrompu mon aperçu comparatif des volcans par des observations particulières faites sur le Vésuve, tant à cause du grand intérêt qu'a excité la dernière éruption, qu'à cause du souvenir classique d'Herculanum et de Pompéi, qu'évoque naturellement chaque pluie de cendres. Dans un supplément, qui n'est pas destiné à être lu devant cette assemblée, j'ai réuni tous les éléments des mesures barométriques que j'ai eu l'occasion de faire, vers la fin de l'année 1822, au Vésuve et dans les champs Phlégréens.

Nous venons de considérer la forme et les effets des volcans qui par un cratère communiquent d'une manière permanente avec l'intérieur de la terre. Ces volcans ont leurs cimes formées de masses soulevées de trachyte et de lave, diversement entrecoupées de galeries. La permanence de leur action fait supposer une structure très-compliquée. Ils ont, pour ainsi dire, un caractère particulier, qui reste le même pendant de longues périodes. Des montagnes de ce genre, bien rapprochées les unes des autres, donnent souvent des produits tout différents : des laves de leucite et de feldspath, de l'obsidienne avec de la pierre ponce et des masses basaltiques contenant de l'olivine. Ces volcans sont d'origine récente; ils coupent, pour la plupart, toutes les couches des montagnes de transition; leurs éruptions et leurs coulées de lave sont moins anciennes que nos vallées. Leur vie, pour employer ce mot, dépend du mode et de la durée de leur communication avec l'intérieur du globe. Souvent ils se reposent pendant des siècles, se rallument soudain, et finissent par n'être que des solfatares rejetant des vapeurs d'eau, des gaz et des acides. Mais quelquefois, comme le pic de Ténériffe, leur cime n'est plus déjà qu'une mine de soufre natif, tandis que des flancs de la montagne il s'échappe encore de puissants torrents de lave, basaltiformes inférieurement, et obsidianoïdes, mêlés de pierre ponce, supérieurement, là où la pression est moindre (2).

Indépendamment de ces volcans à cratères permanents, il existe des phénomènes volcaniques qu'on observe, il est vrai, plus rarement, mais qui rappellent d'une manière singulièrement instructive pour les géologues les révolutions primitives du globe. Ce sont des montagnes de trachyte, qui s'entrouvrent tout à coup, vomissent de la lave et des cendres, puis se referment peut-être à jamais. Nous citerons comme exemple le colossal Antisana, dans la chaîne des Andes, et le mont Épomée, de l'île d'Ischia, en 1302. Quelquefois ces sortes d'éruptions se manifestent même dans des plaines. C'est ce qui est arrivé dans le plateau de Quito, dans l'Islande, loin de l'Hécla et dans les champs Lélantiques de l'Eubée. Beaucoup de soulèvements d'îles rentrent dans la catégorie de ces phénomènes passagers. Dans ces cas il n'y a pas de communication permanente avec l'intérieur du globe : l'action cesse dès que l'ouverture ou le canal de communication se rebouche. C'est ainsi probablement qu'on s'explique ces filons de basalte, de dolérite et de porphyre qui dans différentes zones coupent presque toutes les formations, et ces masses de syénite, de porphyre augitique et de roche amygdaloïde qui caractérisent les couches les plus récentes des montagnes de transition et la couche la plus ancienne des montagnes secondaires. Dans le premier âge de notre planète les matières de l'intérieur, encore liquides, s'écoulaient partout à travers les crevasses de l'écorce terrestre : elles se solidifiaient tantôt en roches grenues, tantôt en dépôts stratifiés. Ce que le monde primitif nous a transmis de roches dites volcaniques n'a point coulé en bandes étroites comme les laves sorties des cônes de nos volcans. Les mélanges d'augite, de fer titané, de feldspath et de hornblende peuvent, à des époques différentes, avoir été les mêmes, plus ou moins rapprochés du basalte et du trachyte; les éléments chimiques ont pu, comme le démontrent les travaux importants de Mitcherlich et l'analogie des productions ignées artificielles, se grouper dans des proportions définies, de manière à former des cristaux. Toujours est-il que des substances composées de la même manière sont arrivées à la surface du sol par des voies très-différentes, soit par soulèvement, soit à travers des crevasses, et que, coupant les couches plus anciennes, c'est-à-dire l'écorce terrestre plus anciennement oxydée, elles se sont enfin épandues, comme une lave, par les cônes à cratère permanent. La confusion de phénomènes si différents a jeté sur la géologie des volcans quelque obscurité, qu'un grand nombre de recherches comparatives ne tardera pas cepedant à dissiper.

On a souvent agité la question de savoir ce qui brûle dans les volcans, et ce qui cause cette chaleur qui fait fondre ensemble les terres et les métaux. Voici ce que la chimie moderne a essayé de répondre : ce qui brûle, ce sont les terres, les métaux, les alcalis mêmes, et les métalloïdes de ces substances. L'écorce terrestre solide, déjà oxydée, forme la ligne de séparation entre l'océan aérien, riche en oxygène, et entre les matières combustibles non oxydées de l'intérieur de notre planète. C'est le contact de ces métalloïdes avec l'oxygène de l'air, qui détermine le dégagement de chaleur. Le célèbre et ingénieux chimiste qui a émis cette explication des phénomènes volcaniques ne tarda pas à l'abandonner. Les observations qu'on a faites, sous toutes les zones, dans les mines et les cavernes, et que j'ai, de concert avec Arago, réunies dans un mémoire spécial, prouvent que, même à une petite profondeur, la chaleur du globe est, dans un même lieu, beaucoup plus élevée que la température moyenne de l'atmosphère. Ce fait si remarquable et si généralement confirmé est en rapport avec ce que les phénomènes volcaniques nous apprennent. On a calculé la profondeur à laquelle on pourrait regarder la terre comme une masse fondue. La cause primordiale de cette chaleur souterraine réside à la fois, comme pour toutes les planètes, dans la formation même de la masse condensée qui se détacha d'un fluide nébuleux, cosmique, et dans le refroidissement des couches terrestres de différentes épaisseurs par voie de rayonnement. Tous les phénomènes volcaniques sont probablement le résultat d'une communication, passagère ou constante, entre l'intérieur et l'extérieur de notre planète. Des vapeurs élastiques chassent, par des fissures profondes, les matières fondues, qui s'oxydent. Les volcans sont donc, pour ainsi dire, les sources intermittentes du globe; les mélanges liquides de métaux, d'alcalis et de terres s'écoulent doucement, tranquillement, lorsque une fois soulevés ils trouvent quelque issue. C'est ainsi que, d'après le Phédon de Platon, les anciens se représentaient tous les torrents de feu volcanique comme des effluves du Périphlégéthon.

Qu'il me soit permis d'ajouter à ces considérations une autre, plus hardie encore. N'est-ce pas aussi dans cette chaleur intérieure du globe (qu'indiquent les observations sur les volcans et les recherches thermométriques sur les puits creusés à différentes profondeurs (3),) que réside la cause d'un des phénomènes les plus merveilleux que nous offre la connaissance des fossiles? Des espèces d'animaux tropicales, des fougères arborescentes, des palmiers et des bambous gisent ensevelis sous les glaces du nord. Partout le monde primitif nous montre une distribution d'êtres organiques en contradiction avec la nature actuelle des climats. Pour résoudre un problème si important on a eu recours à plusieurs hypothèses, telles que le voisinage d'une comète, un changement dans l'obliquité de l'écliptique, un accroissement d'intensité de la lumière solaire. Aucune de ces hypothèses n'a pu satisfaire en même temps l'astronome, le physicien et le géologue. Quant à moi, je n'aime à rien changer à l'axe de la terre et à la lumière du disque solaire, dont les taches ont servi à un astronome célèbre à expliquer l'abondance et la disette; mais je crois reconnaître que chaque planète, indépendamment de sa position astronomique et de ses rapports avec un corps central, porte en elle-même diverses causes calorifiques, telles que oxydations, précipitations, changement chimique dans la capacité des corps, augmentation de la tension électro-magnétique, communication entre les parties extérieures et intérieures du globe.

Dans le monde primitif, quand le globe dégageait de la chaleur par de profondes crevasses, on aura pu, durant des siècles peut-être, voir des palmiers, des fougères en arbre, enfin tous les animaux de la zone torride prospérer là où règne maintenant un froid éternel. D'après cette théorie, que j'ai déjà indiquée dans un ouvrage publié sous le titre : *Essai géologique sur le gisement des roches dans les deux hémisphères*, la température des volcans est la même que celle de l'intérieur du globe, et la même cause qui produit aujourd'hui de si effroyables dévastations, aura pu jadis, à la surface terrestre fraîchement oxydée et dans les couches de roches profondément crevassées, faire naître, sous chaque zone, la végétation la plus luxuriante.

A ceux qui, pour expliquer la présence des fossiles de formes tropicales dans des régions fort éloignées des tropiques, voudraient admettre que des animaux à longs poils, semblables aux éléphants, aujourd'hui ensevelis sous des glaçons, appartenaient originairement aux climats septentrionaux, et que des espèces d'un même type, comme les lions et les lynx, pouvaient vivre simultanément dans des climats très-différents, à ceux-là nous répondrons que ce mode d'explication ne saurait pourtant guère s'appliquer aux espèces végétales. Par des causes que développe la physiologie des plantes, les palmiers, les bananiers et les monocotylédonées arborescentes ne peuvent supporter la privation de leurs organes appendiculaires par le froid du Nord; et dans le problème géologique que nous agitons ici il me paraît difficile de séparer les espèces végétales des espèces animales. La même explication doit embrasser les deux règnes.

En terminant ce mémoire, j'ai ajouté aux faits recueillis dans les régions les plus distantes des idées purement hypothétiques. L'étude philosophique de la nature franchit les limites d'une simple description des phénomènes naturels : elle ne consiste pas dans une accumulation stérile de faits isolés. Qu'il soit permis à l'esprit de l'homme curieux, inquiet, de se transporter quelquefois du présent dans les ténèbres du passé, de deviner ce qui n'est pas encore clair, et de se complaire dans les anciennes fables géologiques, renouvelées sous des formes diverses.

ÉCLAIRCISSEMENTS ET ADDITIONS.

(1) Page 236. *Mesurer d'une manière plus complète les bords du cratère du Vésuve.*

Oltmanns, mon collaborateur en astronomie, enlevé à la science par une mort prématurée, a calculé de nouveau mes observations barométriques, faites les 22 et 25 novembre et le 1er décembre 1822, et il en a comparé les résultats avec ceux qui m'ont été communiqués en manuscrits par lord Minto, Visconti, Monticelli, Brioschi et Poulett Scrope.

A. *Rocca del Palo*, bord le plus élevé, septentrional, du cratère du Vésuve :

	toises
Saussure, en 1773; mesure barométrique, calculée probablement d'après la formule de Deluc.	609
Poli, 1794; mesure barométrique.	606
Breislak, 1794; mesure barométrique (comme pour celle de Poli, on ignore d'après quelle formule)	613
Gay-Lussac, Leop. de Buch, Humboldt, 1805; barométriquement, selon la formule de Laplace, comme pour tous les résultats suivants.	603

	toises.
Brioschi, 1810; trigonométriquement.	638
Visconti, 1816; trigonométriquement.	622
Lord Minto, 1822; trigonométriquement, à plusieurs reprises.	621
Poulett Scrope, 1822; résultat un peu incertain, à cause du rapport inconnu entre les diamètres du tube et du réservoir.	604
Monticelli, Covelli, } 1822.	624
Humboldt, 1822.	629

Résultat final le plus probable : 317 toises au-dessus de l'ermitage, ou 625 toises au-dessus du niveau de la mer.

B. *Bord sud-est, le plus bas du cratère,* vis-à-vis de Bosco-Tre-Case.

Après l'éruption de 1794, ce bord devint de 400 pieds plus bas que la Rocca del Palo; sa hauteur est donc (en évaluant celle de Rocca del Palo à 625 toises).	559
Gay-Lussac, Léop. de Buch, Humboldt, } 1805; barométriquement. . . .	534
Humboldt, 1822; barométriquement.	546

C. *Hauteur du cône de scories* tombé le 22 octobre. 1822 dans le cratère.

Lord Minto, barométriquement.	650
Brioschi, trigonométriquement, suivant des combinaisons différentes.	636 ou 641

	toises.
Résultat final pour la hauteur du cône de scories écroulé en 1822.	646

D. *Punta Nasone*, cime la plus haute de la Somma.

Shuckburgh, 1794; barométriquement, sans doute selon sa propre formule.	584
Humboldt, 1822; barométriquement d'après la formule de Laplace.	586

E. *Plaine de l'Atrio del Cavallo.*

Humboldt, 1822; barométriquement.	403

F. *Pied du cône de cendres.*

Gay-Lussac, Léop. de Buch, Humboldt, 1805; barométriquement. . . .	370
Humboldt, 1822; barométriquement.	388

G. *Ermitage del Salvatore.*

Gay-Lussac, Léop. de Buch, Humboldt, 1805; barométriquement. . . .	300
Lord Minto, 1822; barométriquement.	307,9
Humboldt, 1822; barométriquement.	308,7

Mes résultats furent en partie imprimés dans : Monticelli, *Storia de' fenomeni del Vesuvio avvenuti negli anni* 1821–1823; mais ils y sont un peu dénaturés, parce qu'on a négligé de faire la correction de la colonne de mercure dans le baromètre à cuvette. Si l'on songe que les données des tables ci-dessus ont été obtenues avec des baromètres très-dissemblables, à différentes heures du jour, par des vents soufflants de points divers, sur la pente d'un volcan inégalement échauffée, et dans une localité où la diminution de la température de l'air s'éloigne beaucoup de celle que supposent nos formules barométriques, on trouvera leur accord parfaitement suffisant.

Mes observations de 1822 (époque du congrès de Vérone, où j'avais accompagné feu le roi de Prusse à Naples) ont été faites avec plus de soin et dans des circonstances plus favorables que celles de 1805. Des différences de hauteur sont toujours préférables aux hauteurs absolues. Or, ces différences démontrent que depuis 1794 les bords de la Rocca del Palo et ceux du côté de Bosco-Tre-Case ont conservé à peu près le même rapport. En 1805 j'ai trouvé exactement soixante-neuf toises, et en 1822 près de quatre-vingt-deux. Un géologue distingué, M. Poulett Scrope, trouva soixante-quatorze toises, bien que les hauteurs absolues des deux bords du cratère lui parussent un peu trop faibles. Un changement si peu considérable dans une période de vingt-huit ans, au milieu d'ébranlements si violents dans l'intérieur du cratère, a certainement de quoi nous surprendre.

La hauteur qu'atteignent les cônes de scories qui s'élèvent du cratère du Vésuve mérite aussi une attention particulière. En 1776 Shuckburgh trouva un de ces cônes à six cent quinze toises au-dessus du niveau de la Méditerranée. Suivant lord Minto, observateur extrêmement exact, le cône de scories qui s'écroula le 22 octobre 1822 avait six cent cinquante toises de haut. Ces deux cônes de scories dépassaient donc chaque fois dans le cratère le maximum de hauteur des bords de celui-ci. Quand on compare entre elles les mesures de la Rocca-del-Palo de 1773 à 1822, on est presque involontairement porté à faire la supposition hardie que le bord septentrional du cratère a été insensiblement soulevé par des forces souterraines. L'accord des trois mesures faites entre 1773 et 1805 est presque aussi surprenant que celui entre 1816 et 1822. Dans la dernière période la hauteur de six cents vingt et un à six cent vingt-neuf toises est incontestable. Les observations qui trente à quarante ans auparavant ne donnèrent que six cent six à six cent neuf toises seraient-elles moins certaines? Ce n'est que dans des laps de temps plus longs que l'on pourra décider ce qui tient à une erreur d'observation ou à un soulèvement du bord du cratère. Il n'y a pas là d'entassements successifs de matières meubles par en haut. Si le soulèvement des couches compactes de lave trachytique de la Rocca-del-Palo est réel, on ne pourra se l'expliquer que par l'action souterraine du volcan.

Mon savant et laborieux ami l'infatigable calculateur Oltmanns a accompagné tous ces détails de mensuration d'une critique soignée, et les a livrés au public dans les *Mém. de l'Acad. royale des Sciences de Berlin* (années 1822 et 1823, p. 3-20). Puisse ce travail engager les géologues à examiner le Vésuve, le plus accessible des volcans après le

Stromboli, et à comparer souvent entre elles les observations hypsométriques faites dans le cours des siècles!

(2) Page 246. *Là où la pression est moindre.*

Voy. Léop. de Buch sur le Pic de Ténériffe dans *Physikalische Beschreibung der Canarischen Inseln* (description physique des îles Canaries), 1825, p. 23, et dans les *Mémoires de l'Acad. royale de Berlin*, années 1820-21, p. 99.

(3) Page 250. *Puits creusés à différentes profondeurs.*

Voy. Arago, dans l'*Annuaire du bureau des longitudes* pour l'année 1835, p. 234. Dans nos latitudes l'augmentation de chaleur est d'un degré Réaumur pour cent treize pieds. Dans le puits artésien de Neu-Salzwerk (Bain d'Œynhausen), près de Minden, à la plus grande profondeur que l'on connaisse au-dessous du niveau de la mer, la température de l'eau est, à deux mille quatre-vingt-quatorze pieds et demi de profondeur, de 26° 2′ Réaumur, pendant que la température de l'atmosphère environnante est 7°, 7′. Il est très-remarquable que les sources thermales qui jaillissaient près de Carthage donnaient déjà au troisième siècle, à saint Patrice, évêque de Pertusa, une idée très-exacte de la cause de cette augmentation de chaleur. (*Acta S. Patricii* p. 555, ed. Ruinart; *Cosmos*, t. I, p. 231.)

LA FORCE VITALE,

OU LE GÉNIE RHODIEN.

CONTE ALLÉGORIQUE.

LA FORCE VITALE,

OU LE GÉNIE RHODIEN.

Comme les Athéniens, les Syracusains avaient leur Pœcile. Des peintures de dieux et de héros, chefs-d'œuvre de l'art grec et italique, décoraient les murs du Portique. On y voyait sans cesse affluer le peuple : le jeune guerrier y allait pour admirer les exploits de ses ancêtres ; l'artiste pour s'inspirer du pinceau des grands maîtres. Parmi les innombrables tableaux que le zèle industrieux des Syracusains avait apportés de la métropole, il y en avait un qui depuis tout un siècle fixait l'attention des passants. Si Jupiter Olympien, si Cécrops le fondateur de villes, si l'héroïsme d'Harmodius et d'Aristogiton manquaient d'admirateurs, c'est que la foule se pressait autour de ce tableau. D'où venait cette prédilection? Était-ce un ouvrage d'Apelle, sauvé de la destruction, ou provenait-il de l'école de Callimaque? Non. Le tableau avait sans doute des charmes, mais pour l'harmonie des couleurs, pour le caractère et le style de l'ensemble, il était au-dessous de bien d'autres ouvrages du Pœcile.

Le peuple regarde avec ébahissement et admire tout ce qu'il ne comprend pas; et cette classe de gens est très-nombreuse. Depuis un siècle ce tableau était en place; mais bien qu'il y eût plus d'artistes de génie dans l'enceinte étroite de Syracuse que dans tout le reste de la Sicile, aucun n'avait encore pu en deviner le sens. On ne savait pas même au juste dans quel temple il avait autrefois figuré; car on l'avait retiré d'un vaisseau échoué, et les marchandises que celui-ci portait avaient seules fait soupçonner qu'il venait de Rhodes.

Au premier plan du tableau on voyait des jeunes garçons et des jeunes filles, réunis en groupes compactes. Ils étaient sans costume, bien conformés, mais n'avaient pas cette taille svelte que l'on admire dans les statues de Praxitèle et d'Alcamène. Leurs membres robustes, qui portaient les traces de travaux pénibles, l'expression toute humaine de leurs désirs et de leurs chagrins, tout semblait les dépouiller du caractère des divinités, et les enchaîner à leur demeure terrestre. Leur chevelure était simplement ornée de feuillage et de fleurs champêtres. Ils se tendaient langoureusement les bras; mais leur regard sérieux, mélancolique, était dirigé vers un génie qui, entouré d'un nimbe lumineux, planait au milieu d'eux. Un papillon était assis sur son épaule; dans sa droite il tenait un flambeau allumé. Ses formes musculaires étaient arrondies, enfantines, et ses yeux animés d'un feu céleste. Il fixait un regard impérieux sur les jeunes garçons et les jeunes filles qui étaient à ses pieds. Voilà tout ce qu'il y avait de saillant dans le tableau. Seulement quelques personnes (les antiquaires d'alors n'étaient pas moins hardis que ceux d'aujourd'hui) croyaient remarquer au bas les lettres ζ et ϛ, avec lesquelles on composait, d'une manière très-peu heureuse, le nom d'un Zénodore, artiste homonyme de celui qui plus tard fondit le colosse de Rhodes.

Cependant le *Génie Rhodien*, c'est ainsi qu'on nommait le tableau énigmatique, ne manquait pas de commentateurs à Syracuse. Les connaisseurs, surtout les plus jeunes, lorsqu'ils revenaient d'une excursion à Corinthe ou Athènes, auraient cru devoir renoncer à toute prétention de talent, s'ils n'avaient pas fait montre chacun d'une explication nouvelle. Quelques-uns regardaient ce génie comme le symbole de l'amour spirituel qui interdit toute jouissance physique; d'autres pensaient qu'il représentait l'empire de la raison sur les sens. Les plus sages, gardant le silence, y attachaient quelque mystère sublime, et prenaient plaisir à contempler, dans le Pœcile, la composition simple du tableau.

Cependant le problème restait toujours non résolu. L'image avait été copiée avec des additions nombreuses, et envoyée en Grèce, sans qu'on pût obtenir quelque éclaircissement sur son origine. Un jour, au lever des pléiades, qui avait fait rouvrir la navigation de la mer Égée, des navires de Rhodes entrèrent dans le port de Syracuse. Ils renfermaient un trésor de statues, d'autels, de candélabres et de tableaux, que les Denys, par amour des arts, avaient fait recueillir en Grèce. Parmi les tableaux, il y en eut un que l'on reconnut aussitôt pour le pendant du Génie rhodien. Il était de même grandeur, d'un ton semblable, mais les couleurs en étaient mieux conservées. Le génie s'y tenait également au milieu, mais il n'avait pas de papillon sur l'épaule; sa tête était inclinée, son flambeau éteint et renversé. Les jeunes garçons et les jeunes filles, ayant rompu leurs rangs, se tenaient les bras entrelacés; leur regard n'était plus mélancolique et soumis : il annonçait un déchaînement désordonné des passions, un contentement de désirs longtemps contenus.

Les antiquaires syracusains cherchaient déjà à modifier leurs explications précédentes, pour les adapter à ce nouveau tableau, lorsque le tyran ordonna de le transporter dans la maison d'Épicharme. Ce philosophe, de l'école de Pythagore, demeurait à Syracuse, dans le quartier éloigné qui s'appelait Tyché. Il fréquentait rarement la cour de Denys, non pas que les hommes distingués de toutes les villes grecques coloniales ne s'y fussent donné rendez-vous, mais parce que le contact avec les princes ravit aux hommes d'élite une partie de leur génie et de leur indépendance. Épicharme étudiait avec ardeur la nature, les forces physiques, la naissance des plantes et des animaux, les lois harmoniques qui font prendre aux corps célestes aussi bien qu'aux flocons de neige et aux grêlons la forme globuleuse. Comme il était extrêmement âgé, il se faisait chaque jour conduire dans le Pœcile, et de là à Naxos, à l'entrée du port, pour promener son regard sur la vaste mer, et jouir, comme il disait, de la vue de l'infini que l'esprit cherche en vain à saisir. Il était respecté du peuple et même du tyran; il évitait celui-ci, et se rapprochait volontiers du peuple, qu'il aimait à secourir.

Épicharme était étendu, sans force, sur son lit de repos, lorsqu'on lui remit le nouveau tableau par ordre de Denys. On avait eu soin de lui apporter en même temps une copie fidèle du Génie Rhodien. Le philosophe les fit placer l'un à côté de l'autre, devant lui. Après y avoir longtemps fixé les yeux, il appela ses disciples, et d'une voix émue il leur parla ainsi :

« Écartez le rideau de la fenêtre, afin que je me réjouisse encore une fois de l'aspect de la terre riche et animée. Pendant soixante ans j'ai médité sur les ressorts intimes de la nature, sur la différence des principes, et ce n'est qu'aujourd'hui que le Génie Rhodien me fait voir plus clairement ce qu'autrefois je n'avais que soupçonné. Si la différence des sexes amène l'union féconde et bienfaisante des êtres vivants, la matière brute du monde inorganique obéit aussi aux lois du rapprochement. Dans les ténèbres mêmes du chaos les substances s'attiraient ou se repoussaient, selon le pouvoir de l'amitié ou de l'inimitié. Le feu céleste est attiré par les métaux, l'aimant par le fer ; l'électrum frotté met en mouvement des étoffes légères ; la terre se mêle à la terre ; le sel se sépare solidifié de la mer, et l'humidité acide de la *stypteria* (στυπτηρία ὑγρά), ainsi que le *trichitis*, sel lanugineux, aiment l'argile de Mélos. Dans la nature inanimée tout ce qui se ressemble tend à s'unir. Aucun des principes terrestres (qui oserait y comprendre la lumière?) ne se rencontre donc nulle part à l'état simple, pur, virginal. Dès sa naissance toute chose aspire à de nouvelles unions, et l'art analytique de l'homme peut seul présenter isolément ce que vous chercheriez en vain à l'état simple dans l'intérieur de la terre et dans les océans mobiles de l'eau et de l'air. Dans la matière inanimée, inorganique, il y a inertie et repos, tant que les liens de l'affinité ne sont pas rompus, tant qu'une substance tierce ne s'y introduit pas pour se joindre aux autres. A ce trouble même succède de nouveau un repos infécond.

« Ce n'est pas ainsi que s'associent les principes dans les végétaux et les animaux. C'est là que la force vitale revendique impérieusement ses droits; elle ne s'inquiète point de l'amitié et de l'inimitié des atomes de Démocrite; elle réunit des étoffes qui dans la nature inanimée se fuient éternellement, et désassocie celles qui s'attirent sans cesse.

« Rapprochez-vous davantage de moi, et reconnaissez, mes chers disciples, dans le Génie Rhodien, dans l'expression de sa vigueur et de sa jeunesse, dans le papillon sur son épaule, dans son regard dominateur, le symbole de la *force vitale*, qui anime tout germe de la création organique. A ses pieds, les éléments terrestres tendent pour ainsi dire à suivre leurs penchants et à s'unir entre eux. Le Génie, tenant son flambeau droit, allumé, leur commande d'un air menaçant, et, sans égard pour leurs anciens droits, les contraint à suivre sa loi.

« Maintenant, regardez la nouvelle œuvre d'art que le tyran m'a envoyée pour l'expliquer; portez vos yeux de l'image de la vie sur l'image de la mort. Le papillon s'est envolé, le flambeau renversé et éteint, la tête du jeune homme inclinée. L'esprit s'est enfui vers les régions éthérées, la force vitale a cessé d'être. A ce moment jeunes garçons et jeunes filles se tendent joyeusement les mains; les principes terrestres reprennent leurs droits. Délivrés de leurs entraves, ils s'abandonnent, après une longue continence, à leurs instincts de rapprochement; le jour de la mort est pour eux un jour de fête nuptiale.

« C'est ainsi que la matière inerte, animée par la force vitale, a parcouru une série innombrable de générations, et dans la substance qui enveloppait peut-être le génie divin de Pythagore un misérable ver avait joui de son existence éphémère.

« Va, Polyclès, dire au tyran ce que tu viens d'entendre; et vous, mes chers disciples, Euryphamos, Lysis et Scopas, rapprochez-vous de plus en plus de moi. Je sens que la force vitale affaiblie ne dominera plus longtemps en moi la matière terrestre, qui réclame sa liberté. Conduisez-moi encore une fois dans le Pœcile, et de là au bord de la mer. Bientôt vous recueillerez mes cendres. »

ÉCLAIRCISSEMENTS ET ADDITIONS.

Dans la seconde et troisième édition des *Tableaux de la Nature* (p. 6) j'ai déjà mentionné l'article précédent, qui parut d'abord dans les *Hores de Schiller* (année 1795, cah. 5, p. 90–96). Il contient le développement d'une idée physiologique sous une forme allégorique. Dans les aphorismes latins sur la physiologie chimique des plantes, ajoutés à la *Flore Souterraine*, publiée en 1793, j'avais défini la *force vitale* une cause inconnue, qui empêche les éléments d'obéir à leurs affinités primitives. Les premiers de mes aphorismes étaient ainsi conçus :

Rerum naturam si totam consideres, magnum atque durabile, quod inter elementa intercedit, discrimen perspicies, quorum altera affinitatum legibus obtemperantia, altera, vinculis solutis, varie juncta apparent. Quod quidem discrimen in elementis ipsis eorumque indole neutiquam positum, quum ex sola distributione singulorum petendum esse videatur. Materiam segnem, brutam, inanimam eam vocamus, cujus stamina secundum leges chymicæ affinitatis mixta sunt. Animata atque organica ea potissimum corpora appellamus quæ, licet in novas mutari formas perpetuo tendant, vi interna quadam conti-

nentur, quominus priscam sibique insitam formam relinquant.

Vim internam, quæ chymicæ affinitatis vincula solvit, atque obstat quominus elementa corporum libere conjungantur, vitalem vocamus. Itaque nullam certius mortis criterium putredine datur, qua primæ partes vel stamina rerum, antiquis juribus revocatis, affinitatum legibus parent. Corporum inanimorum nulla putredo esse potest. (Voy. *Aphorismi ex doctrina Physiologiæ chimicæ plantarum* in Humboldt, *Flora Fribergensis subterranea*, 1793, p. 133-136.)

Cette théorie, contre laquelle s'était prononcé le judicieux Vicq d'Azyr (*Traité d'Anatomie et de Physiologie*, t. I, p. 5), mais que partagent encore aujourd'hui beaucoup d'hommes célèbres, de mes amis, je l'ai mise dans la bouche d'Épicharme. La méditation et des études renouvelées dans le domaine de la physiologie et de la chimie ont profondément ébranlé ma croyance à des *forces vitales* proprement dites. Dès l'année 1797, à la fin de mes *Expériences sur l'irritabilité des fibres musculaires et nerveuses*, *et Idées sur les opérations chimiques de la vie dans les règnes animal et végétal* (t. II, p. 430-436), j'ai déclaré que je ne regardais nullement comme démontrée l'existence de ces forces vitales. Depuis lors je n'appelle plus *force* ce qui n'est peut-être que l'effet de l'action simultanée des substances particulières depuis longtemps connues et des forces physiques. Or, de l'action chimique des éléments on peut déduire une définition plus sûre des matières *animées* et *inanimées*, que ne le sont les critériums que l'on fait découler de la locomotion volontaire, de la circulation des liquides dans des parties solides, enfin de l'intussusception et de la coordination des fibres élémentaires. Je nomme *vivante* toute substance « dont les parties arbitrairement séparées changent, après leur séparation, d'état moléculaire sous l'influence des conditions extérieures permanentes ». Cette définition n'est que l'énoncé d'un fait. L'équilibre des éléments se maintient dans la substance vivante parce que ce sont des parties d'un tout. Tel organe détermine la présence de tel autre; les organes se communiquent réciproquement pour ainsi dire la température et la disposition à telle affinité donnée. C'est ainsi que tout dans l'organisme sert réciproquement à la fois de but et de moyen. La rapidité avec laquelle les parties organiques détachées d'un organe vivant, complexe, changent d'état moléculaire, varie beaucoup suivant leur état de dépendance et la nature des substances. Le sang des animaux, diversement modifié dans les différentes classes, se transforme plus vite que les sucs végétaux. Des champignons se décomposent en général plus promptement que des feuilles d'arbres, la chair musculaire plus facilement que la peau (*cutis*).

Les os, dont la structure élémentaire n'a été reconnue que tout récemment, les poils des animaux, le bois des végétaux, l'épiderme des fruits, l'aigrette des graines (*pappus*) ne sont pas des substances inorganiques privées de vie; seulement, déjà pendant la vie elles se rapprochent de l'état qu'elles présentent après leur séparation du reste de l'organisme. Plus la vitalité ou l'irritabilité est grande, plus la matière animée change rapidement d'état moléculaire après sa séparation. « La somme des cellules est un organisme, et l'organisme *vit* aussi longtemps que les parties sont actives au *service* du tout. En face de la nature inanimée, l'organisme *paraît* se déterminer lui-même. » (Henle, *Allgemeine Anatomie*, 1841, p. 216-219.) La difficulté de ramener les *manifestations vitales* de l'organisme d'une manière satisfaisante aux lois physiques et chimiques tient principalement, comme pour la prédiction des météores dans l'océan aérien, à la complication des phénomènes ainsi qu'à la multiplicité des forces agissant simultanément et des conditions de leur action.

A cette manière d'exposer et de comprendre les *forces vitales*, les affinités vitales (Pulteney, dans *Transact. of the Royal Soc. of Edinburgh*, vol. XVI, p. 305), le *nisus formativus* et l'activité organique, je suis resté fidèle dans le *Cosmos*. Voici ce que je dis t. I, p. 73 (de la trad. de M. Faye) : « Les mythes de matières impondérables et de forces vitales propres à chaque mode d'organisation ont compliqué les aperçus et répandu une lumière douteuse sur la route à parcourir. C'est sous des conditions et des formes d'intuition si diverses que s'est accumulée, à travers les siècles, la masse prodigieuse de nos connaissances empiriques, et qu'elle augmente de nos jours avec une rapidité croissante. L'esprit scrutateur de l'homme essaye de temps en temps, et avec un succès très-inégal, de briser des formes surannées, des symboles inventés pour soumettre la matière rebelle aux constructions mécaniques. »

Et plus loin, p. 409 : « La description physique du monde doit rappeler que tous les matériaux dont la charpente des êtres vivantes est formée se retrouvent dans l'écorce inorganique de la terre. Elle doit montrer les végétaux et les animaux soumis aux mêmes forces qui régissent les corps bruts, et signaler dans les combinaisons ou les décompositions de la matière l'action des mêmes agents qui donnent aux tissus organiques leurs formes et leurs propriétés : seulement ces forces agissent alors sous des conditions peu connues, que l'on désigne d'une manière vague par *phénomènes vitaux*, et que l'on a groupées systématiquement d'après des analogies plus ou moins heureuses. »

Comparez aussi la critique de l'opinion qui admet des forces vitales particulières, dans : Schleiden, *Botanik als inductive Wissenschaft*, t. I, p. 60, et dans les excellentes recherches *Sur l'électricité animale* que vient de publier Émile Dubois-Reymond, t. I, p. XXXIV-L.

LE PLATEAU DE CAXAMARCA,

ANTIQUE RÉSIDENCE DE L'INCA ATAHUALLPA.

L'OCÉAN PACIFIQUE

VU DE LA CHAINE DES ANDES.

LE PLATEAU DE CAXAMARCA,

ANTIQUE RÉSIDENCE DE L'INCA ATAHUALLPA.

L'OCÉAN PACIFIQUE

VU DE LA CHAINE DES ANDES.

Quand on a séjourné toute une année sur la chaîne des Antis ou Andes (1), entre 4° de latitude nord et 4° de latitude sud, dans les plateaux de la Nouvelle-Grenade, de Pastos et de Quito, conséquemment à une hauteur moyenne de huit à douze mille pieds au-dessus du niveau de la mer, on se réjouit, en passant par le climat plus doux des forêts de quinquinas de Loxa, de descendre peu à peu dans les plaines du fleuve supérieur des Amazones, dans un monde inconnu, riche en superbes espèces végétales. La petite ville de Loxa a donné son nom à la plus efficace de toutes les écorces fébrifuges, au *quina* ou *cascarilla fina de Loxa*. C'est le produit précieux de l'arbre que nous avons décrit scientifiquement sous le nom de *cinchona condaminea*, et que l'on appelait autrefois *cinchona officinalis*, d'après l'opinion erronée que tous les quinquinas du commerce venaient d'une seule et même espèce d'arbre. Ce n'est que vers le milieu du dix-septième siècle que l'écorce de quinquina fut introduite en Europe; selon Sébastien Badus, elle fut apportée, en 1632, à Alcala de Hénarès, ou à Madrid, en 1640, par la comtesse de Chinchon (2), vice-reine du Pérou, guérie de la fièvre intermittente à Lima, et accompagnée de son médecin, Juan del Vego. Le meilleur quinquina de Loxa croît à deux ou trois milles au sud-est de cette ville, sur les montagnes d'Uritusinga, de Villonaco et de Rumisitana, dans du schiste micacé et du gneiss, à la hauteur moyenne de cinq mille quatre cents à sept mille deux cents pieds, c'est-à-dire à peu près à la hauteur de l'hospice de la Grimsel et du Passage du Grand-Saint-Bernard. Les petites rivières de Zamora et Cachiyacou forment dans ces montagnes les véritables limites des bois de quinquina.

On coupe l'arbre pendant sa première floraison, c'est-à-dire dans la quatrième ou septième année, suivant qu'il est venu d'un rejeton vigoureux ou de semis. Nous apprîmes avec étonnement qu'à l'époque de notre voyage il ne se cueillait annuellement autour de Loxa, pour le compte du roi, que cent dix quintaux d'écorce de *cinchona condaminea*, par les collecteurs de quinquina, nommés *cascarilleros* ou *cazadores de quina*, chasseurs de quinquina. Rien de cet inestimable produit ne fut alors versé dans le commerce : tout fut expédié de Payta, port de l'océan Pacifique, autour du cap Horn, et envoyé à Cadix pour l'usage de la cour. Pour livrer seulement ces onze mille livres espagnoles d'écorce on abattait annuellement huit à neuf cents arbres à quinquina. — Les troncs vieux et épais deviennent de plus en plus rares ; mais la végétation est si vigoureuse, que les jeunes tiges actuellement utilisées atteignent cinquante à soixante pieds de haut sur six pouces à peine de diamètre. Ce bel arbre, orné de feuilles ayant cinq pouces de long sur deux de large, tend toujours à élever sa cime au-dessus des arbres touffus, au milieu desquels il se trouve confondu. Les feuilles du sommet, agitées par le vent, brillent d'un éclat rougeâtre, qui se voit de fort loin. La température moyenne des bois de *cinchona condaminea* oscille entre 12° ½ et 15° Réaumur, ce qui est à peu près la température moyenne annuelle de Florence et de l'île de Madère ; seulement aux environs de Loxa on n'observe pas les extrêmes de chaleur et de froid qu'on éprouve dans ces deux endroits de la zone tempérée. La comparaison du climat sous des latitudes très-différentes avec le climat des plateaux de la zone tropicale offre généralement des résultats peu satisfaisants.

En quittant le noyau des montagnes de Loxa pour descendre au sud-sud-est, dans la vallée chaude du fleuve des Amazones, on est obligé de franchir les Paramos de Chulucanas, de Guamani et d'Yamoca, solitudes dont nous avons parlé ailleurs, et auxquelles on donne, dans les parties méridionales de la chaîne des Andes, le nom de *Puna*, de la langue quichua. La plupart de ces montagnes ont plus de neuf mille cinq cents pieds d'élévation ; elles sont exposées aux tempêtes, souvent enveloppées, durant des journées entières, d'un épais brouillard, ou ravagées par des grêles épouvantables ; l'eau s'y congèle, non-seulement en grains polymorphes, ordinairement aplatis par la rotation, mais aussi en plaques minces, isolées (*papa-cara*), qui blessent le visage et les mains. Pendant ces phénomènes météorologiques j'ai vu quelquefois le thermomètre descendre jusqu'à 7° ou 5° (au-dessus du point de congélation), et la tension électrique de l'atmosphère, mesurée avec l'électromètre de Volta, passer en peu de minutes du positif au négatif. Au-dessous de 5° la neige tombe en gros flocons, très-écartés les uns des autres ; elle disparaît au bout de quelques heures. Les arbustes myrtiformes, à branches rares et à feuilles petites, la grosseur et l'abondance des fleurs, la fraîcheur perpétuelle de tous les organes imprégnés d'un air humide, donnent à la végétation des Paramos un caractère physionomique particulier. Aucune végétation alpestre dans la zone tempérée ou froide n'est comparable à celle des Paramos de la chaîne des Andes tropicales.

Ce qui ajoute encore à l'aspect sévère des solitudes des Cordillères, ce sont les restes admirables, inattendus, d'une route gigantesque, œuvre des Incas, qui, dans une longueur de plus de deux cent cinquante milles géographiques, faisait communiquer entre elles toutes les provinces de l'empire. On rencontre çà et là, le plus souvent à des distances égales, des édifices construits en pierre bien taillée, espèces de caravanserails, nommés *tambos* ou *inca-pilca* (de *pircca*, mur?). Quelques-uns de ces édifices ont des enceintes fortifiées ; d'autres sont disposés en établissements de bains, avec des conduits d'eau chaude ; enfin les plus grands étaient destinés à la famille du souverain lui-même. Déjà au pied du volcan Cotopaxi, près de Callo, j'avais mesuré avec soin et dessiné de ces habitations si bien conservées, que Pedro de Cieça, au seizième siècle, appelait *Aposentos de Mulalo* (3). Au passage des Andes, entre Alausi et Loxa, nommé *Paramo del Assuay*, à quatorze mille cinq cent soixante-huit pieds (chemin très-fréquenté sur la Ladera de Cadlud, presque à la même hauteur que le mont Blanc), nous eûmes dans le plateau *del Pullal* beaucoup de peine à faire avancer, par un terrain marécageux, nos mulets chargés, pendant que nos yeux étaient constamment fixés, dans une étendue de plus d'un mille d'Allemagne, sur les vestiges superbes de la chaussée des Incas, large de vingt pieds : elle reposait sur des assises profondes et était pavée en trappe porphyrique, pierre brune, bien taillée. Ce que j'ai vu des routes romaines, en Italie, dans le midi de la France et en Espagne, n'était pas plus imposant que ces ouvrages des anciens Péruviens; à cela il faut ajouter que ces derniers ouvrages se trouvent, d'après mes mesures barométriques, à une élévation de douze mille quatre cent quarante pieds, qui dépasse de plus de mille pieds celle du pic de Ténériffe. C'est à la même hauteur que se trouvent, sur l'Assuay, les débris du palais de l'Inca Tupac Yupanqui, connus sous le nom de *Paredones del Inca.* De là la chaussée se dirige au sud vers Cuença, et aboutit au Cañar (4), petite forteresse, bien conservée, qui date probablement de l'époque du même Tupac Yupanqui ou de son fils guerrier, Huayna Capac.

Nous avons vu des ruines, plus belles encore, d'anciennes routes péruviennes, entre Loxa et le fleuve des Amazones, près des Bains des Incas, sur le Paramo de Chulucanas, non loin de Guancabamba, et aux environs d'Ingatambo près de Pomahuaca. Les débris de la route des Incas près de Pomahuaca sont très-peu élevés : je les ai trouvés à neuf mille cent pieds au-dessous de ceux du Paramo del Assuay. La distance est, en ligne droite, d'après les latitudes astronomiques, exactement de quarante-six milles géographiques, et la montée dépasse de trois mille cinq cents pieds la hauteur du passage du mont Cenis, au-dessus du lac de Côme. De ces routes pavées, garnies de pierres plates, recouvertes même dans quelques endroits, de graviers cimentés (routes *macadamisées*), les unes traversaient la plaine large et aride entre le littoral et la chaîne des Andes, les autres longeaient le col des Cordillères. Des bornes, placées à des intervalles égaux, indiquaient souvent les distances. Les rivières et les précipices étaient franchis sur des ponts de pierre, de bois ou de cordes (*puentes de hamaca* ou *de maroma*); des aqueducs fournissaient de l'eau aux *tambos* (hôtelleries) et aux citadelles. Ces deux systèmes de routes aboutissaient à Cuzco, point central, siége du grand empire (à 13° 31′ de latitude sud). Cette capitale est indiquée à dix mille six cent soixante-seize pieds au-dessus du niveau de la mer, sur la carte de la Bolivie par Pentland. Les Péruviens ne faisaient pas usage de voitures; leurs routes ne devaient servir qu'aux marches de troupes, aux porte-faix et aux innombrables lamas, portant des charges légères. C'est pourquoi on y trouve, sur des pentes rapides, de longues files de gradins et des places où le piéton peut se reposer. Francisco Pizarro et Diego Almagro, qui dans leurs lointaines expéditions, se servaient avec tant d'avantage des routes militaires des Incas, rencontraient des obstacles particuliers au passage de la cavalerie espagnole dans ces gradins et escaliers pratiqués dans le sol (6). Ces obstacles étaient d'autant plus grands que les Espagnols, au commencement de leur conquête, n'employaient que des chevaux au lieu des mulets prudents qui vont pour ainsi dire à pas réfléchis. Ce n'est que plus tard que les mulets devinrent en usage dans la cavalerie.

Sarmiento, qui eut l'occasion d'admirer les routes des Incas dans leur état d'intégrité, se demande dans sa *Relacion*, qui resta longtemps inutilement enfouie dans la Bibliothèque de l'Escurial, « comment un peuple ignorant l'usage du fer a pu exécuter de si grands et de si magnifiques chemins (*caminos tan grandes y tan sovervivos*), de Cuzco à Quito et de Cuzco à la côte du Chili. » Puis il ajoute : « L'empereur Charles-Quint, avec toute sa puissance, ne ferait pas une partie de ce qu'a pu faire le régime bien organisé des Incas avec ses peuplades soumises. » Le plus cultivé des trois frères Pizarro, Hernando, qui expia ses méfaits par vingt ans de captivité à Médina del Campo et mourut centenaire, en odeur de sainteté (*en olor de santidad*), s'écrie : « Dans toute la chrétienté on ne voit d'aussi belles routes que celles que nous admirons ici. » Les deux antiques résidences Cuzco et Quito sont éloignées l'une de l'autre, en droite ligne (du sud-sud-est au nord-nord-ouest), de deux cent vingt-cinq milles géographiques ; en y comprenant les nombreuses courbures du chemin, Garcilasso de la Vega et d'autres *conquistadores* comptent cinq cents *leguas*. Malgré la longueur de la route, Huayna Capac, dont le père avait conquis Quito, fit venir (d'après un témoignage, très-authentique, du licencié Polo de Ondegardo) pour ses constructions princières à Quito certains matériaux de Cuzco. J'ai moi-même trouvé à Quito cette tradition répandue parmi les indigènes.

Là où la configuration du sol présente à l'homme de grands obstacles à vaincre, la force s'accroît avec le courage des peuples entreprenants. Sous le système despotique de centralisation des Incas la sécurité et la promptitude des communications, surtout pour la mobilisation des troupes, était une condition importante de gouvernement. De là l'établissement de grandes routes et un système postal très-perfectionné. Chez des peuples qui occupent des degrés très-différents de civilisation on voit l'activité nationale prendre de préférence certaines directions; mais le développement prodigieux de cette activité dans un sens particulier ne décide nullement de tout l'état de la civilisation. Les Égyptiens, les Grecs (7), les Étrusques, les Romains, les Chinois, les Japonais et les Hindous nous offrent à cet égard des exemples frappants. Il est difficile de dire combien de temps il a fallu aux Péruviens pour construire leurs routes monumentales. Les grands travaux exécutés dans la partie septentrionale de l'empire des Incas, sur le plateau de Quito, doivent avoir été accomplis en moins de trente ou trente-cinq ans, dans la courte période qui tombe entre la soumission du souverain de Quitu et la mort de l'Inca Huayna Capac. Quant aux routes méridionales, péruviennes à proprement parler, l'époque de leur établissement est enveloppé de profondes ténèbres.

On fait ordinairement remonter l'apparition mystérieuse de Manco Capac à quatre cents ans avant le débarquement de Francisque Pizarro à l'île de Puna (en 1532), par conséquent vers le milieu du douzième siècle ou à peu près deux cents ans avant la fondation de la ville de Mexico (Tenochtitlan); quelques historiens espagnols comptent même cinq cents à cinq cent cinquante ans au lieu de quatre cents. Mais les annales de l'empire du Pérou ne parlent que de treize princes de la dynastie des Incas, dont le règne ne saurait, comme Prescott le fait très-judicieusement observer, remplir un espace de quatre cents à cinq cent cinquante années. Quetzalcoatl, Botschica et Manco Capac sont les trois personnages mythiques auxquels se rattachent les débuts de la civilisation chez les Aztèques, chez les Muyscas (plus exactement nommés *Chibchas*) et les Péruviens. Quetzalcoatl, grand prêtre de Tula, barbu, vêtu de noir, plus tard pénitent sur une montagne près de Tlaxapuchicalco, vient de la côte de Panuco, conséquemment de la côte orientale d'Anahuac, à la haute terre du Mexique. Botschica, ou plutôt le *messager divin* (8) Nemterequeteba (un bouddha des Muyscas), barbu, à long vêtement, arrive des steppes herbeuses, situées à l'est des Andes, sur le plateau de Bogota. Avant Manco Capac il y avait déjà quelque civilisation sur le rivage pittoresque du lac de Titicaca. Le château fort de Cuzco, sur la colline de Sacsahuaman, était une imitation des édifices plus anciens de Tiahuanaco. C'est ainsi que les Aztèques imitèrent les pyramides des Toltèques et ceux-ci les pyramides des Olmèques (Hulmèques); et en remontant ainsi dans le passé on arrive sur un terrain historique, à Mexico, au sixième siècle de notre ère. La pyramide à gradins des Toltèques à Cholula, reproduit, selon Siguenza, la forme de la pyramide à gradins des Hulmèques à Teotihuacan. Voilà comment on renoue la chaîne des temps à travers les couches de civilisation superposées; et comme dans les deux continents la conscience des nations s'est révélée à des époques différentes, le fantastique règne des mythes précède pour chaque nation immédiatement la science historique.

Malgré le tribut d'admiration que les premiers *conquistadores* ont payé aux routes et aux aqueducs des Péruviens, non-seulement ils n'ont entretenu aucun de ces ouvrages, mais ils les ont même insolemment détruits. La destruction de ces routes et aqueducs, devenue une cause de stérilité par suite du manque d'eau, fut plus rapide sur le littoral que sur la chaîne des Andes ou dans les vallons profonds qui sillonnent cette chaîne. Les Espagnols se servaient des belles pierres de taille pour de nouvelles constructions. Depuis les rochers syénitiques de Zaulaca jusqu'à la vallée de San-Felipe, riche en fossiles (au pied du neigeux Paramo de Yamorca), nous fûmes, à cause des nombreuses sinuosités, obligés de passer vingt-sept fois le rio de Guanca-Bamba, qui se jette dans le fleuve des Amazones. Dans ces longues journées nous eûmes de nouveau constamment devant nos yeux, sur une pente rocailleuse escarpée, les débris de maçonnerie de la chaussée droite des Incas avec leurs *tambos*. Le torrent, à peine de cent vingt à cent quarante pieds de large, était si rapide, que nos mulets pesamment chargés couraient souvent risque d'être entraînés. Ils portaient nos manuscrits, nos plantes desséchées, enfin tout ce que nous avions recueilli depuis un an. On comprend que l'on devait sur l'autre rive attendre avec une anxiété extrême que le train de dix-huit à vingt bêtes de somme eût échappé au péril.

Ce même rio de Guancabamba sert dans son cours inférieur, où il a beaucoup de cataractes, à un mode de correspondance bien singulier avec le littoral de l'océan Pacifique. Pour expédier promptement le petit nombre de lettres qui viennent de Truxillo pour la province de Jaen de Bracamoros, on emploie un *courrier nageur*, ou, comme on l'appelle dans le pays, *el correo que nada*. Ce courrier, qui est ordinairement un jeune Indien, met deux jours à nager de Pomahuaca à Tomependa; il traverse d'abord le rio de Chamaya (c'est ainsi qu'on appelle le cours inférieur du rio de Guanca-Bamba), puis le fleuve des Amazones. Les lettres qui lui sont confiées, il les met soigneusement dans un grand mouchoir de coton, qui lui enveloppe, comme un turban, la tête. Quand il rencontre des cataractes, il quitte la rivière, et en fait le détour à travers les bois voisins. Pour moins se fatiguer à la nage, il tient souvent sous un bras une planche de bois léger (*ceiba, palo de balsa*), de la famille des bombacées. Le nageur est quelquefois accompagné d'un ami. Ni l'un ni l'autre n'ont besoin d'emporter des provisions; car ils sont traités hospitalièrement dans les cabanes éparses, abondamment entourées d'arbres fruitiers, qui ornent les beaux *huertas de Pucara* et *Cavico*.

La rivière est heureusement exempte de crocodiles ; on rencontre ces reptiles dans le cours supérieur du fleuve des Amazones, seulement au-dessous de la cataracte de Mayasi. Ces monstres paresseux aiment les eaux tranquilles. D'après mes observations, la chute du rio de Chamaya, depuis la passe (*Paso*) de Pucara jusqu'à son embouchure dans le fleuve des Amazones, au-dessous du village de Choros, n'a pas moins de seize cent soixante-huit pieds dans le court trajet de treize milles géographiques (9). Le gouverneur de la province de Jaen de Bracamoros m'a assuré que rarement des lettres étaient égarées ou mouillées par cette singulière poste aquatique. Peu de temps après mon retour du Mexique, j'ai en effet reçu moi-même à Paris des lettres qui m'étaient envoyées de Tomependa par la voie indiquée. Beaucoup de tribus indiennes qui habitent les rives du fleuve supérieur des Amazones voyagent par compagnies, en descendant la rivière à la nage. J'eus l'occasion de voir ainsi dans l'eau trente à quarantes têtes (hommes, femmes et enfants) de la tribu des Xibaros, venir aborder à Tomependa. Le *correo que nada* retourne par terre, en suivant le chemin pénible du *Paramo del Paredon*.

A mesure que l'on approche du climat chaud du bassin des Amazones, on se réjouit de l'aspect d'une belle et luxuriante végétation. Nulle part nous n'avions vu, pas même dans les îles Canaries ni sur le littoral chaud de Cumana et de Caracas, de plus beaux citronniers (le *citrus auratium*, Risso, en beaucoup plus grand nombre que le *citrus vulgaris*, Risso) que dans les *Huertas de Pucara*. Chargés d'innombrables fruits dorés, ils y atteignent soixante pieds de haut. Leurs branches étaient ascendantes, à peu près comme celles du laurier, au lieu d'être en cime arrondie. Non loin de là, du côté de la passe de Cavico, nous fûmes frappés d'un spectacle inattendu. Nous vîmes un taillis composé de petits arbres, à peine de dix-huit pieds de haut, portant en apparence des feuilles, non pas vertes, mais entièrement rose; c'était une espèce nouvelle du genre *Bougainvillæa*, établi par Laurent de Jussieu d'après un échantillon brésilien de l'herbier de Commerson. Mais en réalité ces arbres étaient presque entièrement dépourvus de feuilles : ce que de loin nous avions pris pour des feuilles, était des touffes de *bractées* (feuilles florales) d'un rose clair. Ce coloris, par sa pureté et sa fraîcheur, différait entièrement de celui que nous offrent en automne plusieurs de nos arbres forestiers. Une seule plante de la famille austro-africaine des protéacées, le *rhopala ferruginea*, descend ici des hauteurs froides du Paramo de Yamoca dans la chaude plaine de Chamaya. Nous y avons souvent rencontré le *porlieria hygrometrica*, à feuilles délicatement pennées (famille des zygophyllées); en fermant ses folioles, il annonce, mieux que toutes les mimosacées, un changement de temps imminent. Cette plante nous a rarement trompés.

A Chamaya nous trouvâmes des radeaux (*balsas*) tout prêts, qui devaient nous conduire à Tomependa pour y déterminer la différence de longitude entre Quito et l'embouchure du Chinchipe, ce qui, à cause d'une ancienne observation de La Condamine (10), était de quelque importance pour la géographie de l'Amérique méridionale. Nous couchâmes, comme d'ordinaire, à la belle étoile, au bord sablonneux (*Playa de Guayanchi*) du confluent du rio de Chamaya et du fleuve des Amazones. Le lendemain nous descendîmes ce fleuve jusqu'à la cataracte et la passe étroite ou *Pongo* de Rentema (*puncu*, porte, dans l'idiôme quichua), où des blocs de conglomérat entassés opposent au courant une barrière de rochers. J'établis une ligne de station sur la rive plate et sablonneuse, et à Tomependa je ne trouvai au fleuve des Amazones, si puissant à l'est, qu'un peu plus de treize cents pieds de large. Sa largeur n'est même que de cent cinquante pieds dans le célèbre Pongo de Manseritsche, entre Santiago et San-Borja, gorge assombrie dans quelques points par un toit de feuillage, par des rochers qui la surplombent, et où se brise et disparaît le bois flottant, composée d'une multitude de troncs d'arbres. Les rochers qui forment tous ces *Pongos* éprouvent bien des changements dans le cours des siècles. C'est ainsi que le Pongo de Rentema, plus haut mentionné, fut en partie rompu par les hautes eaux, un an avant mon voyage; les riverains du fleuve des Amazones ont même conservé, par tradition, le souvenir de la chute de rochers très-élevés de tout le Pongo, arrivée au commencement du dix-huitième siècle. Le cours du fleuve fut subitement arrêté par cet éboulement, et dans le village de Puyaya, situé au-dessous du Pongo de Rentema, les habitants virent avec épouvante son vaste lit à sec. Après un petit nombre d'heures, l'eau rompit la digue. On ne suppose pas que ce mémorable phénomène ait été produit par un tremblement de terre. Enfin, le puissant fleuve travaille sans relâche à améliorer son lit; et on peut se faire une idée de sa force en le voyant, malgré sa largeur, s'élever de plus de vingt-cinq pieds dans l'espace de vingt à trente heures.

Nous demeurâmes dix-sept jours dans la vallée chaude du Marañon supérieur ou fleuve des Amazones. Pour se rendre de là au bord de l'océan Pacifique, on gravit la chaîne des Andes là où elle est coupée par l'*équateur magnétique,* entre Mieuipampa et Caxamarca (à 6° 57′ de latitude sud, et 80° 50′ longitude), d'après mes observations d'inclinaison de l'aiguille aimantée. En continuant à monter, on arrive aux fameuses mines d'argent de Chota; de là on commence à descendre, sauf quelques interruptions, dans la dépression du Pérou, en passant par l'ancienne Caxamarca, qui fut, il y a trois cents ans, le théâtre le plus sanglant de la conquête espagnole, puis par Aroma et Gangamarca. Ici, comme presque partout dans la chaîne des Andes et dans les montagnes mexicaines, les plus grandes élévations sont pittoresquement caractérisées par des saillies rocheuses de porphyre et de trachyte; les masses de porphyre sont de préférence fendues en puissantes colonnes. Ces roches donnent à la chaîne tantôt une apparence déchiquetée, tantôt la forme d'un dôme. Elles ont ici coupé la formation calcaire, qui, en deçà et au delà de l'équateur, dans le nouveau monde prend une extension si énorme, et appartient, suivant les belles recherches de Léopold de Buch, au terrain crayeux. Entre Guambos et Montan, à douze mille pieds au-dessus de la mer, nous trouvâmes des coquilles fossiles pélasgiques (11) (des ammonites de quatorze pouces de diamètre, le grand *pecten alatus*, des coquilles d'huîtres, des oursins, des isocardes et l'*exogyra polygona*). Tant près de Tomependa, dans le bassin du fleuve des Amazones, que près de Micuipampa, d'au moins neuf mille neuf cents pieds plus élevé, nous avons cueilli une espèce de *cidaris* qui, selon Léopold de Buch, ne saurait être distinguée de celle que Brongniart avait rencontrée dans l'ancienne craie, près de la Perte du Rhône. C'est ainsi que dans la chaîne d'Amuich du Dagestan Caucasien la craie des rives du Sulak, à cinq cents pieds à peine au-dessus de la mer, se voit encore sur le Tchunum, à neuf mille pieds de hauteur, pendant que l'*ostrea diluviana*, Goldf., et les mêmes couches crayeuses se retrouvent au sommet de Schagdagh, à treize mille quatre-vingt-dix pieds d'élévation. Les excellentes observations d'Abich sur le Caucase confirment donc, d'une manière éclatante, l'opinion de Léopold de Buch sur la distribution alpestre de la craie.

En quittant Montan, métairie solitaire, entourée de troupeaux de lamas, nous continuâmes, vers le sud, à monter la pente orientale des Cordillères, et nous atteignîmes un plateau où la montagne argentine de Gualgayoc, centre des fameuses mines de Chota, offrit à la nuit tombante un aspect étrange. Le *Cerro de Gualgayoc*, séparé du mont calcaire Cormolatsche par une vallée profonde (*quebrada*), est un roc isolé de pierre cornéenne, traversé par d'innombrables filons d'argent la plupart convergents, très-abrupte, et taillé presqu'à pic au nord et à l'ouest. Les galeries les plus élevées sont à quatorze cent quarante-cinq pieds au-dessus du niveau du *Socabon de Espinachi*. Le contour de la montagne est interrompu par d'innombrables pointes turriformes et pyramidales. Aussi le sommet porte-t-il le nom de *Las Puntas*. Cette situation contraste de la manière la plus frappante avec « le doux aspect » que le mineur trouve habituellement aux contrées qui abondent en métaux. « Notre montagne, disait un riche propriétaire de mines, chez lequel nous fîmes une halte, est là comme un château enchanté, *come si fuese un castillo encantado.* » Le Gualgayoc rappelle un cône de dolomite ou plutôt le col fissuré du Monserate en Catalogne, dont mon frère a fait une description si gracieuse. Le mont Gualgayoc est percé en tous sens jusqu'à la cime par plusieurs centaines de galeries. La roche siliceuse même offre des fentes naturelles, à travers lesquelles un observateur placé au pied de la montagne aperçoit la voûte céleste, qui à cette hauteur est d'un bleu très-foncé. Le peuple donne à ces fentes le nom de *fenêtres*, *las ventanillas de Gualgayoc*. On nous montra sur les parois trachytiques du volcan de Pichincha des fenêtres semblables, *ventanillas de Pichincha*. Les nombreuses cabanes et les maisonnettes des mineurs, suspendues comme des nids au penchant du Gualgayoc, là où le sol permettait d'établir une habitation, ajoutent encore à la singularité du tableau. Les ouvriers, chargés de hottes, vont par des sentiers périlleux, escarpés, porter les minerais jusqu'aux lieux où ils les soumettent au procédé d'amalgamation.

Dans les premières trente années de leur exploitation (de 1771 à 1802), les mines paraissent avoir fourni plus de 32 millions piastres d'argent. Des vestiges d'anciens travaux montrent que les Péruviens exploitaient déjà, avant l'arrivée des Espagnols, la quarzite, malgré sa dureté, pour en tirer, sur le Cerro de la Lin et le Chupiquiyacu, une galène très-argentifère, et sur le Curimayo (où la quarzite renferme, comme l'itacolumite brésilienne, du soufre), pour en tirer de l'or. Nous habitions, près des mines, la petite ville de Micuipampa, située à onze mille cent quarante pieds au-dessus de la mer. Bien que cet endroit ne fût qu'à 6° 43′ de l'équateur, l'eau y gelait, une grande partie de l'année, dans chaque maison, pendant la nuit. Trois à quatre mille hommes vivent dans cette solitude dénuée de végétation; ils n'y cultivent que quelques espèces de choux et une salade délicieuse; tous les autres vivres leur sont amenés des vallées chaudes. A ces hauteurs désertes, comme dans toutes les villes de mines du Pérou, l'ennui porte la classe riche et peu cultivée à se distraire par le jeu, si funeste, des cartes et des dés. Une fortune promptement acquise est encore plus vite dissipée. Tout rappelle ici ce soldat de l'armée de Pizarro qui, après le pillage du temple à Cuzco, se plaignit d'avoir dans une seule nuit perdu au jeu « un gros morceau du soleil » (lame d'or). A Micuipampa, vers huit heures du matin le thermomètre marquait 1°, et à midi, 7° Réaumur. A cette hauteur nous trouvâmes, à notre grande surprise, au milieu de l'*ichhou*, graminée délicate (peut-être notre *stipa eriostachya*), une belle calcéolaire (*calceolaria sibthorpioides*).

Près de Micuipampa, dans un plateau nommé *Llanos* ou *Pampa de Navar*, on a retiré immédiatement de dessous le gazon, comme entrelacé avec les racines de graminées alpestres, dans une étendue de plus d'un quart de mille, des masses énormes d'un riche minerai rouge d'or ainsi que de l'argent natif filiforme (à l'état de *remolinos*, *clavos* et *vetas manteadas*). A l'ouest du Purgatorio, près de *Quebrada de Chiquera*, est un autre plateau, qu'on nomme *Choropampa*, c'est-à-dire le *champ de coquillages* (*churu* signifie, dans l'idiome quichua, *coquillage*, particulièrement quelques petites espèces comestibles, *hostion*, *mexillon*). Ce nom indique l'existence de fossiles dans la formation crayeuse; ces fossiles y sont en si grande quantité, qu'ils attirèrent de bonne heure l'attention des indigènes. C'est là qu'on a trouvé, presqu'à fleur de terre, un trésor d'or natif, richement enveloppé de fils d'argent, ce qui prouve que beaucoup de minerais sortis par des fentes ou filons de l'intérieur du sol, sont indépendants de la nature de la roche environnante et de l'âge relatif des formations coupées. Dans le Cerro de Gualgayoc et à Fuentestiana le terrain abonde en eau, tandis que dans le Purgatorio il règne une sécheresse extrême. Malgré l'élévation des couches au-dessus de la mer, je fus étonné d'y trouver la température de la mine à 15° 8′ Réaumur, pendant que l'eau de la mine voisine, *mina de Guadalupe*, marquait environ 9 degrés. Comme à l'air libre, le thermomètre ne monte pas au delà de 4° 1/2, on comprend que les ouvriers mineurs, nus, et livrés à des travaux pénibles, appellent suffocante la chaleur souterraine du Purgatorio.

Le chemin étroit de Micuipampa à *Caxamarca*, antique ville des Incas, est à peine praticable pour les mulets. Cette ville se nommait primitivement *Cassamarca* ou *Kazamarca*, c'est-à-dire *ville glaciale* : le mot *marca*, signifiant *lieu*, appartient au dialecte septentrional, au chinchaysuyo ou chinchasuyu, pendant que dans l'idiome quichua, en général, il signifie *étage d'une maison, protecteur* et *garant*. Le chemin nous conduisit, cinq à six heures durant, par une rangée de *Paramos*, où nous fûmes presque continuellement exposés à la fureur des ouragans et à ces grêlons à vives arêtes si communs dans la chaîne des Andes. La route se maintient presque constamment entre neuf et dix mille pieds de hauteur. Elle fut pour moi l'occasion d'une observation magnétique d'un intérêt universel : elle me servit à déterminer le point où l'inclinaison boréale de l'aiguille aimantée passe à l'inclinaison australe, par conséquent l'endroit où le voyageur coupe l'équateur magnétique (12).

Arrivé enfin à la dernière de ces solitudes montagneuses, le Paramo de Yanaguanga, on plonge avec joie le regard dans la vallée fertile de Caxamarca. C'est une vue ravissante : la vallée, au fond de laquelle serpente une petite rivière, est un plateau ovale, de six à sept milles carrés. Cette vallée ressemble au plateau de Bogota, et probablement, comme celui-ci, c'est l'ancien lit d'un lac. Il ne manque ici que la fable du magicien Botschica ou Idacanzas, et du grand-prêtre d'Iraca, qui ouvrit aux eaux de Tequendama une voie à travers les rochers. Caxamarca est de six cents pieds plus élevée que Santa-Fé-de-Bogota, conséquemment presque aussi élevée que la ville de Quito; mais, protégée tout alentour par des montagnes, Caxamarca jouit d'un climat beaucoup plus doux. Le sol est extrêmement fertile, rempli de champs et de jardins, ornés d'allées de saules, de variétés de *datura* à grandes fleurs rouges, blanches et jaunes, de *mimosa* et de beaux arbres *quinuar* (notre *polylepis villosa,* rosacée voisine des *alchemilla* et *sanguisorba*). Dans la Pampa de Caxamarca le froment rapporte, en moyenne, quinze à vingt fois sa semence. Mais quelquefois l'espoir d'une riche moisson est anéantie par les gelées nocturnes. Ces gelées, provenant de ce que la chaleur sous un ciel serein rayonne vers les couches minces d'une atmosphère sèche, atténuée, ne sont pas sensibles dans les demeures abritées.

De petites cimes de porphyre, jadis peut-être les îles de l'ancien lac, s'élèvent dans le nord de la plaine, et coupent de puissants dépôts de grès. C'est sur l'une de ces cîmes de porphyre, le *Cerro de Santa-Polonia,* que nous jouîmes d'un panorama délicieux. L'antique résidence d'Atahuallpa est de ce côté-là entourée de vergers et de champs de luzerne (*medicago sativa, campos de alfalfa*), arrosés comme des prairies. Au loin on aperçoit les colonnes de vapeurs qui s'élèvent des eaux thermales de Pultamarca, encore aujourd'hui connues sous le nom de *baños del Inca.* J'ai trouvé la température de ces sources sulfureuses à 55° 2' de Réaumur. Atahuallpa passa une partie de l'année dans le palais des bains, dont quelques faibles restes ont échappé à la fureur destructive des *conquistadores.* Le grand et profond bassin (*el tragadero*) où, selon la tradition, on avait plongé et toujours cherché en vain une chaise d'or, me paraissait, à cause de sa forme régulière, arrondie, être artificiellement taillé dans le grès, au-dessus d'une des ouvertures thermales.

Il ne s'est conservé de même que de faibles vestiges du château et du palais d'Atahuallpa dans la ville, ornée de belles églises. La soif de l'or, qui déjà vers la fin du seizième siècle, à la recherche de trésors enfouis, faisait renverser des murs et ébranler les fondements de tous les édifices, a contribué à en hâter la destruction. Le palais de l'Inca était situé sur une colline de porphyre, tellement déchiquetée à sa surface, c'est-à-dire à sa saillie externe, que l'habitation principale était comme environnée de murailles. Sur une partie des ruines on a bâti une prison et l'hôtel de ville (*la casa del cabildo*). Les plus considérables de ces ruines, bien que seulement hautes de treize à quinze pieds, sont en face du couvent de Saint-François; elles se composent, comme on peut le voir dans l'habitation des caciques, de belles pierres de taille, de deux à trois pieds de long, posées les unes sur les autres sans ciment, tout comme dans l'Inca-Pilca ou château-fort du Cañar dans le plateau de Quito.

On a pratiqué dans la roche porphyrique un puits qui conduisait jadis dans des chambres souterraines et dans une galerie, d'où l'on parvenait, dit-on, à la cime porphyrique de Santa-Polonia, déjà mentionnée. Ces dispositions indiquent des préoccupations militaires pour s'assurer une retraite certaine. Au reste, c'était une coutume très-répandue chez les anciens Péruviens d'enfouir les choses précieuses.

Aussi trouve-t-on encore des appartements souterrains sous beaucoup de maisons particulières à Caxamarca.

On nous montra des escaliers taillés dans le roc et un endroit nommé le bain de pied de l'Inca (*el lavadero de los piès*). L'ablution des pieds du prince était accompagnée de cérémonies d'étiquette fort ennuyeuses(13). Les édifices secondaires, qui, suivant la tradition, étaient destinés au nombreux domestique de l'Inca, ont été également bâtis, en partie du moins, avec des pierres de taille et garnis de faîtes; les autres sont construits en tuiles bien façonnées, alternant avec du ciment siliceux (*muros y obra de tapia*). Dans ces dernières constructions se voient des voûtes pariétales, dont j'avais longtemps, quoique peut-être à tort, révoqué en doute la haute antiquité.

Dans l'édifice principal, on montre encore l'appartement où l'infortuné Atahuallpa fut détenu pendant neuf mois (depuis novembre 1532) (14). On montre aussi aux voyageurs le mur où il avait marqué la hauteur jusqu'à laquelle il avait promis de remplir la chambre d'or pour racheter sa liberté. Xerez, dans sa *Conquista del Peru*, conservée par Barcia, Hernando Pizarro, dans ses lettres, et d'autres écrivains d'alors, varient beaucoup sur cette indication. Le prince, tourmenté, s'engagea « à faire ramasser de l'or en barres, en lames, en vases, pour en faire un tas aussi haut qu'il pourrait l'atteindre avec la main. » Quant à la chambre même, Xerez lui donne vingt-deux pieds de long sur dix-sept de large. Tout ce qui a été retiré de trésors des temples du Soleil à Cuzco, à Huaylas, à Huamachuco et à Pachacamac depuis le moment de l'invasion jusqu'au 29 août 1533, jour fatal où périt l'Inca, Garcilasso de la Vega (qui quitta le Pérou en 1560, à l'âge de vingt ans) l'estime à 3,838,000 *ducados de oro* (15).

Dans la chapelle de la prison, qui, comme je viens de le dire, a été bâtie sur les ruines du palais de l'Inca, on montre avec horreur aux gens crédules une pierre marquée de « taches de sang ineffaçables ». C'est une plaque très-mince, de douze pieds de long, placée devant l'autel, et provenant probablement des carrières de porphyre et de trachyte des environs. On ne permet pas d'en détacher un fragment pour l'examiner de plus près. Les fameuses taches de sang, au nombre de trois ou quatre, ne paraissent être que des incrustations de hornblende ou de pyroxène dans la pâte de la roche. Le licencié Fernando Montesinos, qui visita le Pérou cent ans à peine après la prise de Caxamarca, répandit déjà la fable qu'Atahuallpa avait été décapité dans sa prison, et que l'on voyait encore les traces de son sang sur une pierre où eut lieu le supplice. Ce qu'il y a de certain, et ce que confirment de nombreux témoins oculaires, c'est que l'Inca abusé se fit, pour n'être pas brûlé vif, baptiser sous le nom de Juan de Atahuallpa par son abominable persécuteur, le fanatique dominicain Vincent de Valverde. Il mourut par la strangulation (*el garrote*), publiquement, à la face du ciel. Suivant une autre tradition, on éleva une chapelle sur la pierre où Atahuallpa fut étranglé, et son corps repose sous cette pierre. Dans ce cas, les prétendues taches de sang restent sans doute inexpliquées. Mais le corps même d'Atahuallpa n'a jamais été enterré sous cette pierre : après des funérailles solennelles et une messe des morts, à laquelle les frères Pizarro assistèrent, hélas! en habits de deuil, il fut d'abord inhumé dans le cimetière du couvent de Saint-François (*convento de San-Francisco*), et plus tard transporté à Quito, ville natale d'Atahuallpa. Cette translation eut lieu d'après le vœu exprès de l'Inca mourant. A cette occasion, son ennemi personnel, le rusé Rumiñavi (*œil de pierre*, de *rumi*, pierre, et *ñavi*, œil, dans l'idiôme quichua, à cause d'une verrue qui lui défigurait un œil) fit exécuter à Quito, par des raisons politiques, une grande pompe funèbre.

Les ruines monumentales d'une magnificence passée sont habitées, à Caxamarca, par quelques descendants du monarque, par la famille du cacique indien, nommé *Astorpilco*, dans le dialecte quichua de Curaca. Cette famille vit dans un état voisin de la misère, pleine de résignation et sans murmurer contre un sort fatal, immérité. Personne à Caxamarca ne conteste l'authenticité de sa descendance d'Atahuallpa par la branche féminine, mais des traces de barbe paraissent indiquer un mélange de sang espagnol. Huascar et Atahuallpa, qui avant l'invasion des Espagnols occupaient le trône de leur père, le grand Huayna-Capac, un peu trop libéral pour un fils de soleil (16), ne laissèrent pas d'enfants légitimes. Huascar fut tué par ordre secret de son frère Atahuallpa, dont il était devenu le prisonnier dans les plaines de Quipaypan. On ne connaît pas non plus de descendance mâle pour les deux autres frères d'Atahuallpa, ni pour le jeune et faible Toparca, que Pizarro fit, à l'automne 1533, couronner Inca, ni pour l'entreprenant Manco-Capac, couronné et rebelle. Atahuallpa laissa un fils, baptisé sous le nom de don Francisco, qui mourut en bas âge, et une fille, doña Angelina, avec laquelle, François Pizarro, dans le tumulte de la guerre, engendra un fils, qu'il chérissait beaucoup ; c'était donc le petit-fils du monarque supplicié. Outre la famille d'Astorpilco, avec laquelle j'entretenais des relations à Caxamarca, on désignait aussi, à l'époque de mon séjour, les Carguaraicos et les Titu-Buscamayta comme parents de la dynastie des Incas. Mais la famille des Buscamayta est maintenant éteinte.

Le fils du cacique Astorpilco, jeune homme de dix-sept ans, à mine éveillée, m'accompagnait dans les ruines du palais paternel ; il vivait très-pauvrement, et avait son imagination remplie des splendides trésors enfouis sous les décombres sur lesquelles nous marchions. Il me racontait comment un de ses aïeux avait un jour conduit son épouse, les yeux bandés, à travers un labyrinthe taillé dans le roc, dans les jardins souterrains de l'Inca. Là, dit-il, elle vit artificiellement imités en or très-pur des arbres chargés de feuillage et de fruits, des oiseaux assis sur des branches et la chaise d'or tant cherchée (*una de las andas*) d'Atahuallpa. Le mari défendit à sa femme de toucher à ce travail magique, parce que le moment depuis longtemps prédit de la restauration de l'empire des Incas n'était pas encore venu, et que celui qui avant ce moment aurait voulu se l'approprier serait mort dans la même nuit. Ces contes fantastiques et songes dorés du jeune homme étaient fondés sur de vieux souvenirs et sur les traditions du passé. Des témoins oculaires, tels que Ciaça de Léon, Sarmiento, Garcilasso et d'autres historiens de la *conquista* ont diversement peint le luxe des jardins d'or artificiels (*jardines ó huertas de oro*). On en trouva dans le temple du Soleil à Cuzco, à Caxamarca et dans la vallée délicieuse de Yucay, séjour favori de la famille impériale. Lorsque les jardins d'or n'étaient pas sous-terrains, on voyait des végétaux vivants à côté des plantes artificielles. Parmi ces dernières on cite particulièrement la haute tige du maïs et ses fruits en massue (*mazorcas*), comme d'une exécution parfaite.

Le ton naïf avec lequel le jeune Astorpilco m'assurait qu'il y avait sous mes pieds, un peu à droite de la place où je me tenais, un *guanto* à grandes fleurs (datura en arbre), œuvre artificielle en fils et lames d'or, couvrant de ses branches le lieu de repos de l'Inca, fit sur moi une impression triste et profonde. C'est ainsi que l'on se console dans le malheur par des illusions et des chimères. « Toi et tes parents, demandai-je au jeune homme, si pauvres, n'avez-vous pas quelquefois envie de chercher les trésors de ces jardins, à l'existence desquels vous croyez si fermement? » La réponse fut si simple, et rendit si bien cette résignation calme propre à la race autochthone, que je l'ai consignée en espagnol dans mon journal de voyage. La voici : « Une pareille envie (*tal antojo*) ne nous vient point; le père dit que c'est un péché (*que fuese pecado*). Si nous avions les branches d'or avec tous leurs fruits d'or, les voisins blancs nous persécuteraient et nous nuiraient. Nous possédons un petit champ et du bon froment (*buen trigo*) ». Le lecteur, je l'espère, ne me blâmera pas d'avoir rapporté ici les paroles du jeune Astorpilco et ses rêves dorés.

La croyance, si répandue parmi les indigènes, que c'est un péché qui porterait malheur à toute une génération si on voulait s'emparer des trésors ensevelis, propriété des Incas, se rattache à une autre croyance, particulièrement des seizième et dix-septième siècles, la croyance au rétablissement de l'empire des Incas. Toute nation opprimée espère sa délivrance ou le rétablissement de l'ancien régime. La fuite de Manco-Inca, frère d'Atahuallpa, dans les forêts de Vilcapampa, sur le revers des Cordillères orientales, et le séjour de Sayri-Tupac et d'Inca-Tupac-Amaru dans ces retraites sauvages, ont laissé des souvenirs durables. On croyait qu'il y avait des descendants de la dynastie détrônée établis entre les rivières Apurimac et Beni, ou encore plus à l'est, dans la Guyane. La fable d'Eldorado, propagée de l'ouest à l'est, et de Manoa, la ville d'or, renchérissait encore sur ces chimères. Raleigh en eut l'imagination tellement enflammée, « qu'il voulait entreprendre une expédition dans l'espoir de conquérir la ville insulaire (*imperial and golden city*), y placer une garnison de trois à quatre mille Anglais, et imposer à l'*emperor of Guiana*, qui, comme descendant d'Huayna-Capac, devait tenir une cour magnifique, un tribut annuel de trois cent mille livres sterling pour la promesse de *restaurer* le trône de Cuzco et de Caxamarca. » Ces espérances d'un rétablissement de l'empire des

Incas (17) se rencontrent partout où règne l'idiome quichua, dans les esprits de beaucoup d'indigènes, qui connaissent un peu leur histoire nationale.

Nous demeurâmes cinq jours dans la ville de l'Inca Atahuallpa, laquelle comptait alors à peine sept à huit mille habitants. La quantité de mulets qu'exigeait le transport de nos collections, et le choix soigné des guides qui devaient nous conduire à travers la chaîne des Andes jusqu'à l'entrée du long et étroit désert du Pérou (*desierto de Sechura*), retardèrent notre départ. Le passage des Cordillères se fit du nord-est au sud-ouest. A peine a-t-on quitté le délicieux plateau de Caxamarca, ce lit d'un ancien lac, que pendant une montée de neuf mille six cents pieds on est frappé d'étonnement à l'aspect de deux cimes de porphyre grotesques, l'Aroma et le Cunturcaga (*caga* ou *kacca* signifie rocher, en quichua), séjour favori du puissant vautour connu sous le nom de *condor*. Ces cimes se composent de colonnes de cinq à sept pans, hautes de trente-cinq à quarante pieds, en partie articulées et courbées. Le *cerro Aroma* est surtout pittoresque : par la distribution des colonnades superposées, souvent convergentes, il ressemble à un édifice de deux étages, surmonté d'une masse rocheuse compacte, en guise de dôme. Ces éruptions de porphyre et de trachyte caractérisent singulièrement, comme nous l'avons déjà dit, la crête des

Cordillères, et donnent à cette chaîne une physionomie toute différente des Alpes de la Suisse, des Pyrénées et de l'Altaï sibérien.

De Cunturcaga et Aroma on descend en zigzags une pente de rochers escarpés, et après six mille pieds de descente on arrive dans la vallée étroite de la Madeleine, dont le sol est cependant encore à quatre mille pieds au-dessus de la mer. Quelques chétives cabanes, entourées de ces arbres cotonneux (*bombax discolor*) que nous avions vus pour la première fois sur les bords du fleuve des Amazones, forment ce qu'on appelle un village indien. La végétation rabougrie de la vallée ressemble assez à celle de la province Jaen de Bracamoros; nous y cherchâmes en vain les buissons rouges de *bougainvillea*. Cette vallée est une des plus profondes que je connaisse dans la chaîne des Andes. C'est une véritable vallée transversale, dirigée de l'est à l'ouest, encaissée entre les hauteurs d'Aroma et de Guangamarca. On y voit paraître de nouveau cette formation quartzeuse qui fût longtemps pour moi un problème : nous l'avions déjà observée à onze mille pieds de haut dans le Paramo de Yanaguanga, entre Micuipampa et Caxamarca; sur le revers occidental des Cordillères elle atteint une puissance de plusieurs milliers de pieds. Depuis que Léopold de Buch nous a montré que la craie est aussi très-répandue dans la chaîne la plus élevée des

Andes, en deçà et audelà du détroit de Panama, nous admettons que cette formation quarzeuse, changée peut-être dans sa texture par quelque action volcanique, appartient au grès compacte, intermédiare entre la craie supérieure et le *gault* et *greensand*. En sortant de la vallée de la Madeleine nous eûmes, à l'ouest, à gravir pendant deux heures et demie, une pente rocheuse de quatre mille huit cents pieds, située en face des groupes porphyriques de l'*Alto de Aroma*. Nous éprouvâmes un changement de climat d'autant plus sensible, que nous avions été sur cette pente souvent enveloppés d'un brouillard glacial.

Après avoir erré dix-huit mois dans l'intérieur des montagnes, nous eûmes le désir bien naturel de jouir de l'aspect libre de la mer; ce désir avait été alimenté encore par les illusions auxquelles nous étions souvent entraînés. De la cime du volcan de Pichincha, d'où la vue s'étend par-dessus les forêts épaisses de la *Provincia de las Esmeraldas*, on ne distingue plus nettement l'horizon de la mer, à cause de la trop grande distance du littoral au point où l'on est placé. Le regard plonge de là dans le vide, comme du haut d'un ballon aérostatique On croit entrevoir, mais on ne distingue plus rien. Quand nous eûmes atteint, entre Loxa et Guanca-Bamba, le Paramo de Guamani, où gisent épars les débris de beaucoup d'édifices d'Incas, les muletiers nous assuraient que nous apercevrions la mer, au delà de la plaine, au delà des dépressions de Piura et de Lambajèque; mais un brouillard épais voilait la plaine et le littoral lointain. Nous vîmes seulement des masses de rochers de formes bizarres surgir et disparaître tour à tour, comme des îles au-dessus d'une mer de brume ondoyante; spectacle pareil à celui dont nous avions joui sur le pic de Ténériffe. Nous eûmes à subir à peu près les mêmes illusions au passage du Guangamarca dans les Andes. Pendant que nous nous élevions, poussés par l'espérance, vers le puissant col de la montagne, les guides, qui n'étaient pas tout à fait sûrs de leur chemin, nous promettaient d'heure en heure l'accomplissement de nos vœux. La couche de brouillard qui nous enveloppait paraissait par intervalles se dissiper; mais bientôt la vue était de nouveau bornée par quelque saillie de rochers menaçants.

Le désir que l'on a de voir certains objets ne dépend pas seulement, il s'en faut, de leur grandeur, de leur beauté ou de leur importance; il s'y mêle, dans chaque homme, accidentellement à beaucoup d'impressions de la jeunesse une vieille prédilection pour certains travaux, le penchant pour les choses lointaines et pour une vie agitée. Des difficultés en apparence insurmontables leur prêtent un charme nouveau. Le voyageur jouit d'avance du moment où il verra la Croix du Sud, les nues de Magellan, qui tournent autour du pôle austral, la neige du Chimborazo, la colonne de fumée des volcans de Quito, un bois de fougères en arbres, le calme de l'Océan. Les jours de ces impressions ineffaçables, si vivement désirées, font époque dans la vie d'un homme. Ces choses se sentent et ne se raisonnent pas. Le désir de contempler l'océan Pacifique du haut de la chaîne des Andes est ravivé par un souvenir de l'enfance, par le récit de l'expédition hardie de Vasco Nuñez de Balboa (18), de cet homme heureux, qui, suivi de François Pizarro, fut le premier des Européens à apercevoir, des hauteurs de Quarequa sur l'isthme de Panama, la partie orientale de l'océan Pacifique. On ne pourrait certes pas appeler pittoresques les bords de roseaux de la mer Caspienne, là où je les vis pour la première fois au delta et à l'embouchure du Wolga; et cependant leur aspect me réjouissait, parce que, dans ma première jeunesse, j'aimais tant à contempler sur les cartes la forme de cette mer intérieure de l'Asie. C'est ainsi que des impressions de l'enfance ou des souvenirs accidentels (19) de la vie peuvent plus tard déterminer des entreprises sérieuses et devenir le mobile de travaux scientifiques.

Après avoir franchi bien des ondulations du sol, nous atteignîmes enfin le point le plus élevé de l'*Alto de Guangamarca*. La voûte céleste longtemps voilée s'éclaircit soudain : une forte brise sud-ouest dissipa le brouillard. L'azur foncé de l'air atténué des montagnes perçait entre les flocons serrés des plus hauts nuages. Toute la pente occidentale des Cordillères près de Chorillos et de Cascas, couverte d'énormes blocs de quartz de douze à quatorze pieds de longueur, les plaines de Chala et de Molinos jusqu'au rivage près de Truxillo, gisaient là comme sous nos yeux. Nous aperçûmes alors pour la première fois l'océan Pacifique ; nous l'aperçûmes distinctement, reflétant près du littoral beaucoup de lumière, et reculant les bornes de l'horizon dans un vague lointain. La joie vive que je partageai avec mes compagnons de voyage, Bonpland et Carlos Montufar, nous fit oublier d'ouvrir le baromètre sur l'Alto de Guangamarca. D'après l'observation que nous fîmes un peu au-dessous de cette cime, dans une métairie isolée, le *Hato de Guangamarca*, le point d'où nous aperçûmes d'abord la mer, ne doit pas être à plus de huit mille huit cents ou neuf mille pieds.

L'aspect de l'océan Pacifique eut quelque chose de solennel pour celui qui devait une partie de son éducation et ses désirs naissants à l'un des compagnons du capitaine Cook. Georges Forster était depuis longtemps initié aux plans de mon voyage quand j'eus l'avantage de visiter, sous sa conduite, pour la première fois l'Angleterre, il y a plus d'un demi-siècle. Les descriptions si attrayantes d'Otahiti par Forster avaient excité dans le nord de l'Europe une vive curiosité pour tout ce qui intéressait les îles de la mer du Sud. Peu d'Européens avaient eu jusque alors le bonheur de visiter ces îles. Je pouvais aussi nourrir l'espoir d'y aborder sous peu; car mon voyage à Lima avait le double but d'observer le passage de Mercure sur le disque du soleil, et de remplir la promesse faite, avant mon départ de Paris, au capitaine Baudin de l'accompagner dans sa circumnavigation dès que la république française aurait offert pour cela la somme d'argent nécessaire.

Les journaux de l'Amérique septentrionale avaient répandu dans les Antilles la nouvelle que les deux corvettes *le Géographe* et *le Naturaliste* doubleraient le cap Horn, et viendraient aborder à Callao de Lima. A cette nouvelle j'abandonnai, à la Havane, où je me trouvais alors après l'accomplissement de mon voyage de l'Orénoque, mon premier plan, qui était de me rendre par le Mexique aux îles Philippines. Je louai sur-le-champ un bâtiment, qui me transporta de l'île de Cuba à Carthagène (Cartagena Indias). Mais l'expédition de Baudin prit une route toute différente de celle qui avait été annoncée et attendue : au lieu de doubler le cap Horn, d'après le plan arrêté à l'époque où Bonpland et moi devions en faire partie, elle doubla le cap de Bonne-Espérance. L'un des buts de mon voyage au Pérou et du dernier passage de la chaîne des Andes fut ainsi manqué; mais en revanche je fus favorisé par un beau temps, si rare pendant la mauvaise saison dans la contrée brumeuse du bas Pérou, ce qui me permit d'observer à Callao le passage de Mercure sur le disque du soleil. Cette observation a été de quelque importance pour la détermination exacte de la longitude de Lima (20) et de la partie sud-ouest du nouveau continent. C'est ainsi que la complication de circonstances fâcheuses porte souvent en elle le germe d'un ample dédommagement.

ÉCLAIRCISSEMENTS ET ADDITIONS.

(1) Page 277. *Sur le col des Antis ou Andes.*

L'Inca Garcilasso, qui connaissait bien sa langue natale et se plaisait aux étymologies, nomme toujours les Andes *las montañas de los Antis.* Il dit positivement que cette grande chaîne de montagnes, à l'est de Cuzco, avait reçu son nom de la tribu des *Antis* et de la province *Anti*, située à l'est de la résidence des Incas. La division quaternaire de l'empire péruvien, d'après les quatre points cardinaux, à compter de Cuzco, n'empruntait pas sa terminologie à ces noms, très-détaillés, tirés de celui du soleil : *intip llucsinanpata*, *intip yaucuñanpata*, *intip chaututa chayananpata, intip chaupunchau chayananpata,* signifiant, en quichua, *est*, *ouest*, *nord*, et *sud*; elle l'empruntait aux noms des provinces et des tribus (*provincias llamadas, Anti, Cunti, Chiuchay Colla*), qui sont situées à l'est, à l'ouest, au nord et au sud de l'ombilic (ville de Cuzco) de l'empire. Les quatre parties de l'empire théocratique des Incas s'appellent donc *Antisuyu*, *Cuntisuyu*, *Chinchasuyu* et *Collasuyu*. Le mot *suyu* signifie *rainure* et *partie*. Malgré sa distance considérable, Quito faisait partie de Chinchasuyu ; et ces *Suyu* s'étaient de plus en plus agrandis, depuis que les Incas avaient, par leurs guerres religieuses, popularisé leurs croyances, leur langue et leur système de centralisation. C'est aux noms des provinces voisines que se rattachait l'idée des points cardinaux. *Nombrar aquellos partidos era lo mismo,* dit Garcilasso, *que decir al oriente ó al ponente.* La chaîne neigeuse des Andes était, d'après cela, une *chaîne orientale. La provincia Anti da nombre á las montañas de los Antis. Llamáron á la parte del oriente Antisuyu, por la qual tambien llaman Anti á toda laquella gran Cordillera de Sierra Nevada que pasa al oriente del Peru, por dar á entender que está al oriente* (*Commentarios reales,* t. I, p. 47 et 122). Des écrivains plus récents ont voulu faire dériver le nom d'*Andes* de *anta*, cuivre, en quichua. Le cuivre était en effet un métal très-important pour un peuple qui, pour la fabrication des instruments tranchants, se servait, non pas du fer, mais d'un alliage de cuivre et d'étain. Mais indépendamment de ce que le nom de *montagnes cuivreuses* n'est guère applicable à toute la chaîne des Andes, le mot *anta*, associé à d'autres mots, conserve, comme le fait très-bien observer le professeur Buschmann, l'*a* finale. Ainsi, Garcilasso dit positivement : ANTA, *cobre, y* ANTAMARCA, *provincia de cobre.* En général, la forme et la composition des noms dans l'antique idiome des Incas (quichua) sont si simples, qu'il ne saurait s'agir ici d'une transformation de l'*a* en *i* : *anta* (cuivre) et *Anti* ou *Ante* (pays, montagne, ou habitant des Andes) sont et restent donc des noms tout à fait distincts. Les vocabulaires indigènes définissent *Anti* ou *Ante* : *la tierra de los Andes, el Indio hombre de los Andes, la sierra de los Andes.* Quant à la signification réelle, littérale de ce mot, on l'ignore complétement. On trouve *anti* en composition avec d'autres noms, dans *antisuyu, anteruna,* indigène des Andes, *anteunccuy* ou *antionccuoy*, maladie des Andes (*mal de los Andes pestifero*).

(2) Page 278. *La comtesse de Chinchon.*

La comtesse de Chinchon était l'épouse de don Geronimo Fernandez de Cabrera, Bobadilla y Mendoza, comte de Chinchon, qui comme vice-roi gouvernait le Pérou de 1629 à 1639. La guérison de la vice-reine tombe dans l'année 1638. Une tradition répandue en Espagne, mais que j'ai souvent entendu contester à Loxa, désigne un corrégidor du *cabildo de Loxa,* Juan Lopez de Cañizarès, comme la personne qui aurait la première apporté l'écorce de quinquina à Lima, et généralement recommandé comme un médicament. J'ai entendu soutenir à Loxa que la vertu bienfaisante du quinquina était depuis longtemps, quoique pas aussi généralement, connue dans les montagnes. Dès mon retour en Europe j'ai émis des doutes sur la découverte de l'écore fébrifuge que les indigènes auraient faite aux environs de Loxa, parce que les Indiens qui habitent les vallées voisines, où règnent tant de fièvres intermittentes, ont encore aujourd'hui cette écorce en aversion (Voy. mon Mémoire sur les *forêts de quinquinas* dans le *Magazin de la Société des Naturalistes de Berlin,* an. I, 1807, p. 59). Quant à la fable d'après laquelle la propriété médicamenteuse du quinquina aurait été révélée aux indigènes par des lions qui pour se délivrer de la fièvre intermittente auraient rongé l'écorce de quinquina (*Histoire de l'Acad. des Sciences*, année 1738, Paris, 1740, p. 233), elle paraît être d'une origine tout à fait européenne, et venir des moines. On ne sait rien « de la fièvre des lions » dans le nouveau continent : là le grand lion d'Amérique (*felis concolor*) et le petit lion des montagnes (*puma*), dont j'ai vu les traces dans la neige, ne deviennent jamais, apprivoisés, un sujet d'études, et les différentes espèces de *felis* tant de l'ancien que du nouveau monde n'ont guère l'habitude de ronger l'écorce des arbres. Le nom de *poudre de la comtesse* (*pulvis comitissæ*), que reçut d'abord ce remède, distribué par la comtesse de Chinchon, fut plus tard changé en celui de *poudre des jésuites*, ou *poudre de cardinal*, parce que le cardinal de Lugo, procureur général de l'ordre des jésuites, avait répandu ce médicament pendant un voyage en France; il l'avait recommandé au cardinal Mazarin, d'autant plus vivement que les jésuites commençaient dès lors à faire de l'écorce de quinquina, qu'ils se procuraient par les missionnaires, un commerce très-lucratif. Il est inutile d'ajouter que les médecins protestants, soit intolérance religieuse, soit haine contre les jésuites, discutèrent longtemps sur l'utilité ou les dangers de l'écorce fébrifuge.

(3) Page 281. *Aposentos de mulalo.*

Voy. sur les *aposentos,* habitations, auberges (*tampu* en quichua, d'où l'espagnol *tambo*), Cieça, *Chronica del Peru,* cap. XLI (édit. de 1554, p. 108), et mes *Vues des Cordillères,* pl. XXIV.

(4) Page 282. *La forteresse du Cañar.*

Cette forteresse est située près de Turche, à une hauteur de neuf mille neuf cent quatre-vingt-quatre pieds. J'en ai donné un dessin dans mes *Vues des Cordillères,* pl. XVII (Comp. aussi Cieça, cap. XLIV, pl. I, p. 120). Non loin de la *fortaleza del Cañar,* on voit, dans la fameuse Vallée du Soleil, *Inti-Guaycu* (en quichua *Huaycco*), le rocher sur lequel les indigènes croient voir une image du soleil; on y voit aussi le banc mystérieux que l'on nomme *Inga-Chungana* (*Inca-Chuncana*), le jeûne de l'Inca. J'ai dessiné l'un et l'autre, voy. *Vues des Cordillères,* pl. XVIII et XIX.

(5) Page 283. *Routes pavées, recouvertes de graviers cimentés.*

Comp. Velasco, *Historia de Quito,* 1844, t. I, p. 126–128, et Prescott, *Hist. of the Conquest of Peru*, vol. I, p. 157.

(6) Page 284. *Dans ces gradins et escaliers pratiqués dans le sol.*

Voy. Pedro Sancho, dans Ramusio, vol. III, fol. 404, et les extraits des lettres manuscrites de Hernando Pizarro, que le grand historien de Boston a été à même d'utiliser : Prescott, vol. I, p. 444 : *El camino de las sierras es cosa de ver, porque en verdad en tierra tan fragosa en la cristiandad no se han visto tan hermosos caminos, toda la mayor parte de calzada.*

(7) Page 286. *Les Grecs et les Romains nous offrent à cet égard des exemples frappants.*

« Les Grecs, dit Strabon (lib. V, p. 235 edit. Casaub.), en bâtissant des villes avaient surtout en vue la beauté et la solidité, tandis que les Romains songeaient à ce que les premiers négligeaient : ils pavaient les rues, construisaient des aqueducs et des fossés pour l'écoulement des immondices de la cité dans le Tibre. Ils pavaient aussi toutes les routes, afin que des chars pussent commodément transporter la cargaison des navires. »

(8) Page 287. *Le messager divin, Nemterequeteba.*

La civilisation du Mexique (pays des Aztèques d'Anahuac) et la théocratie péruvienne de l'empire héliaque des Incas ont tellement occupé l'attention de l'Europe, qu'on a longtemps presque entièrement oublié les vestiges d'une civilisation naissante chez les montagnards de la Nouvelle-Grenade. C'est un sujet que j'ai traité en détail dans les *Vues des Cordillères et monuments des peuples indigènes de l'Amérique* (édit. in-8°), t. II, p. 220-267. Le système gouvernemental des *Muyscas* de la Nouvelle-Grenade rappelle la constitution du Japon, le rapport entre le souverain temporel (le *kubo* ou *seogun* à Jedo) et le *daïri*, personnage sacré à Myako. Lorsque Gonzalo Ximenez de Quesada s'avança jusqu'au plateau de Bogota (*Bacata* signifie la lisière des champs cultivés, sans doute à cause du voisinage du revers des montagnes), il y rencontra trois pouvoirs, dont les rapports sont restés un peu obscurs. Le chef spirituel était le grand prêtre électif d'Iraca ou de Sogamoso (*Sugàmuxi*, lieu de disparition de Nemterequeteba) ; les princes temporels étaient le *zake* ou zaque de Hunsa (Tunja) et le *zipa* de Funza. Ce dernier paraît avoir été primitivement un vassal du zaque.

Les Muyscas avaient une véritable chronologie, avec une intercallation pour corriger l'année lunaire ; ils faisaient usage de petits disques ronds d'or fondu, en guise de monnaies (que nous cherchons en vain chez les anciens Égyptiens, si civilisés) ; ils avaient des temples du Soleil à colonnes de pierre, dont on a récemment découvert les débris dans la vallée de Leiva. (Joaquin Acosta, *Compendio historico del descubrimiento de la Nueva Granada*, 1848, p. 188, 196, 206 et 208 ; *Bulletin de la Société de Géographie de Paris*, 1847, p. 114.) La tribu des Muyscas devrait être toujours désignée sous le nom de *Chibchas* ; car *Muysca* dans l'idiome chibcha signifie tout simplement *hommes*. C'est à *Bochica* (Botschica) et à *Nemterequeteba*, deux personnages mythiques, souvent confondus l'un avec l'autre, que l'on attribue l'origine et les éléments de cette civilisation importée. Le premier est encore plus fabuleux que le second; car Botschica seul est regardé comme une divinité et assimilé au soleil. Sa belle compagne *Chia* ou *Huythaca* causa par ses artifices magiques l'inondation de la vallée de Bogota. C'est pourquoi Botschica l'exila du monde, et la condamna à tourner, comme *lune*, autour de la terre. Botschica, frappant les rochers de Tequendama, donna une issue aux eaux, près du Camp des Géants (*Campo de Gigantes*), où, à huit mille deux cent cinquante pieds au-dessus du niveau de la mer, on trouve dans le sol des ossements de mastodontes. Ces animaux, à ce que prétendent le capitaine Cochrane (*Journal of a Residence in Colombia*, 1825, vol. II, p. 390) et M. John Ranking (*Historical Researches on the Conquest of Peru*, 1827, p. 397), vivent encore dans les Andes, où ils perdent ainsi leurs dents (*sic*). — Nemterequeteba, qui se nomme aussi Chinzapogua (*enviado de Dios*), est un simple mortel : un homme barbu, qui vint de l'est, de Pasca, et disparut à Sogamoso. C'est tantôt à lui, tantôt à Botschica qu'on attribue la fondation du sanctuaire d'Iraca ; et comme Botschica paraît aussi avoir porté le nom de *Nemterequeteba*, la confusion s'explique facilement.

Le colonel Acosta, mon ancien ami, cherche dans son ouvrage, si instructif (*Compendio de la Hist. de la Nueva Granada*, p. 185), à prouver par la langue chibcha « que la pomme de terre (*solanum tuberosum*) doit être considérée comme indigène de la Nouvelle-Grenade, parce qu'à Usmé elle s'appelle *yomi*, nom indigène, non péruvien, et que Quésada la trouva déjà en 1537 cultivée dans la province de Velez, à une époque où cette plante ne pouvait guère avoir été apportée du Chili, du Pérou et de Quito ». Mais je rappellerai que l'invasion des Péruviens et la prise de possession de Quito eurent lieu avant 1525, année de la mort de l'Inca Huayna-Capac. Les provinces méridionales de Quito tombèrent même au pouvoir de Tupac-Inca-Yupanqui déjà vers la fin du quinzième siècle (Prescott, *Conquest of Peru*, vol. I, p. 332). L'histoire de l'introduction de la pomme de terre en Europe est encore, hélas! bien obscure. On continue à attribuer assez généralement le mérite de cette introduction au héros marin sir John Hawkins, qui passe pour avoir apporté la pomme de terre, en 1563 ou 1565, de Santa-Fé. Il paraît plus certain que sir Walter Ralegh planta les premières pommes de terre dans sa ferme de Youghal en Irlande, et qu'on l'introduisit de là dans le Lancashire. — Quant au bananier (*musa*), qui depuis l'arrivée des Espagnols se cultive dans toutes les contrées chaudes de la Nouvelle-Grenade, le colonel Acosta pense (p. 205) qu'avant la *conquista* on ne le trouvait qu'à Choco. — Voy. aussi Joaquin Acosta, p. 189, sur le nom de *Cundinamarca*, qu'une fausse érudition fit donner en 1811 à la jeune république de la Nouvelle-Grenade, « nom plein de songes dorés (*sueños dorados*), » et qui est plutôt *Cundirumarca* (non *Cunturmarca*, Garcilasso, lib. VIII, cap. II). Louis Daza, qui faisait partie de la petite armée d'invasion, venant du sud sous la conduite du *conquistador* Sébastien de Belalcazar, avait entendu parler d'un pays lointain, de Cundirumarca, riche en or, habité par la tribu des Chicas, dont le prince avait imploré le secours d'Atahuallpa à Caxamarca. Ces *Chicas*, on les a confondus avec les *Chibchas* ou *Muyscas* de la Nouvelle-Grenade, et on a ainsi appliqué à ce pays le nom d'une contrée plus méridionale, inconnue.

(9) Page 290. *La chute du rio de Chamaya.*

Voy. mon *Recueil d'Observat. Astron.*, vol. I, p. 304; nivellement barométrique n° 236-242. J'ai dessiné le *Courrier nageur*, nouant le paquet de lettres autour de sa tête, dans les *Vues des Cordillères*, pl. XXXI.

(10) Page 292. *Ce qui était de quelque importance pour la géographie de l'Amérique, à cause d'une ancienne observation de La Condamine.*

J'avais l'intention de rattacher Tomependa, point de départ du voyage de La Condamine, et la détermination de ce lieu sur le fleuve des Amazones, chronométriquement, à Quito. En juin 1743, c'est-à-dire cinquante-neuf ans avant moi, La Condamine était à Tomependa, lieu que je trouvai, par les observations des étoiles faites pendant trois nuits, à 5° 31′ 28″ latitude sud, et à 80° 56′ 37″ longitude. La longitude de Quito était inexacte, ainsi que l'a montré Oltmanns par mes propres observations après avoir de nouveau calculé toutes les anciennes (Humboldt, *Recueil d'Observ. Astron.*, vol. II, p. 309-359); cette erreur était, jusqu'à mon retour en France, de 50 ½ minutes d'arc. Les satellites de Jupiter, les distances lunaires et les éclipses de lune donnent une concordance satisfaisante; tous les éléments du calcul ont été exposés au public. La longitude trop orientale de Quito fut transportée par La Condamine à Cuença et au fleuve des Amazones. « Je fis, dit La Condamine, mon premier essai de navigation sur un radeau (*balsa*), en descendant la rivière de Chinchipe jusqu'à Tomependa. Il fallut me contenter d'en déterminer la latitude et d'en conclure la longitude par les routes. J'y fis mon testament politique, en rédigeant l'extrait de mes observations les plus importantes. » (*Journal du Voyage fait à l'Équateur*, 1751, p. 186.)

(11) Page 294. *A douze mille pieds au-dessus de la mer nous trouvâmes des coquilles fossiles pélagiques.*

Voy. mon *Essai géognostique sur le gisement des roches*, 1823, p. 236. Quant à la première détermination zoologique des fossiles contenus dans l'ancienne craie de la chaîne des Andes, voy. Léop. de Buch; *Pétrifications recueillies en Amérique par Alex. de Humboldt et Charles Degenhardt*, 1839, in-fol., p. 2-3, 5, 7, 9, 11, 18-22. Pentland trouva des coquilles fossiles, de la formation silurienne, en Bolivie, sur le Nevado de Antakaua, à une hauteur de seize mille quatre cents pieds (Mary Somerville, *Physical Geography*, 1849, vol. I, p. 185).

(12) Page 300. *Point où la chaîne des Andes est coupée par l'équateur magnétique.*

Voy. ma *Relation hist. du Voyage aux régions équinoxiales*, t. III, p. 622, et *Cosmos*, t. I, p. 191 et 432, où il y a, par erreur typographique, d'abord 48° 40′, puis 80° 40′, au lieu de 80° 54′ de longitude.

(13) Page 303. *Cérémonies d'étiquette ennuyeuses.*

Conformément à une ancienne étiquette, Atahuallpa ne crachait jamais par terre, mais dans la main de l'une des plus nobles dames de son entourage; « tout cela, ajoute Garcilasso, par raison de *majesté.* » *El Inca nunca escupia en el suelo, sino en la mano de una señora mui principal, por magestad.* (Garcilasso, *Comment. Reales*, p. II, p. 46.)

(14) Page 303. *Captivité d'Atahuallpa.*

Sur sa demande, et peu de temps avant son exécution, on conduisit l'Inca hors de sa prison, pour lui faire voir une grande comète. « La comète vert noirâtre, de l'épaisseur d'un homme (*una cometa verdinegra, poco menos gruesa que el cuerpo de un hombre*, Garcilasso, p. II, p. 44), qu'Atahuallpa vit avant de mourir, en juillet ou août 1533, il la prit pour la même comète fatidique qui avait apparu à l'époque de la mort de son père, Huayna-Capac. C'est certainement la comète observée par Appien (Pingré, *Cométographie*, t. I, p. 496, et Galle, catalogue de toutes les routes de conètes jusqu'à présent calculées, dans Olbers, *Leichteste Methode die Bahn eines Cometen zu berechnen*, 1847, p. 206), et qui sur le ciel boréal figurait, le 21 juillet, dans la constellation de Persée, en quelque sorte le glaive que Persée tient dans la main droite (Mädler, *Astronomie*, 1846, p. 307; Schnurrer, *Die Chronik der Seuchen in Verbindungen mit gleichzeitigen Erscheinungen*, 1825, t. II, p. 82). L'époque de la mort de l'Inca Huayna-Capac est, selon Robertson, incertaine; mais, d'après les recherches de Balboa et Velasco, elle coïncide avec la fin de l'année 1525, et les données d'Hévélius (*Cometographia*, p. 844) et de Pingré (t. I, p. 485) sont confirmées par le témoignage de Garcilasso (P. I, p. 321), ainsi que par la tradition qui s'était conservée parmi les *amautas* (*que sonlos filosofos de aquella republica*).—J'ajouterai ici subsidiairement qu'Oviedo soutient seul, quoiqu'à tort, dans la suite inédite de son *Historia de las Indias*, que le véritable nom de l'Inca n'était pas Atahuallpa, mais *Atabaliva*. (Prescott, *Conquest of Peru*, vol. I, p. 498.)

(15) Page 304. *Ducados de oro.*

C'est sur l'autorité de Garcilasso de la Vega (*Commentarios reales de los Incas*, parte III, 1722, p. 27 et 57) que cette somme a été indiquée dans le texte. Mais les données du père Blas Valera et de Gomara (*Historia de las Indias*, 1553, p. 67) s'en éloignent beaucoup. Voy. mon *Essai politique sur la Nouvelle-Espagne*, seconde édit., t. III, p. 424. Il est en même temps difficile de déterminer exactement la valeur du *ducado castellano* ou *peso d'oro* (*Essai pol.*, t. III, p. 371 et 377; Joaquin Acosta, *Descubrimiento de la Nueva Grenada,* 1848, p. 14). Le judicieux historien Prescott eut à sa disposition un manuscrit portant le titre significatif : *Acta de Reparticion del Rescate de Atahuallpa.* Quand cet historien évalue toutes les dépouilles péruviennes que se partagèrent les frères Pizarro et Almagro à la somme énorme de trois millions et demi de livres sterling, il faut y comprendre à coup sûr l'or de la rançon ainsi que l'or retiré des divers temples du Soleil et des jardins féeriques (*huertas de oro*). (Prescott, *Conquest of Peru,* vol. I, p. 464–477.)

(16) Page 206. *Le grand Huayna-Capac, mais un peu trop libéral pour un fils du Soleil.*

L'absence du soleil pendant la nuit excitait chez l'Inca des doutes de toute espèce sur l'empire universel de cet astre. Le père Blas Valera prit note de ce que l'Inca lui avait dit au sujet du soleil. En voici la substance : « Beaucoup d'hommes croient que le soleil est un être vivant et l'auteur de tout ce qui est (*el hacedor de todas las cosas*); mais celui qui veut accomplir quelque chose doit tenir à ce qu'il s'est proposé. Or, bien des choses se font en absence du soleil; cet astre n'est donc pas l'auteur de tout. Il est aussi douteux que ce soit un être vivant; car il tourne sans jamais se fatiguer (*no se cansa*). Si c'était un être animé, il se fatiguerait comme nous; et s'il avait un libre arbitre, il irait certainement aussi dans des régions célestes où nous ne le verrions plus. Le soleil est donc comme un animal attaché à une corde et parcourant toujours le même cercle (*como una res atada que siempre hace un mismo cerco*), ou comme une flèche qui ne va que du côté où on la lance, et non du côté où elle voudrait aller. » (Garcilasso, *Comment. Reales*, p. I, lib. VIII, cap. VIII, p. 276.) L'idée d'un corps céleste se mouvant circulairement comme s'il était attaché à une corde est vraiment surprenante. Huayna-Capac mourut à Quito, en 1525, sept ans avant l'arrivée des Espagnols, et laissa son empire à Huascar (nom qui signifie *corde*) et à Atahuallpa (*atahuallepa*, ou *huallpa*, signifie *poulet*); et en partageant l'empire entre ses deux fils, Huayna-Capac s'est certainement servi, au lieu de *res atada*, de l'expression générale d'*animal* (attaché) *à la corde*. Même en espagnol *res* ne signifie pas toujours bétail, mais tout animal apprivoisé. Nous n'avons pas à examiner ici ce que le père Valera a pu mêler de son propre fonds aux hérésies de l'Inca, lorsqu'il cherchait, par ses prédications, à détourner les indigènes du culte dynastique, officiel, du soleil. Les classes inférieures du peuple devaient être sévèrement prémunies contre de pareils doutes; c'est ce qui résultait de l'esprit très-conservateur et des maximes gouvernementales de l'Inca Roca, du conquérant de la province de Charcas. Cet Inca ne fonda des écoles que pour les classes élevées, et défendit, sous des peines rigoureuses, au commun du peuple de s'instruire « afin qu'il ne devînt pas trop orgueilleux et n'ébranlât l'État. » (*No es licito que enseñen a los hijos de los plebeios las ciencias, porque la gente baja no se eleve y ensobervezca y menoscabe la republica;* Garcilasso, p. I, p. 276). Telle fut la théocratie des Incas; elle a quelque analogie avec la politique pratiquée dans les États libres méridionaux de l'Union américaine, dans les *Slave-states.*

(17) Page 310. *Empire rétabli des Incas.*

J'ai traité ce sujet ailleurs, d'une manière détaillée (*Relat. hist.*, t. III, p. 703-705 et 713). Ralegh croyait savoir qu'il régnait au Pérou une vieille prophétie : « *That from Inglaterra those Ingas shoulde be againe in time to come restored and deliuered from seruitude of the said conquerors. I am resolved that if there were but a smal army a foote in Guiana marching towards Manoa, the chiefe citie of Inga he would yield her majesty by composition so many hundred thousand pounds yearly, as should both defend all enemies abroad and defray all expences at home, and that he woulde besides pay a garrison of three or four thousand soldiers very royally to defend him against other nations. The Inga wil be brought to tribute with great gladnes.* (Ralegh, *The Discovery of the large, rich and beautiful empire of Guiana, performed* in 1595, p. 119 et 137 de l'édit. de sir Robert Schomburgk, 1848). A ce projet de restauration, qui des deux côtés promettait de si belles choses, il ne manquait qu'une dynastie à rétablir et à payer le prix de cette restauration.

(18) Page 314. *Expédition de Vasco Nuñez de Balboa.*

J'ai rappelé ailleurs (*Examen critique de l'Histoire et de la Géographie du nouveau continent, et des progrès de l'astronomie nautique* aux quinzième et seizième siècles, t. I, p. 349), que Christophe Colomb, dix ans avant l'expédition de Balboa, connaissait déjà l'existence de l'océan Pacifique et sa proximité de la côte orientale de Véragua. Il avait été conduit à cette connaissance, non par des spéculations théoriques sur la configuration de l'Asie orientale, mais par les renseignements positifs qu'il tenait de la bouche des indigènes et qu'il avait recueillis pendant son quatrième voyage (du 11 mai 1502 au 7 nov. 1504). Dans ce quatrième voyage, l'amiral longea la côte de Honduras jusqu'au *Puerto de Mosquitos*, ou jusqu'à l'extrémité occidentale du détroit de Panama. Voici le récit des indigènes avec les commentaires de Christophe Colomb inscrits sur la carte rarissime du 7 juillet 1503 : « Non loin du rio de Belen, l'autre mer (l'océan Pacifique) se tourne (*boxa*) vers les embouchures du Gange, de telle façon que le pays de l'*Aurea* (c'est-à-dire du *Chersonesus aurea* de Ptolémée) est aux côtes orientales de Véragua ce que Tortosa (à l'embouchure de l'Èbre) est à Fuentarrabia (sur la Bidassoa) en Biscaye, ou ce que Venise est à Pise. » Bien que Balboa aperçût le premier, le 25 septembre, l'océan Pacifique du haut de la Sierra de Quarequa (Petrus Martyr, *Epist.* DXL, p. 296) , ce ne fut que plusieurs jours après que Alonso Martin de don Benito, qui avait trouvé un chemin pour se rendre du mont Quarequa au golfe de San-Miguel, navigua sur l'océan Pacifique dans un canot. (Joaquin Acosta, *Compendio hist. del Descubrimiento de la Nueva Granada*, p. 49.)

Depuis que les États-Unis ont pris tout récemment possession d'une portion considérable de la côte occidentale du nouveau continent, et que la Nouvelle-Californie, actuellement appelée *Haute-Californie* (*Upper-California*) est devenue célèbre par ses richesses en or, on a senti plus vivement que jamais le besoin d'une communication des États atlantiques avec les régions occidentales par le détroit de Panama. Je regarde donc comme un devoir de rappeler de nouveau que le chemin le plus court, que les indigènes avaient montré à Alonso Martin de don Benito, pour arriver au bord de l'océan Pacifique, appartenait à la *partie orientale* du détroit, et conduisait au golfe de San-Miguel. Nous savons que Christophe Colomb (*Vida del Almirante*, por don Fernando Colon, cap. xc) cherchait un *estrecho de Tierra firme*, et dans les documents officiels que nous possédons des années 1505-1507, et surtout de 1514, il est fait mention de l'ouverture (*abertura*) et du passage (*passo*) qui devaient conduire de là « aux Indes, pays des épices ». Occupé depuis plus de quarante ans des moyens de communication entre les deux mers, j'ai, dans mes ouvrages imprimés ainsi que dans les mémoires que les États libres de l'Amérique Espagnole me firent l'honneur de demander, toujours insisté sur la nécessité d'*examiner l'isthme hypso-*

métriquement dans toute sa longueur, particulièrement là où il se joint au continent de l'Amérique méridionale par le Darien et l'ancienne province inhospitalière de Biruquète, et où la chaîne de l'isthme s'efface presque complétement entre l'Atrato et la baie de Cuprica (littoral de l'océan Pacifique). Comp. mon *Atlas géographique et physique de la Nouv. Espagne*, pl. IV, et *Atlas de la Relation historique*, pl. XXII et XXIII; *Voyage aux régions équinoxiales du nouveau continent*, t. III, p. 117-154, et *Essai politique sur le royaume de la Nouvelle-Espagne*, t. I, 2e édit., 1825, p. 202-248.)

Sur mes instances, le général Bolivar fit, en 1828 et 1829, exécuter par Lloyd et Falmarc un nivellement exact de l'isthme entre Panama et l'embouchure du rio Chagres (*Philosophical Transactions of the Royal Soc. of London*, for the year 1830, p. 59-68). D'autres travaux, tels que tracés de canaux, de chemins de fer, d'écluses, de tunnels, ont été faits depuis lors par des ingénieurs français instruits et habiles, mais toujours dans la direction méridienne, entre Porto-Bello et Panama, ou à l'ouest, vers Chagres et Cruces. Mais *les points les plus importants de l'est et du sud-est de l'isthme* sont, des deux côtés du littoral, restés inaperçus. Tant que cette partie n'aura pas été représentée *géographiquement* par des déterminations exactes de latitude et de longitude, faciles à exécuter, et *hypsométriquement* en mesurant avec le baromètre les reliefs du sol, je regarde le jugement, aujourd'hui encore (en 1849) si diversement répété, savoir, que « l'isthme est impropre à l'établissement d'un *canal océanique* (canal qui aurait moins d'écluses que le canal calédonien), et, indépendamment des saisons, au libre passage des vaisseaux venant du Chili et de la Californie, ou de New-York et de Liverpool, » comme *non fondé et tout à fait téméraire.*

D'après les observations que la direction du dépôt hydrographique de Madrid a dès 1809 indiquées sur ses cartes, l'*Ensenada* de *Mandinga*, sur le littoral *antillien* de l'isthme, s'avance si profondément au sud, qu'elle ne paraît que de quatre à cinq milles géographiques (dont 15 par degré équatorial) éloignée des bords de l'océan Pacifique, à l'est de Panama. Sur le littoral opposé l'isthme présente un enfoncement semblable, formé par le golfe de San-Miguel, où se jette le rio Tuyra avec le Chuchunque (Chucunaque), son affluent. Ce dernier, dans son cours supérieur, se rapproche également jusqu'à quatre milles géographiques du bord de la mer des Antilles, à l'ouest du cap Tiburon. Des sociétés, disposées à faire des dépenses considérables, me consultent depuis plus de vingt ans sur le problème de l'isthme de Panama; mais jamais on n'a suivi le conseil, très-simple, que j'avais donné. Tout ingénieur instruit sait que sous les tropiques on peut, avec les simples variations horaires du baromètre et même sans observations correspondantes, obtenir des résultats de mensuration exacts à soixante-dix ou quatre-vingts pieds près. Il serait donc facile d'établir, pour quelques mois, au bord des deux mers, deux stations barométriques fixes correspondantes, et de comparer les instruments portatifs employés au nivellement préalable, tant entre eux qu'avec ceux des stations fixes. Il faudrait de préférence diriger les recherches là où les montagnes de séparation s'abaissent en collines vers la masse continentale de l'Amérique méridionale. En raison de leur importance pour le commerce du monde, on ne doit pas, comme on l'a fait jusqu'à présent, renfermer ces recherches dans un cadre étroit. Un grand travail qui embrasserait tout l'isthme oriental, et qui serait utile pour toute espèce d'établissement, pour le percement d'un *canal* aussi bien que pour la construction d'une *voie ferrée*, pourrait seul résoudre positivement ou négativement la question qui s'agite. *On finira alors par où l'on aurait dû, suivant mon conseil, commencer.*

(19) Page 314. *Des souvenirs accidentels de la vie.*

Voy. les moyens d'encouragement à l'étude de la nature, dans *Cosmos*, t. II, p. 5.

(20) Page 317. *De quelque importance pour la détermination de la longitude de Lima.*

A l'époque de mon expédition on admettait pour la longitude de Lima 5^h 16′ 53″, d'après les observations de Malaspina, publiées par le dépôt hydrographique de Madrid. Le passage de Mercure sur le disque du soleil, observé par moi, le 9 novembre 1802, à Callao, port de Lima (dans le Torreon septentrional *del fuerte de San Felipe*), donna pour

Callao, par la moyenne du temps écoulé entre l'entrée et la sortie, 5^h 18′ 16″,5; par le contact externe seul des bords des disques, 5^h 18′ 18″ (79° 34′ 30″). Ce résultat du passage de Mercure a été confirmé par Lartigue, Duperrey et le capitaine Fitz-Roy dans l'expédition de l'*Aventure* et du *Beagle*. Lartigue trouva Callao à 5^h 17′ 58″, Duperrey à 5^h 18′ 16″, et Fitz-Roy à 5^h 18′ 15″. Comme j'ai déterminé par quatre voyages chronométriques la différence de longitude entre Callao et le couvent de San-Juan-de Dios à Lima, l'observation du passage de Mercure donne pour Lima 5^h 17′ 51″ (79° 27′ 45″). Comp. mon *Recueil d'Observations Astronomiques*, vol. II, p. 397, 419 et 428, avec la *Relation historique*, t. III, p. 592.

Potsdam, juin 1849.

TABLE RAISONNÉE

DES MATIÈRES

CONTENUES DANS LES

TABLEAUX DE LA NATURE.

TOME PREMIER.

ries. Leur étendue et leur climat; celui-ci déterminé par le contour et la configuration hypsométrique du nouveau continent. — Comparaison avec les plaines et déserts d'Afrique. P. 20-26. — Absence primitive de la vie pastorale en Amérique. — Nourriture fournie par les *mauritia;* huttes suspendues aux arbres. Guaraunis. P. 26-30.

Les llanos sont devenus habitables depuis la découverte de l'Amérique. Multiplication extraordinaire de bestiaux, de chevaux et de mulets sauvages. — Peinture des saisons; la sécheresse et les pluies. Aspect du sol et de la voûte céleste. Vie des animaux; leurs souffrances; leurs combats. Flexibilité dont la nature prévoyante a doué certains animaux et plantes. — Jaguar, crocodile, poissons électriques. Lutte inégale des gymnotes et des chevaux. P. 30-38.

Coup d'œil sur les régions qui bordent les steppes et les déserts. — Solitude sauvage des forêts de l'Orénoque et du fleuve des Amazones. — Peuplades séparées par une singulière différence des langues et des mœurs. Race misérable, toujours en discorde. Les figures gravées sur des rochers montrent que ces solitudes étaient jadis le siége d'une civilisation avancée. P. 38-42.

Éclaircissements et additions scientifiques. P. 43-224.

Le lac *Tacarigua* parsemé d'îles. Son rapport avec les chaînes de montagnes. Tableaux géologiques. — Progrès de la culture. Variétés de la canne à sucre. Cacaoyers. Grande fertilité du sol, qu'accompagne sous les tropiques l'insalubrité de l'air. P. 43-49.

Bancs comme débris de couches sédimenteuses. Aplatissement général. Chutes de terre. P. 49-52.

La steppe ressemble de loin à l'Océan. — *Croûte rocheuse* nue; plaques de roches syénitiques; si elles ont une influence nuisible sur l'atmosphère. P. 52-53.

Vues récentes sur les *systèmes de montagnes* des deux presqu'îles américaines. Chaînes dirigées du sud-ouest au nord-est, dans le Brésil et dans la partie atlantique des États-Unis. — Dépression de la province de Chiquitos; renflements formant la ligne de partage entre les eaux du Guapore (à 15° lat. sud) et du Aguapehi (à 17° latitude sud) et entre les bassins de l'Orénoque (à 2° lat. nord) et le rio Négro (à 3° lat. nord). P. 53-56. — Suite de la chaîne des Andes, au nord de l'isthme de Panama à travers le pays des Aztèques, où s'élève le Popocatepetl (le capitaine Stone vient d'en faire une nouvelle ascension), qui s'élève à seize mille six cent vingt-six pieds de haut, et à travers les montagnes des Grues et les montagnes Rocheuses. — Excellentes observations scientifiques du capitaine Frémont. — Le plus grand nivellement barométrique que l'on ait jamais exécuté : il présente la configuration du sol en profil sur 28 degrés de longitude. — Point culminant de la route qui conduit de la côte Atlantique au littoral de l'océan Pacifique. Le *South-Pass*, au sud des *Wind-River-Mountains*. — Renflement du sol dans le *Great Basin*. — Existence longtemps controversée du lac Timpanogos. — Chaîne littorale, Alpes maritimes, *Sierra-Nevada* de la Californie. Éruptions volcaniques. Cataractes de la Colombia. P. 56-67.

Considérations générales sur le contraste que présentent l'une avec l'autre les chaînes littorales divergentes, à l'est et à l'ouest de la chaîne centrale; les montagnes Rocheuses. Constitution hypsométrique de la dépression occidentale, qui est seulement de quatre cents à six cents pieds au-dessus du niveau de la mer, et de la plaine aride et dépeuplée du *Great Basin*. — Sources du Mississipi, dans le lac Istaca, et excellents travaux de Nicollet. — Patrie des bisons; leur prétendue domestication au Mexique septentrional, d'après Gomara. P. 67-73.

Coup d'œil sur toute la chaîne des Andes, depuis le rocher Diego-Ramirez jusqu'au détroit de Behring. Erreur ancienne concernant la hauteur de la chaîne orientale de la Bolivie, particulièrement du Sorata et de l'Illimani. — Quatre cimes de la chaîne occidentale qui, d'après les déterminations les plus récentes de Pentland, dépassent la hauteur du Chimborazo, mais non pas celle du volcan actif Aconcagua, mesuré par Fitz-Roy. P. 73-75.

Le Haroudje-el-Abiad, montagne d'Afrique. — Oasis remplies de sources et de végétation. P. 76-78.

Vents d'ouest sur la côte de Sahara. — Amas de fucus; situation ancienne et actuelle du grand banc de fucus, depuis Scylax de Caryanda jusqu'à Christophe Colomb et aux temps modernes. P. 78-84.

Tibbous et Touaricks. — Le chameau et sa distribution géographique. P. 84-88. — Système de montagnes de l'Asie centrale entre la Sibérie septentrionale et l'Inde, entre l'Altaï et le Kuen-Lun, qui s'y rattache. Opinion erronée relativement à un plateau central ou plateau de la Tartarie. P. 89-92. — Les livres chinois riche mine de science orographique. — Étages des hauts pays. — Le Gobi et sa direction. — Hauteur moyenne probable du Thibet. P. 93-103.

Aperçu des systèmes de montagnes de l'Asie. *Chaînes méridiennes :* l'Oural, qui sépare la basse Europe de la basse Asie ou de l'Europe scythique de Phérécyde de Syros et d'Hérodote; le Bolor, le Khingan et les chaînes chinoises, qui, en raison de la grande courbure du Dzangbo-Tschou, fleuve thibétain, et Assam Birmanais, filent du nord au sud. Les élévations méridiennes entre 64° et 75° longitude présentent une disposition alterne de leurs roches jusqu'à la mer Glaciale. Ainsi, on trouve du sud au nord : les Ghates, la chaîne de Soliman, le Paralasa, le Bolor et l'Oural. Le Bolor a donné aux anciens l'idée de l'Imaüs qu'Agathodémon prolongeait vers le nord jusqu'à la dépression de l'Irtisch inférieur. — *Chaînes parallèles,* filant de l'est à l'ouest : l'Altaï, le Thian-Schan avec ses volcans en activité, qui sont éloignés de trois cent quatre-vingt-deux milles géographiques de la mer Glaciale à l'embouchure de l'Obi, et de trois cent soixante dix-huit milles de l'océan Indien à l'embouchure du Gange; le Kuen-Lun, déjà reconnu par Ératosthène, par Marin de Tyr, par Ptolémée et Cosmas l'Indicopleuste, pour le plus grand axe de soulèvement de l'ancien monde entre 35° ½ et 36° latitude, dans la direction du diaphragme de Dicéarque; l'Himalaya. Le Kuen-Lun, considéré comme un axe de soulèvement, peut être poursuivi depuis le mur de la Chine près de Lung-Tscheu, à travers les chaînes un peu plus septentrionales de Nan-Schan et Kilian-Schan, à travers le noyau de montagnes de la mer Stellaire, à travers le Hindou-Kho (Paropanisus et Caucase indien des anciens), à travers la chaîne de Demavend et l'Elburz persique, jusqu'au Taurus en Lycie. Près du point où le Kuen-Lun coupe le Bolor on voit, par la direction uniforme des axes de soulèvement (direction de l'est à l'ouest dans le Kuen-Lun, et l'Hindou-Kho, mais du sud-est au nord-ouest dans l'Himalaya), que l'Hindou-Kho est un prolongement du Kuen-Lun, et non pas de l'Himalaya, qui se rattache à celui-ci. Le point où l'Himalaya s'infléchit en abandonnant sa première direction de l'est à l'ouest est aux environs du 79e degré longitude est de Paris. Après le Dhawalagiri la cime la plus élevée de l'Himalaya n'est pas, comme on l'a cru jusqu'à présent, le Djawahir, mais, d'après la nouvelle toute récente de Joseph Hooker, le Kinchinjinga ou Kintschin-Dschunga, montagne de vingt-six mille quatre cent trente-huit pieds de haut, située sous le méridien de Sikhim, entre le Boutan et Népâl. (Le Kinchinjinga, mesuré par le colonel Waugh, *director of the trigonometrical Survey of India,* a, à sa cime occidentale, vingt-huit mille cent soixante-dix-huit *feet* ou vingt-six mille quatre cent trente-huit pieds, et à sa cime orientale, vingt-sept mille huit cent vingt-six *feet* ou vingt-cinq mille trois cent cinquante-six pieds français; voy. *Journal of the Asiatic Soc. of Bengal*, nov. 1848). La montagne que l'on regarde actuellement comme plus élevée que le Dhawalagiri a été figurée sur le titre gravé du magnifique ouvrage de Jos. Hooker, intitulé : *The Rhododendrons of Sikkim-Himalaya*, 1849). — Détermination des limites de neige sur les revers septentrional et méridional de l'Himalaya; sur le revers septentrional cette limite est de trois mille quatre cents à quatre mille six cents pieds plus élevée que sur le revers méridional. Données récentes de Hodgson. Sans cette répartition remarquable de la chaleur dans les couches supérieures de l'air, le plateau du Thibet occidental serait inhabitable pour des millions d'hommes. P. 103-119.

Les Hiong-Nous, pris par de Guignes et Jean Müller pour une tribu de Huns, paraissent être plutôt une de ces peuplades turques si répandues de l'Altaï et des monts Tangnou. Les Huns, dont le nom était déjà connu de Denys Périégète, et que Ptolémée appelle *Chounoi* (d'où plus tard le nom du pays *Chunigard*) sont une tribu finnoise des monts Ourals. P. 119-121.

Des images de soleil sculptées dans le roc, des figures d'animaux et des symboles, dans la Sierra Parime ainsi que dans l'Amérique septentrionale, ont été pris plus d'une fois pour de l'écriture. P. 121-123.

Peinture des régions froides des montagnes de onze à treize mille pieds, désignées par le nom de *Paramos*; caractère de leur végétation. P. 121-125.

Détails orographiques sur les deux massifs de montagnes (Pacaraïma et Sierra de Chiquitos) qui séparent entre elles les trois plaines du bas Orénoque, du fleuve des Amazones et du rio de la Plata. P. 125-126.

Chiens indigènes et sauvages dans le nouveau continent. Maladies des chats à des hauteurs qui dépassent treize mille pieds. P. 126-131. — La dépression du Sahara et son rapport avec les montagnes de l'Atlas, d'après les documents les plus récents de Daumas, Carette et Renou. Il paraît probable, d'après les observations barométriques de Fournel, qu'une partie du désert de l'Afrique cis-équatoriale est située au-dessous du niveau de la mer. Oasis de Biscara. Les zones dirigées du sud-ouest au nord-est sont riches en sel gemme. — Causes du froid nocturne dans le désert, d'après Melloni. P. 131-137. — Renseignements sur le Ouadi-Dra, fleuve (d'un sixième plus long que le Rhin) qui est à sec une grande partie de l'année, et sur les États du ckeik Béirouk, indépendant de l'empereur du Maroc, d'après des communications manuscrites du capitaine de vaisseau comte Bouet-Willaumez. Les montagnes situées au nord du cap Noun (nom employé par Édrisi, et que l'on a cru depuis le quinzième siècle faire allusion à une négation) atteignent huit mille six cents pieds d'élévation. P. 137-140.

Végétation gazonneuse des llanos d'Amérique entre les tropiques comparée à la végétation herbacée des steppes de l'Asie septentrionale. Dans ces dernières, particulièrement dans celles qui sont fertiles, les rosacées aux fleurs roses et blanches, les amygdalées, les astragales, les fritillaires, les sabots de Vénus et les tulipes offrent, à l'époque du printemps, un aspect ravissant. — Contraste avec l'aridité des steppes salines, couvertes de chénopodiées, de *salsola* et d'*atriplex*. — Considérations sur la prédominance numérique de certaines familles. Les plaines qui avoisinent la mer Glaciale, au nord de la limite des conifères et des amentacées, déterminée par l'amiral Wrangel, sont le domaine des cryptogames. Physionomie des *tundra* sur un sol éternellement glacé, couvert d'un épais feutre de sphaigne et d'autres mousses, ou tapissé de lichens (*cenomyce* et *stereocaulon paschale*). P. 140-143.

Causes principales de la différence si tranchée de la répartition de la chaleur dans le continent européen et dans le continent américain. Direction et courbure des isothermes (lignes indiquant la chaleur moyenne de l'année, de l'hiver et de l'été). P. 143-155. — Est-on autorisé à croire que l'Amérique a surgi la dernière du chaos diluvien? P. 155-158. — Comparaison thermique de l'hémisphère boréal avec l'hémisphère austral dans les latitudes élevées. P. 158-162.

Connexité apparente entre l'Océan sablonneux de l'Afrique, la Perse, le Kerman, le Beloudgistan et l'intérieur de l'Asie. — De la partie occidentale de l'Atlas, et de la connexion des idées mythologiques avec les traditions géographiques. Vagues indications d'éruptions ignées. Lac Tritonis. Formes de cratères au sud de ce que Hannon appelle la baie des Singes-gorilles; singulière description de l'Atlas creux dans les *Dialexes* de Maxime de Tyr. P. 162-167.

Notices sur les montagnes de la Lune (Djebal al-Komr) dans l'intérieur de l'Afrique, par Reinaud, Beke et Ayrton. Rapport instructif de Werne sur la seconde expédition entreprise par l'ordre de Mahomed-Ali. Le plateau d'Abyssinie, qui, selon Rüppel, atteint presque la hauteur du mont Blanc. Mention la plus ancienne des neiges entre les tropiques dans l'inscription d'Adulis, un peu postérieure à Juba. — Chaîne de montagnes qui s'approche de Bahr-el-Abiad, entre le 6e et 4e degré lat. et plus encore au sud. Le Nil Blanc est séparé du bassin du Goschop par un renflement considérable. Ligne de partage entre les eaux qui coulent dans la Méditerranée et dans l'océan Indien, d'après la carte de Charles Zimmermann. Chaîne de Lupata d'après les recherches instructives de Guillaume Peters. P. 167-176.

Courants marins. Dans la partie septentrionale de l'océan

Cassiquiare. Observation la plus ancienne de ces vestiges de civilisation dans le journal de voyage inédit du chirurgien Nicolas Hortsmann de Hildesheim, trouvé dans les papiers de d'Anville. P. 215-222.

Le curaré ou urari, poison végétal. P. 222-224.

SUR LES CATARACTES DE L'ORÉNOQUE PRÈS D'ATURÈS ET DE MAYPURÈS. P. 227-255.

L'Orénoque; aperçu de son cours. — Idées que l'embouchure de l'Orénoque suggéra à Christophe Colomb. A l'est du Duida élevé et des bois de *bertholletia* est le pays inconnu des sources de l'Orénoque. — Cause des courbures principales du fleuve. P. 228-241. —Les cataractes. Le raudal de Maypurès limité par quatre rivières. — État primitif de la contrée. Forme insulaire des rochers Kéri et Oco. Vue magnifique, quand on descend de la colline Manimi. Une surface écumante, de plusieurs milles d'étendue, s'offre aux regards. Des masses rocheuses, d'un noir ferrugineux, s'élèvent comme des tours, du sein du fleuve. Les cimes des palmiers percent le nuage de poussière d'eau. P. 241-248.

Raudal d'Aturès; groupe d'îlots. Digues de rochers qui joignent les îles entre elles. Séjour de gallinacées rupicoles, guerrières, à plumage doré. — Quelques parties du lit du fleuve, dans les cataractes, sont à sec, parce que les eaux se sont frayé un passage par des cavernes souterraines. Visite de ces parties à la nuit tombante et pendant une forte pluie d'orage. Voisinage inattendu des crocodiles. P. 248-252. — Caverne célèbre d'Ataruipa; sépulcre d'un peuple anéanti. P. 252-255.

TOME SECOND.

Notions d'une Physiognomique des Végétaux. P. 3-34.

Vie universellement répandue sur le revers des cimes les plus élevées, dans l'Océan et dans l'atmosphère. Flore souterraine. Polygastres siliceux dans les glaçons polaires. Podurelles dans les tubes de glace des glaciers des Alpes; puces des glaciers (*desoria glacialis*). Animalcules des brouillards de poussière. P. 3-9. — Histoire de l'enveloppe végétale. Végétation couvrant les parois des rochers nus. Lichens, mousses, plantes grasses. Cause du manque actuel de végétation dans certaines régions. P. 9-14.

Chaque zone a son caractère particulier. Les règnes animal et végétal sont liés à des types fixes, se répétant éternellement. Physiognomique de la nature. Analyse de l'impression que produit l'aspect d'une contrée. Éléments de cette impression. Contour des montagnes; azur du ciel, forme des nuages. Le tapis végétal détermine principalement l'impression. Le règne animal est moins massé; la mobilité des individus et souvent leur petitesse nous les dérobent à la vue. P. 14-18.

Énumération des types végétaux qui caractérisent principalement la physionomie de la nature et qui diminuent ou augmentent, selon les espèces, depuis l'équateur aux pôles. P. 18-21.

Palmiers. P. 22-23 et 131-144.

Bananiers. P. 23 et 144-145.

Malvacées. P. 24 et 145-147.

Mimosées. P. 24 et 147-149.

Éricacées. P. 24-25 et 150-152.

Cactées. P. 25-26 et 152-155.

nate de chaux et de magnésie, un peu d'acide fluorique et phosphorique. P. 78-79. — État oscillatoire du fond de la mer, d'après Darwin. P. 80-81.

Ruptures de terres. Mer Méditerranée. Théorie des écluses par Straton. Légendes de Samothrace. Fable de la Lyctonie et de l'Atlantide. P. 81-86. — Précipitation des nuages. P. 86-87. — Masse terrestre dégageant de la chaleur par sa solidification. Courants d'air chaud sortis des crevasses du globe à l'état primitif. P. 87-89.

Arbres antiques, gigantesques. Dragonnier d'Orotava de douze pieds d'épaisseur, baobab (*adansonia digitata*) de trente pieds d'épaisseur. Caractères gravés du quinzième siècle. Adanson donne à quelques tiges de baobab de la Sénégambie cinq mille cent à six mille ans. P. 89-97. — A juger par les anneaux ligneux, il existe des ifs (*taxus baccata*) de deux mille six cents à trois mille ans. Le côté du tronc qui regarde le nord, dans la zone boréale tempérée, a-t-il les anneaux plus serrés, comme le prétendit Michel Montaigne, en 1581? Les géants des arbres, dont quelques-uns ont plus de vingt pieds d'épaisseur et vivent plusieurs siècles, appartienent à diverses familles naturelles. P. 97-100. — Diamètre (trente-huit pieds) du *schubertia disticha* de Santa-Maria-del-Tube, au Mexique; diamètre (vingt-huit pieds) du banyanier, figuier de l'île de Ceylan; diamètre (vingt-sept pieds) du chêne près de Saintes, département de la Charente-Inférieure. L'âge de ce chêne est, d'après ces anneaux, estimé à dix huit cents ou deux mille ans. La souche du rosier (vingt-cinq pieds de haut) de la cathédrale de Hildesheim, est âgée de huit cents ans. Le *macrocystis pyrifera*, espèce de fucus, atteint jusqu'à trois cent trente-huit pieds de longueur, et surpasse par-là toutes les conifères, voir le *sequoia gigantea*. P. 100-102.

Recherches sur le nombre probable des espèces phanérogames jusqu'à présent décrites ou conservées dans les herbiers. Nombre des espèces végétales. Lois de la distribution géographique des familles. Rapports de grandes divisions : les cryptogames aux cotylédonées; les monocotylédonées aux dicotylédonées, dans les zones torride, tempérée, et polaire. Principes de la botanique arithmétique. Masse des individus, prédominance des plantes sociales. Les espèces se limitent réciproquement. Connaissant exactement sur un point du globe le nombre des espèces d'une des grandes familles, telles que les glumacées, les légumineuses et les composées, on peut évaluer approximativement le nombre de toutes les phanérogames des autres familles qui y croissent. — Rapports numériques dans la distribution géographique des familles végétales suivant les lignes isothermes. Cause primitive inconnue de la distribution des espèces. Absence des roses dans l'hémisphère austral et des calcéolaires dans l'hémisphère boréal. Pourquoi notre bruyère (*calluna vulgaris*) et nos chênes n'ont pas dépassé à l'est l'Oural pour se répandre en Asie. Le cycle de végétation de chaque espèce exige un certain minimum de chaleur pour développer parfaitement les organes. P. 102-118.

Analogie de la distribution numérique des espèces végétales avec celle des espèces animales. Si l'on cultive actuellement en Europe trente-cinq mille espèces phanérogames, et que nos herbiers contiennent cent soixante mille à deux cent douze mille phanérogames, décrites ou non décrites, il sera naturel d'admettre que le nombre des insectes connus par les collections égale à peine celui de la totalité des phanérogames; les insectes collectés en Europe sont plus du triple des phanérogames. P. 118-124.

Considérations sur le nombre des phanérogames actuellement connues comparativement à la totalité des phanérogames répandues sur le globe. P. 124-130.

Influence de la pression de l'atmosphère sur la forme et la vie des végétaux ; végétation alpestre. P. 130-131.

Détails sur les types végétaux énumérés ci-dessus. La physiognomique des plantes considérées sous le triple rapport de la différence absolue des formes, de leur prédominance locale dans la somme des flores phanérogames, et de leur distribution, tant géographique que climatérique. P. 131-208. Maximum de l'axe longitudinal dans les arbres : deux cent vingt à deux cent trente pieds dans le *pinus lambertiana* et *p. Douglasii ;* deux cent cinquante pieds dans le *p. strobus ;* deux cent quatre-vingts à deux cent quatre-vingt-deux pieds dans le *sequoia gigantea* et le *p. trigona.* Tous ces exemples appartiennent à la région nord-ouest du nouveau continent. L'*araucaria excelsa* de l'île de Norfolk n'atteint que cent quatre-vingt-dix à deux cent dix pieds ; le *ceroxylon andicola*, palmier alpestre des Cordillères, ne s'élève qu'à cent quatre-vingts pieds. P. 172-175. — Avec ces géants contrastent le saule rabougri, *salix arctica,* de deux pouces de haut, dont la végétation est déprimée par le froid, et, dans les plaines tropicales, le *tristicha hypnoides,* à peine de trois lignes de haut. P. 175.

Fleurs sortant de l'écorce rude du *crescentia cujete,* du *gustavia angusta,* ainsi que des racines du cacaoyer. Les plus grandes fleurs sont produites par les *rafflesia Arnoldi, aristolochia cordata, magnolia, helianthus annuus.* P. 211-212.

La forme des végétaux détermine le caractère du paysage dans les différentes régions du globe. La classification physiognomique, ou division des groupes selon l'aspect extérieur des végétaux, diffère entièrement de la classification systématique par familles naturelles. La physiognomique des plantes repose principalement sur les *organes de la végétation,* d'où dépend la *conservation de l'individu,* tandis que la botanique systématique fonde sa classification par familles naturelles sur les *organes de la reproduction*, d'où dépend la *conservation de l'espèce*. P. 213-218.

Sur la Structure et l'Activité des Volcans dans les différentes régions du globe. P. 221-252.

Influence des voyages lointains sur la généralisation et les progrès de l'oryctognosie. Influence de la configuration de la Méditerranée sur les idées que l'on s'était faites anciennement des phénomènes volcaniques. — *Géologie comparée des volcans*. Retour périodique de certains phénomènes naturels qui ont leur cause dans les profondeurs du globe. Rapport entre la hauteur des volcans et la hauteur de leurs cônes de cendres; Pichincha, pic de Ténériffe, Vésuve. — Variations dans la hauteur du sommet des volcans. Mensurations des bords du cratère du Vésuve depuis 1773 jusqu'en 1822; les résultats de mensuration obtenus par l'auteur comprennent la période de 1805 à 1822. P. 221-238. — Description particulière de l'éruption du 23 au 24 octobre 1822. Chute d'un cône de cendres, haut de quatre cents pieds, placé dans l'intérieur du cratère. L'éruption de cendres du 24 au 28 octobre a été la plus mémorable depuis le temps de Pline l'Ancien. P. 238-245.

Différence entre les volcans à cratères permanents et les éruptions de laves et de cendres par des montagnes trachytiques momentanément entr'ouvertes. Ces éruptions, qui rappellent les révolutions primitives du globe fissuré, sont d'un haut intérêt pour la géologie. Elles ont donné lieu à l'ancienne fable du Pyriphlégéthon. Les volcans sont des sources terrestres intermittentes, le résultat d'une communication constante ou passagère entre l'intérieur et l'extérieur de notre planète, le résultat d'une réaction de la partie liquide contre l'écorce terrestre. Il est donc inutile de demander quelles sont dans les volcans les substances chimiques en combustion. P. 245-250. — La cause primitive de la chaleur souterraine, comme dans toutes les planètes, réside dans la condensation même de la masse qui se sépare du fluide cosmique. Action de la chaleur qui dans le monde primitif rayonnait à travers des fentes et des galeries profondes. Le climat ne dépendait pas alors de la latitude géographique, ni de la position de la planète par rapport à l'astre central. Êtres organisés du monde tropical actuel ensevelis dans les glaces du Nord. P. 251-252.

Éclaircissements et additions. P. 253-258.

Mesures barométriques du Vésuve; comparaison des deux bords du cratère avec la Rocca del Palo. P. 253-257. — Augmentation de la température dans l'intérieur de la terre (de un degré Réaumur par cent treize pieds). Chaleur du puits artésien aux Bains d'Œynhausen (Neu-Salzwerk près de Minden) à la plus grande profondeur à laquelle on soit jusqu'à présent parvenu au-dessous du niveau de la mer. Déjà au troisième siècle les sources thermales près de Carthage avaient donné à Patricius, évêque de Pertusa, une idée exacte de la cause de l'augmentation de chaleur dans l'intérieur du globe. P. 258.

La Force vitale, ou le Génie Rhodien, conte allégorique. P. 259-268.

Éclaircissements et additions. P. 269-273.

Le Génie Rhodien est le développement allégorique d'une idée physiologique. Opinions diverses sur la nécessité d'admettre l'existence de forces vitales particulières. La difficulté de ramener l'organisme vivant à des lois chimico-physiques réside principalement dans le concours complexe de nombreuses actions simultanées et de conditions qui se dé-

formation crayeuse. Micuipampa, petite ville de mineurs, à onze mille cent quarante pieds au-dessus du niveau de la mer. P. 293-300.

Après avoir franchi le Paramo de Yanaguanga, on entre dans le plateau de Caxamarca, presqu'à la même hauteur que la ville de Quito. — Bains chauds de l'Inca. Débris du palais d'Atahuallpa, habité par ses pauvres descendants, la famille Astorpilco. Croyance aux jardins d'or souterrains de l'Inca; leur existence dans la belle vallée de Yucay, sous le temple du Soleil à Cuzco et dans beaucoup d'autres endroits. Conversation avec le jeune fils du Curaca Astorpilco. On montre encore la chambre où l'infortuné Atahuallpa fut détenu (depuis le 21 novembre 1532) pendant neuf mois; on montre aussi le mur où l'Inca marqua la hauteur jusqu'où il remplirait la chambre d'or si on voulait le rendre à la liberté. Détails sur l'exécution de ce prince, le 29 août 1533, et sur les prétendues taches de sang qu'on voit sur une plaque de pierre devant l'autel de la chapelle de la prison. P. 300-308. — Les indigènes nourrissent encore, à l'exemple de Ralegh, l'espoir d'un rétablissement de l'empire des Incas. Raisons de cette croyance chimérique. P. 308-310.

Voyage de Caxamarca au littoral. Passage des Cordillères par les *Altos de Guangamarca*. Espoir souvent déçu de jouir de la vue de l'océan Pacifique du haut de la chaîne des Andes. Cet espoir est enfin accompli, à une hauteur de huit mille huit cents pieds. P. 310-317.

Éclaircissements et additions. P. 319-340.

Origine du nom de la chaîne des *Andes*. P. 319-321.

Époque de l'introduction de l'écorce de quinquina en Europe. P. 321-322.

Restes de routes des Incas et d'habitations fortifiées;

FIN DE LA TABLE RAISONNÉE.

MATIÈRES

CONTENUES DANS LE TOME SECOND.

FIN.

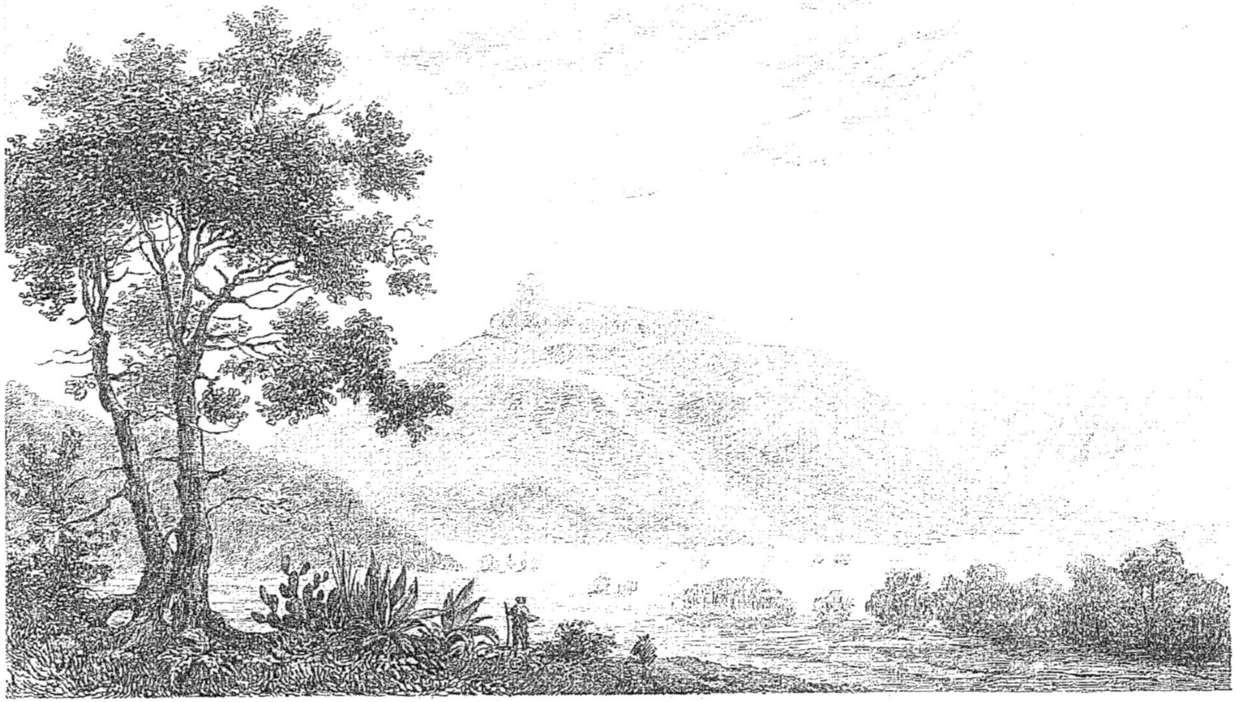

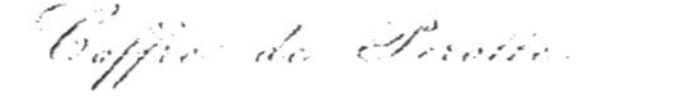

Rugendas del. Lemaître direxit. Ch. Lalaisse Sc.

Coffre de Perotte. Cofre de Perote.

Lemaître direxit

Ruines d'un Temple des Incas, dans l'Île de Coati, Lac de Titicaca.

Ruinas de un Templo de los Incas, en la Isla de Coati, en el lago de Titicaca.

Monument Péruvien du Cañar. Monumento peruano del Cañar.

Poste aux lettres de la province de Jaen de Bracamoros.

Casa de Correos de la provincia de Jaen de Bracamoras.

Longitude du Méridien de Paris.

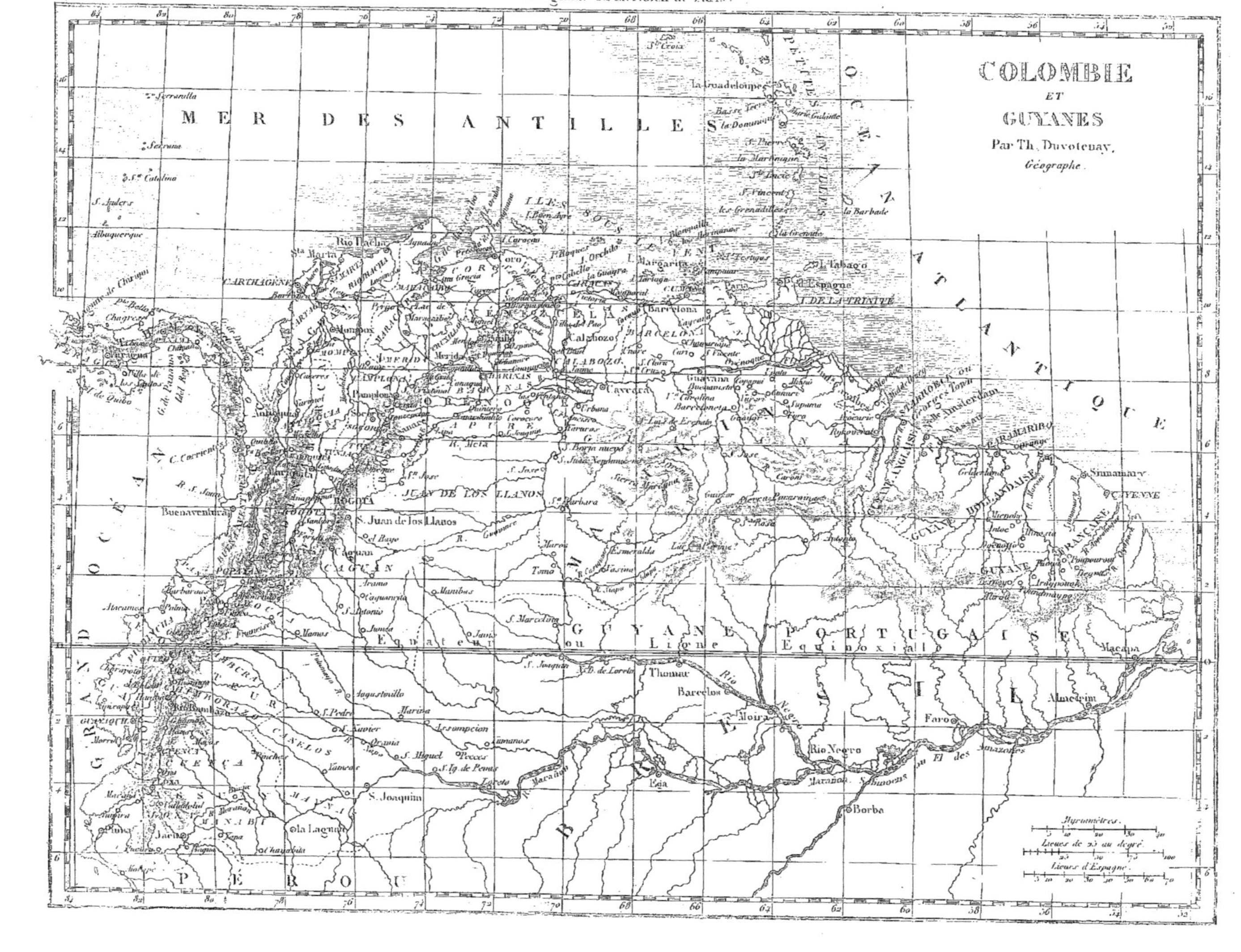

Longitude du Méridien de Paris.

www.ingramcontent.com/pod-product-compliance
Ingram Content Group UK Ltd.
Pitfield, Milton Keynes, MK11 3LW, UK
UKHW012008240726
13965UKWH00001B/236

9 782013 440653